Ontdek
Colombia

Inhoud

Reisinformatie, adressen, websites

Kennismaking – feiten en cijfers, achtergronden

Onderweg in Colombia

Op ontdekkingsreis

De Desierto de la Tatacoa

Kaarten en plattegronden

Stadsplattegronden

Routekaarten

▶ Dit symbool verwijst naar de uitneembare kaart

Salento, Zona Cafetera

Colombia – veelgestelde vragen

Wat als ik maar weinig tijd heb?

Colombia is een uitgestrekt land met veel verschillende landschappen, steden, tradities en culturen. Van de Caribische kust in het noorden, met zijn witte stranden en palmbomen, tot de besneeuwde toppen van de vulkanen in Parque Nacional Natural (PNN) Los Nevados. Van schiereiland La Guajira, een woestijngebied, tot het groene en vochtige Amazoneregenwoud in het zuiden. Er zijn maar weinig landen in de wereld die zo'n enorme verscheidenheid aan landschappen en zelfs klimaten herbergen.

Wie weinig tijd heeft, kan dus kiezen. Verlangt u naar witte stranden, tropische temperaturen en bruisende steden? Bezoek dan de Caribische kust. Wilt u salsa leren dansen? Dat kan in het hele land, maar het beste in Cali, de hoofdstad van de salsa. Vindt u leuk om te zien waar en hoe de wereldberoemde Colombiaanse koffiebonen groeien? Dan kunt u terecht in de Zona Cafetera. Wie wil kennismaken met het machtige Amazoneregenwoud, kan afreizen naar Leticia in het uiterste zuiden. En reizigers die geïnteresseerd zijn in de precolumbiaanse tijd mogen de indrukwekkende archeologische parken van San Agustín en Tierradentro niet overslaan.

Wie twee à drie weken de tijd heeft om Colombia te ontdekken, kiest meestal voor de route Bogotá – Salento (Zona Cafetera) – Medellín – Cartagena – Santa Marta (en Parque Nacional Natural Tayrona) – Minca. U ziet zo verschillende landschappen, pakt enkele van de hoogtepunten mee en bezoekt de mooiste en leukste steden van het land. Als u wat meer tijd tot uw beschikking hebt, dan kunt u deze populaire route afwijken met bijvoorbeeld een uitstapje naar het Amazoneregenwoud, San Andrés en Providencia of de Desierto de la Tatacoa en San Agustín.

Wat zijn de opwindendste steden?

Bogotá is de bruisende hoofdstad van Colombia. In de historische wijk La Candelaria waant u zich echter in een pittoresk dorpje; u kunt er zomaar een ezelkar voorbij zien rijden. Medellín, prachtig gelegen in een vallei, is bij veel toeristen de grote favoriet. De stad is zich op spectaculaire wijze aan het losmaken van een verleden vol angst en geweld en die positieve vibe is voelbaar in de straten.

Bent u rond carnaval in Colombia? Dan mag u het volksfeest in Barranquilla zeker niet missen. En in het Caribische noorden ligt de romantische, wonderschone stad Cartagena de Indias, een van de best bewaard gebleven koloniale steden van Zuid-Amerika.

Wat zijn de mooiste dorpjes?

Salento, gelegen in de Zona Cafetera, is al jaren een geliefde bestemming. Er zijn veel cafés en restaurantjes, de koloniale huizen zijn in vrolijke kleuren geschilderd en de lokale bevolking verplaatst zich bij voorkeur per oude Jeep of te paard. Wie in diezelfde sfeer wil verblijven, maar dan in een minder toeristisch dorpje, kan afreizen naar het vlak bij Salento gelegen Filandia of naar het prachtige Jardín in Antioquia.

Ook ten noorden van Bogotá, in de departementen Boyacá en Santander, liggen mooie koloniale *pueblos*. Villa de Leyva en Monguí bijvoorbeeld, en natuurlijk het lieflijke Barichara.

Wat zijn de beste musea?

In Bogotá ligt het Museo del Oro, het goudmuseum. In het streng bewaakte pand ligt 's werelds grootste collectie historische gouden voorwerpen te stralen. Het museum vertelt de precolumbiaanse geschiedenis van Colombia aan de hand van deze eeuwenoude kunstwerken.

In Santa Marta bevindt zich ook een goudmuseum, het Museo del Oro Tai-

Parque Nacional Natural Tayrona

rona, dat focust op de gouden kunstwerken en sieraden van de lokale Tayrona-indianen en zeker een bezoek waard is.

Het gratis toegankelijke Museo Botero in Bogotá toont een uitgebreide collectie schilderijen en beeldhouwwerken van de hedendaagse Colombiaanse kunstenaar Fernando Botero, die bekendstaat om zijn 'opgeblazen' figuren (zie ook blz. 56). Daarnaast heeft het museum een indrukwekkende collectie werken van andere kunstenaars, onder wie Chagall, Monet, Degas, Picasso, Dalí en Pissarro. Dat het Museo Botero in Bogotá is gehuisvest, is overigens tot grote onvrede van de inwoners van zijn thuisstad Medellín. Daarom kunt u ook in het Museo de Antioquia in Medellín veel van Botero's werken zien.

De mooiste wandelgebieden

Wat mag ik op cultuurhistorisch gebied niet missen?

In Bogotá ligt het Museo de la Independencia dat de geschiedenis vertelt van de Colombiaanse onafhankelijkheid, uitgeroepen op 20 juli 1810.

Wie verder terug in de tijd wil, kan terecht in het archeologische park van San Agustín, waar zich in een spectaculair landschap de grootste groep religieuze monumenten en megalitische sculpturen van Zuid-Amerika bevindt. In Tierradentro vindt u talloze precolumbiaanse graftombes.

Wat zijn de beste wandelgebieden?

Colombia heeft de wandelaar veel te bieden. Een absoluut hoogtepunt is de voettocht naar Ciudad Perdida, de Verloren Stad. Hoog in de Sierra Nevada de Santa Marta, in het noorden van Colombia, bevinden zich de overblijfselen van een stad die in 660 werd gesticht door de Tayrona-indianen. Op de ruim 40 kilometer lange tocht door ongerepte jungle is een gids verplicht. De

tocht kan in vier, vijf of zes dagen worden afgelegd.

In de verschillende nationale parken, waaronder Parque Nacional Natural El Cocuy en Parque Nacional Natural Tayrona, zijn korte en langere wandelroutes uitgezet. In Parque Nacional Natural Los Nevados kunt u tochten maken naar de besneeuwde toppen van een aantal van de vulkanen in het park. Ook in de Zona Cafetera zijn mooie wandelingen uitgezet, onder meer door de Valle de Cocora.

Wat mag ik landschappelijk gezien niet missen?

Een wandeling door de spectaculaire Valle de Cocora met de immens hoge waspalmen, gelegen aan de rand van het Parque Nacional Natural Los Nevados, is een onvergetelijke ervaring, zelfs op mistige, regenachtige dagen. Datzelfde geldt voor een wandeltocht door het Parque Nacional Natural Tayrona in het Caribische noorden, waar heuvels, jungle en spierwitte stranden elkaar treffen.

Dat een groot deel van Colombia in het Andesgebergte ligt, staat garant voor uitzichten over majestueuze berglandschappen. Bovendien herbergt de Andes het unieke *páramo*-ecosysteem: tussen de 3500 meter en de sneeuwgrens op 5000 meter vindt u indrukwekkende, kale landschappen waar voornamelijk prachtige *frailejones* (*Espeletia*-soorten) groeien.

En dan zijn er nog de woestijnen. De regenschaduwwoestijn in de provincie Huila, de Desierto de la Tatacoa, vol indrukwekkende rotsformaties, en de uitgestrekte woestijn met de enorme zandduinen op het schiereiland La Guajira in het noordelijkste puntje van Zuid-Amerika.

In het Parque Nacional Natural Sierra de La Macarena in Los Llanos kunt u tussen juli en november een heel bijzonder natuurfenomeen aanschouwen. De rivier Caño Cristales neemt dan maar liefst vijf kleuren van de regenboog aan omdat de bodem is bedekt met gekleurde plantjes. De wandel- en vaartochten in het gebied vol watervallen zijn onvergetelijk.

Op de fiets door Colombia?

In het grootste deel van het land is fietsen slechts weggelegd voor de klimmers onder ons, de goedgetrainde sportievelingen. Voor de moedige klimmers bovendien, want aangezien Colombianen niet bepaald voorzichtig rijden en er lang niet overal fietspaden zijn, kan het een gevaarlijke onderneming zijn om de fiets te pakken.

Toch is de fiets in Colombia razend populair, en dat geldt niet alleen voor de racefiets. In veel steden zult u mensen zien fietsen, en dat geldt zeker voor Bogotá. Op zondag worden verschillende straten van de hoofdstad zelfs afgesloten voor gemotoriseerd verkeer, zodat er door de hele stad veilige *ciclovías* ontstaan, fietspaden. Hele gezinnen stappen dan op de fiets om te profiteren van het feit dat de wegen eens niet vol staan met bussen en auto's.

Wat kan ik nog meer doen in Colombia?

Een betere vraag: wat kunt u eigenlijk níét doen in Colombia? Het land is zo veelzijdig dat iedereen er aan zijn trekken komt. Het is een waar walhalla voor wandelaars, maar wilt u liever een luie strandvakantie, dan treft u aan de noordkust de prachtigste stranden. Wilt u snorkelen of duiken? Dat kan ook aan de Caribische kust, of u kunt afreizen naar de idyllische eilanden San Andrés en Providencia in de Caribische Zee. Wilt u walvissen zien? Dat kan aan de Pacifische kust. In sommige nationale parken hebt u de kans om brilberen, herten of bergtapirs te bewonderen in hun natuurlijke habitat. Ook adrenalinejunkies zijn in Colombia aan het juiste adres: op veel plekken kunt u raften, paragliden, tuben, tokkelen, ab-

Colombiaanse adressen

Het Colombiaanse stratensysteem met *calles* en *carreras* is, als u het eenmaal doorheeft, heel overzichtelijk. Een Calle (Cll, Cl of C) loopt van oost naar west (de 'horizontale' straten op de kaart), een Carrera (Cra, Cr of K) van noord naar zuid (de 'verticale' straten op de kaart). In de adressen wordt niet alleen de straat, maar ook de dichtstbijzijnde Calle of Carrera genoemd (de indicatie voor het blok), én het huisnummer, dat is gebaseerd op het aantal meters dat het huis zich bevindt van de hoek van de straat. Het adres Calle 5 #5-75 vindt u dus op Calle 5, 75 meter van de hoek van Carrera 5 (op het stuk tussen Carrera 5 en Carrera 6).

seilen... De mogelijkheden die Colombia biedt zijn eindeloos.

Is reizen in Colombia gevaarlijk?

Decennialang heeft Colombia bekendgestaan als een gevaarlijk land. Die slechte reputatie heeft het te wijten aan de gewelddadige conflicten met en tussen verschillende groeperingen, waaronder drugskartels, guerrillagroepen als FARC en ELN en paramilitairen. Sinds een vredesverdrag tussen de regering en de FARC in 2016 een einde maakte aan 52 jaar burgeroorlog, is de rust in grote delen van het land teruggekeerd. De meeste drugsnetwerken hebben zich naar Mexico verplaatst.

Vandaag de dag is reizen in de toeristische gebieden van Colombia niet gevaarlijker dan reizen in andere Zuid-Amerikaanse landen, maar het is aan te raden voor vertrek en tijdens het reizen het actuele reisadvies van het ministerie van Buitenlandse Zaken in het oog te houden. In sommige gebieden zijn nog altijd conflicten.

En ter afsluiting nog een persoonlijke tip!

De verschillende regio's van Colombia hebben allemaal hun eigen eetgewoonten, dus er valt veel te proeven. De leukste manier om dat te doen is via de vele eetstalletjes op straat in de steden en langs de wegen. Vooral in de warmere gebieden zijn de verse sappen, de *jugos naturales*, een absolute aanrader. U hebt de keuze uit talloze soorten tropisch fruit, bijvoorbeeld *lulo*, een licht zure en daarom zeer verfrissende vrucht die heel populair is in Colombia (zie blz. 51 voor meer informatie over Colombiaans fruit).

Witstaarthert in het Andesgebergte

De páramo van Chingaza, op slechts twee uur rijden van Bogotá. Zie blz. 102.

Streetart in Getsemaní, de oudste wijk van Cartagena. Zie blz. 144.

Favorieten

De reisgidsen uit de ANWB-serie Ontdek worden geschreven door auteurs die hun boek voortdurend actualiseren en daarvoor steeds weer dezelfde plaatsen bezoeken. Iedere schrijver ontdekt daarbij op een gegeven moment zijn of haar favoriete plekken.

Dat kunnen plaatsen zijn die buiten de platgetreden toeristische paden vallen, een andere invalshoek van een drukbezochte plek, een uniek natuurverschijnsel of een ontroerend kunstwerk – plekken die hen bijblijven en waarnaar ze steeds weer terugkeren.

De vrolijke *zócalos* van Guatapé geven het dorp kleur. Zie blz. 197.

Jardín is een van de mooiste dorpjes van Colombia. Zie blz. 209.

Kleurrijke, door wayuuvrouwen gehaakte tassen. Zie blz. 163.

Lover's Lane op Providencia, brug tussen twee eilanden. Zie blz. 183.

De Cerro del Tulcan, voor het mooiste uitzicht over Popayán. Zie blz. 252.

Verken de archeologische vindplaatsen bij San Agustín te paard. Zie blz. 265.

In vogelvlucht

San Andrés en Providencia
Twee Caribische eilanden – kokospalmen, zon, azuurblauwe zee en reggae – met een eigen taal en cultuur. Zie blz. 164.

Medellín en de Zona Cafetera
Het bruisende Medellín ligt ten noorden van een adembenemend gebied vol koffieplantages en mooie dorpjes. Zie blz. 184.

De Pacifische kust
Afgelegen vissersdorpjes in het meest ongerepte deel van Colombia, met een wilde kustlijn vol jungle, verlaten stranden en een deel van het jaar bultruggen vlak voor de kust. Zie blz. 230.

Cali en Zuidwest-Colombia
Cali is beroemd om de salsa, de regio vooral om de bijzondere archeologische vindplaatsen San Agustín en Tierradentro. En u vindt hier een woestijn omringd door bergketens. Zie blz. 240.

Providencia
San Andrés

Caribische

Barranquilla
Soledad
Cartagena
Sincelejo
Mom
Monteria

Grote

Oceaan

Santa Fe de Antioquia
Bahía Solano
PNN Utría
Guachalito
Nuquí
Medellín
Guatapé
Manizales
Pereira
Valle d
Cocora
Armenia
Ibagué
Malpelo
Buenaventura
Cali
Desierto de la Tatacoa
Gorgona
Tierradentro
Nei
Popayán
Tumaco
San Agustín
Florenci
Pasto

Zee

Punta Gallinas
Cabo de la Vela
Riohacha
PNN Tayrona
Palomino
anta
Marta
Valledupar

Cúcuta

caramanga

arichara • San Gil
illa de
Leyya
• Monguí
Zipaquirá • Yopal
Bogotá
Villavicencio

PNN Sierra de La Macarena
Caño Cristales
• La Macarena

Puerto Carreño

Puerto Nariño
Leticia

De Caribische kust
Prachtige koloniale steden, zomerse temperaturen en een van de mooiste nationale parken van het land, Parque Tayrona. Zie blz. 130.

Boyacá, Santander en Norte de Santander
Lieflijke koloniale dorpjes in een bergachtige streek die bepalend is geweest voor de geschiedenis van Colombia. Zie blz. 104.

Bogotá en Cundinamarca
Hoog in het Andesgebergte vindt u de hoofdstad Bogotá, de zoutkathedraal van Zipaquirá, een mythisch meer en onvergetelijke natuurgebieden. Zie blz. 76.

Los Llanos en het Amazonegebied
Eindeloze graslandvlakten, een magische rivier vol kleuren en het uitgestrekte, betoverende Amazone regenwoud. Zie blz. 266.

Reisinformatie, adressen, websites

Wandelpad bij Jardín, Antioquia

Informatie

Internet

colombia.travel

De officiële website van het Colombiaanse toerismebureau. Met informatie over te bezoeken plaatsen, activiteiten en praktische zaken. Ook aandacht voor actuele festivals en evenementen.

colombia.co

Mooie site gericht op toeristen, met veel informatie over geschiedenis, cultuur en eten.

colombiabirding.com

Colombia is een waar vogelparadijs. Voor wie er speciaal heen gaat om bijzondere exemplaren te spotten, is deze website een mooi vertrekpunt. Per regio staat beschreven welke soorten u er kunt waarnemen.

discovercolombia.com

Weblog boordevol informatie over verschillende plekken en de activiteiten aldaar. Een mooie mix van hotspots en minder bekende bestemmingen.

howtobogota.com

Wie niets wil missen van Bogotá raadpleegt deze weblog.

flavorsofbogota.com

Stijlvolle website boordevol informatie over de eetcultuur in Colombia, niet alleen in Bogotá maar in het hele land. Met speciale aandacht voor koffie.

medellinliving.com

Dé website met insiderstips voor Medellín, met veel aandacht voor restaurants en clubs.

off2colombia.com

Overzichtelijke website met informatie over bestemmingen per regio. De lijst met activiteiten is zeer praktisch als u wilt weten waar in Colombia u een bepaalde sport – bijvoorbeeld duiken, raften of paardrijden – kunt beoefenen. Ook de voorbereidingstips zijn uitstekend.

parquesnacionales.gov.co

De officiële website van Parques Nacionales Naturales de Colombia biedt gedetailleerde en actuele informatie in het Spaans en Engels over de verschillende nationale natuurparken.

uncovercolombia.com

Uncover Colombia is een touroperator die dagtripjes en reizen aanbiedt door het hele land, van een kook- en eettour door Bogotá tot een 12-daagse reis voor vogelliefhebbers. De website staat vol prachtige foto's.

Verkeersbureau

Er is geen Colombiaans verkeersbureau in Nederland of België. In Duitsland is er wel een organisatie die zich inzet voor toerisme naar Colombia: Proexport in Frankfurt am Main.

Proexport Colombia

tel. +49 691 302 38 32
frankfurt@procolombia.co

Spaanse les

In Colombia zijn uitstekende talenscholen te vinden voor wie Spaans wil leren spreken met een Colombiaans tintje. International House Bogotá is er daar een van. Zie voor meer informatie ihbogota.com.

Leestips

Mark Bowden: *Killing Pablo. The Hunt for the World's Greatest Outlaw.* Grove Press, 2001. Een boek over de opkomst en ondergang van de Colombiaanse drugsbaron Pablo Escobar dat leest als een thriller. Escobar was de rijkste en machtigste crimineel ter wereld en veranderde de stad Medellín voorgoed.

Michael Jacobs: *De geheugenrover. Een onvergetelijke boottocht door de geschiedenis van Colombia.* Omniboek, 2013. Eeuwenlang was de Magdalenarivier, die door het hart van Colombia stroomt, de enige route naar de binnenlanden van Zuid-Amerika. Maar de rivier stond tevens bekend als zeer gevaarlijk. Schrijver Michael Jacobs vaart de 1500 kilometer lange Magdalena af en verhaalt over de geschiedenis, cultuur en flora en fauna van Colombia.

Tom Feiling: *Short Walks from Bogotá. Journeys in the New Colombia.* Penguin Books, 2012. Een boeiend, eerlijk en informatief boek over het verleden, het heden en de toekomst van Colombia.

Gabriel García Márquez: *Honderd jaar eenzaamheid.* Meulenhoff, 1967. De Colombianen zijn ontzettend trots op hun wereldberoemde landgenoot die in 1982 de Nobelprijs voor Literatuur in ontvangst mocht nemen. Wie voor vertrek de Colombiaanse cultuur beter wil leren kennen, kan zich onderdompelen in de fascinerende, magisch-realistische wereld van Gabriel García Márquez. *Honderd jaar eenzaamheid* vertelt het verhaal van de familie Buendía die de stad Macondo verovert op het moeras.

Gabriel García Márquez: *Liefde in tijden van cholera.* Meulenhoff, 1985. Ook deze roman van Márquez werd een groot internationaal succes. *Liefde in tijden van cholera* is een onvergetelijk verhaal over de onmogelijke liefde tussen Florentino Ariza en Fermina Daza.

Juan Gabriel Vásquez: *Het geluid van vallende dingen.* A.W. Bruna Uitgevers, 2011. Een spannende, mooi opgebouwde roman over een vriendschap tussen twee mannen tegen de achtergrond van de beginjaren van de Colombiaanse drugsoorlog en de gewelddadige jaren 90.

Kijktips

De Amerikaanse serie *Narcos* (2015) valt te bekijken op Netflix. In twee seizoenen vertelt de serie het – sterk geromantiseerde – verhaal van Pablo Escobar en zijn Medellínkartel, van eind jaren 70 tot begin jaren 90. Veel inwoners van Medellín hekelen de serie omdat het beeld dat van Escobar wordt geschetst veel te positief zou zijn.

Voor wie meer wil zien van de mooie kanten van Colombia – de enorme culturele en natuurlijke rijkdom – is *Embrace of the Serpent* (*El Abrazo de la Serpiente*, 2015) een aanrader. Het was de eerste Colombiaanse film ooit die werd genomineerd voor een Oscar. De film biedt een intrigerend inkijkje in (de geschiedenis van) het leven in het Colombiaanse Amazonegebied. Een andere mooie film is *Colombia: Wild Magic* (*Colombia: Magia Selvaje*, 2015), die de aanstaande reiziger zeker enthousiast zal maken voor Colombia's onvoorstelbare

Macondo

De plaats Macondo, waar *Honderd jaar eenzaamheid* zich afspeelt, bestaat niet, maar Márquez zou het plaatsje hebben gebaseerd op zijn geboorteplaats Aracataca, 80 kilometer ten zuiden van Santa Marta. In zijn autobiografie *Leven om het te vertellen* schrijft Márquez dat hij de naam Macondo zag staan op een bordje bij een bananenplantage daar in de buurt.

biodiversiteit. Nog meer prachtige beelden van het Colombiaanse landschap ziet u in *The Wind Journeys* (*Los Viajes del Viento*, 2009), een Colombiaanse roadmovie van regisseur Ciro Guerra. De film werd opgenomen op tachtig verschillende locaties in het noorden van Colombia en vertelt het verhaal van een vallenatomuzikant die door het land trekt en wordt gevolgd door een jongetje dat bij hem in de leer wil.

Land and Shade (*La tierra y la sombra*, 2015) ten slotte won een Caméra d'Or op het Filmfestival van Cannes. De film speelt in een dorpje aan de voet van de Andes, omgeven door suikerrietplantages. Alfonso, een oude boer, keert na zeventien jaar afwezigheid terug in het dorp omdat zijn zoon ernstig ziek is. Hij treft daar zijn vrouw, zoon, schoondochter en kleinzoon en probeert hun liefde opnieuw te winnen.

Palenqueras in Las Bóvedas, Cartagena

Weer en reisseizoen

Klimaat

Omdat Colombia op de evenaar ligt – het grootste deel van het land er net boven – zijn er geen seizoenen. Dat betekent niet dat het in heel Colombia altijd hetzelfde tropische weer is, integendeel, en dat heeft te maken met de enorme hoogteverschillen in het land. In Bogotá is het overdag rond de 20°C en 's nachts rond de 8°C (zie klimaattabel). Aan de Caribische noordkust kunt u het hele jaar door tropische temperaturen verwachten: overdag rond de 32°C en ook de nachten zijn warm met temperaturen rond de 24°C.

Het lager gelegen Medellín heeft een aanzienlijk milder klimaat en staat bekend als Stad van de Eeuwige Lente. Tussen mei en oktober kan het in Medellín wel flink regenen. In Cali, dat niet in de bergen ligt, is het doorgaans net een paar graden warmer dan in Medellín, en ook de nachten kunnen er warm zijn.

Aan de Pacifische kust zijn de temperaturen het hele jaar door hoog en regent het veel. Ook in het Amazoneregenwoud valt het hele jaar door regen, maar er is een (relatief) droog seizoen tussen september en november.

Reisseizoen

Het **hoogseizoen** loopt van december tot februari: de kans op regen is dan relatief laag (behalve aan de Pacifische kust en in het Amazonegebied). Daar staat tegenover dat de prijzen op hun hoogst zijn. Hoge prijzen treft u ook in de Semana Santa, de paasvakantie. Het **laagseizoen** loopt van oktober tot november, als de kans op regen in veel gebieden relatief groot is.

Kleding en uitrusting

Voor een vakantie aan de Caribische kust, de Pacifische kust en op San Andrés en Providencia volstaat zomerkleding. Het kan er flink regenen, maar koud wordt het nooit. Gaat u ook naar andere delen van het land, dan is een regenjas of poncho een absolute must.

In Bogotá hebt u wegens de frisse nachten zeker ook warmere kleding nodig; de *bogotanos* tooien zich in de avonduren met sjaals en mutsen en hullen zich in dikke jassen. Een muts of winterjas gaat wellicht wat ver, maar een zomerjas of dikke trui kan best fijn zijn als het afkoelt.

Stevige, waterdichte wandelschoenen zijn een aanrader als u van plan bent wandeltochten te gaan maken. Zonnebrandcrème is een must in heel Colombia, en als u in gebieden onder de 2000 meter bent, stop dan altijd uw muggenspray in uw tas.

Klimaattabel Bogotá

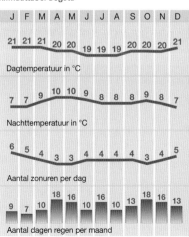

Reizen naar en in Colombia

Reisdocumenten

Voor een verblijf tot 90 dagen hebben reizigers uit Nederland en België geen visum nodig; een paspoort volstaat, mits het nog minstens zes maanden geldig is. De douane kan u vragen om een document waaruit blijkt dat u het land na 90 dagen weer verlaat, zoals een vliegticket. Kinderen die naar het buitenland reizen hebben, onafhankelijk van hun leeftijd, een eigen reisdocument nodig.

Wilt u langer dan 90 dagen blijven, dan kunt u bij een kantoor van Migracíon Colombia (migracioncolombia. gov.co) een *prórroga de permanencia* of *permiso temporal de permanencia* aanvragen, een verlenging van uw visum met nog eens 90 dagen. U betaalt hiervoor 92.000 Colombiaanse peso's en voor de aanvraag hebt u twee pasfoto's nodig (met een witte achtergrond), uw paspoort, kopieën van de ID-pagina van uw paspoort en van de pagina met uw aankomststempel en een ticket waaruit blijkt wanneer u het land weer verlaat.

Komt u vanuit een ander Zuid-Amerikaans land aan in Colombia, dan kan het zijn dat u wordt gevraagd om een bewijs van uw gele-koortsvaccinatie.

Douanebepalingen

Passagiers van 18 jaar en ouder mogen 2 flessen wijn of sterkedrank invoeren, 200 sigaretten of 50 sigaren of maximaal 50 gram tabak en parfum voor persoonlijk gebruik. Hebt u meer dan 10.000 Amerikaanse dollar aan cash bij zich, dan moet u dat aangeven bij de douane. Bij het verlaten van Colombia is de kans groot dat u wordt gecontroleerd op drugsbezit. Als u juwelen, goud of platina heeft gekocht, kan het zijn dat er naar het aankoopbewijs wordt gevraagd.

Reizen naar Colombia

Met het vliegtuig

KLM vliegt dagelijks rechtstreeks tussen Amsterdam (Schiphol) en Bogotá (El Dorado), soms via Cartagena (Rafael Núñez). Bent u bereid over te stappen en langer te reizen, dan kunt u vaak goedkopere vluchten vinden. Let er bij een overstap in de Verenigde Staten op dat u een ESTA moet aanvragen als u niet in het bezit bent van een visum voor de Verenigde Staten of een Amerikaans paspoort. Dit kan online via esta.cbp.dhs.gov/esta en kost 14 dollar.

Met een ander vervoermiddel

Reist u naar Colombia vanuit een van de buurlanden, dan zijn er avontuurlijke opties: over land met de bus, over zee per (zeil)boot vanuit Panama of met een rivierboot over de Amazone vanuit Brazilië of Peru (u komt dan aan in Leticia, vanwaar u een vlucht moet nemen om op andere plekken in Colombia te komen). Controleer zeker in het geval van busreizen altijd van tevoren of de route veilig is, want dat is heel vaak niet zo en de veiligheidssituatie kan per dag veranderen. Er zijn geen veilige landroutes vanuit Panama en ook de meeste grensovergangen met Venezuela zijn momenteel niet veilig voor toeristen. Let er ook op dat u een geautoriseerde grensovergang passeert; het land binnengaan via een illegale grensovergang is strafbaar. Nachtbussen brengen een extra risico op overvallen met zich mee.

Reizen in Colombia

Vliegtuig

Wilt u naar San Andrés, Providencia of Leticia, dan is vliegen de enige optie. Colombia's nationale luchtvaart-maatschappij is Avianca (avianca.com), maar er zijn meerdere luchtvaartmaat-schappijen die binnenlandse vluchten aanbieden in Colombia, bijvoorbeeld Copa Airlines (copaair.com) en LA-TAM (latam.com). Voor vluchten van en naar Medellín kunt u bovendien het aanbod van de regionale lucht-vaartmaatschappij ADA raadplegen (via boekingssites). Er zijn ook enkele budgetopties: EasyFly (easyfly.com.co), Wingo (wingo.com) en VivaColombia (vivacolombia.co). Vluchten naar afge-legen gebieden worden doorgaans ver-zorgd door Satena (satena.com). Tarie-ven kunt u vergelijken op de (Spaans-talige) website tiquetesbaratos.com.

Bus

Voor andere bestemmingen dan de ei-landen en Leticia is de bus een goed alternatief voor het vliegtuig. Reizen per bus duurt uiteraard langer, maar de bussen zijn comfortabel, goedkoop, voorzien van airconditioning en u ziet veel meer van het landschap. Elke Co-lombiaanse stad heeft een busstation (*terminal de transporte*) waar verschil-lende vervoersbedrijven hun reizen aanbieden. De prijzen zijn afhankelijk van hoe groot en comfortabel de bus is – grote bussen zijn vaak veel comforta-beler dan kleine bussen (en hebben een wc). Op de kortere routes kan het zijn dat de bus een *minibus* of *buseta* blijkt – dat betekent minder beenruimte, maar vaak wel een snellere reis.

Neem in de grote bussen warme kle-ding mee in uw handbagage, want de airconditioning staat doorgaans op standje vrieskist, alsof de chauffeurs denken dat ze pinguïns vervoeren (vol-gens sommigen verkleint de kou de kans op wagenziekte). Houd ook uw paspoort bij de hand, want het kan zijn dat de passagiers bij checkpoints van leger of politie worden gecontroleerd.

Huurauto

U kunt in Colombia een auto hu-ren, maar dat is relatief duur. Niet al-leen zijn de tarieven van autoverhuur-ders prijzig, dat geldt ook voor de tol op de autowegen en de verzekerin-gen. U kunt terecht bij internatio-nale autoverhuurbedrijven als Avis (avis.com.co), Budget (budget.com.co) en Hertz (hertz.com). Andere opties zijn Localiza (localiza.com) en Milano (milanocar.com). Het is het goedkoopst om online te boeken.

Een internationaal rijbewijs is niet verplicht, maar er kan desondanks om worden gevraagd. U moet tijdens het rijden uw paspoort bij u hebben en de papieren van de auto kunnen to-nen. Een internationaal rijbewijs is ver-krijgbaar bij de ANWB op vertoon van uw rijbewijs; neem ook een recente pas-foto mee.

Zorg ervoor dat u goed verzekerd bent, niet alleen tegen schade maar ook tegen diefstal, want autodiefstal is in Colombia veelvoorkomend. Dat geldt ook voor inbraken in auto's; laat dus nooit spullen achter in de auto, en ze-ker niets waardevols. In steden kunt u vaak parkeren op een bewaakt parkeer-terrein (*parqueadero*) of in straten waar een bewaker actief is, die zal een fooi van rond de 2000 peso's verwachten.

Autorijden in Colombia

In Colombia rijdt men aan de rechter-kant van de weg. De staat van de wegen is over het algemeen redelijk, hoewel er op sommige plekken flinke gaten in het wegdek kunnen zitten. Buiten de grote steden en hoofdwegen zijn straten vaak onverhard. Het dragen van een auto-gordel is verplicht en er wordt streng op gecontroleerd. De snelheidslimiet is 80 km/u op de buitenwegen, 60 km/u in de stad en 30 km/u in woonwijken.

Colombianen houden zich door-gaans niet aan de verkeersregels en snelheidslimieten, dus autorijden kan er kan nogal avontuurlijk zijn, om het positief te stellen. Vooral in de grote steden en met name in Bogotá is het verkeer druk en bijzonder chaotisch en onvoorspelbaar; houd rekening met door rood rijdend verkeer en met brommers en motoren die overal tussendoor schieten. Overal in Colombia kunt u aan beide zijden worden ingehaald (ook als er een dubbele doorgetrokken streep op het wegdek staat).

Claxonneren lijkt in het Colombiaanse verkeer ieders favoriete hobby, niet zozeer als waarschuwing voor een dreigend gevaarlijke situatie, maar om het overige verkeer even te laten weten 'pas op, ik ben hier'.

Taxi

Omdat het in de steden 's avonds niet altijd even veilig is op straat, is het in Colombia heel gebruikelijk om in de avonduren een taxi te nemen. In de meeste steden hebben de taxi's een meter en zijn de tarieven laag; in het Caribisch gebied hebben de taxi's bijna nooit een meter en moet u van tevoren een prijs afspreken met de chauffeur. Soms gelden er vaste tarieven, bijvoorbeeld voor een rit naar het vliegveld (dit kunt u navragen bij uw accommodatie). Let er wel op dat u een officiële taxi neemt, zeker in Bogotá, Medellín en Cali, want beroving door taxichauffeurs komt voor. Het beste is om een taxi telefonisch of via een app (bijvoor-

beeld Cabify) te bestellen of om naar een officiële standplaats te gaan.

In kleine steden en dorpen of meer afgelegen gebieden kan een *mototaxi* een handige manier zijn om op uw plek van bestemming te komen. Deze zijn niet officieel en elke brommerrijder die toevallig passeert én een extra helm bij zich heeft, kan zich in principe transformeren tot motortaxi. Vraag van tevoren bij uw accommodatie wat een gangbare prijs is voor uw rit.

Lokaal vervoer

Sommige steden bieden goede, overzichtelijke opties voor openbaar vervoer per bus, zoals bijvoorbeeld de TransMilenio in Bogotá, de Mio in Cali, de MegaBús in Pereira en de Metrolínea in Bucaramanga. Medellín heeft een overzichtelijk metronetwerk. Houd vooral in drukke bussen en metro's (in de spits) wel rekening met zakkenrollers. Ook zijn er vaak andere, minder overzichtelijke buslijnen; vraag in uw hotel om routeadvies. Het tarief ligt vaak vast, wat betekent dat u hetzelfde betaalt voor een rit naar de volgende halte als voor een rit naar de eindhalte.

Een andere vorm van openbaar vervoer is een *buseta* of *colectivo*, een gedeelde 'taxi' die veel vormen kan aannemen, bijvoorbeeld die van een minivan, een pick-uptruck of van een oude Jeep. Colectivo's vertrekken vanaf een vaste plek, soms volgens een tijdschema, maar doorgaans zodra ze vol (genoeg) zijn.

In sommige steden rijden nog *chivas*, brede, rijk gedecoreerde houten bussen, niet zelden met luide muziek, ooit hét openbaar vervoermiddel van Colombia. Een ritje met een *chiva* is een waar avontuur, maar kan vrij oncomfortabel zijn, zeker over langere afstanden. De kans dat u op de lange banken raakt ingeklemd tussen medepassagiers en hun bagage (kippen etc.) is aanzienlijk.

Met de trein door Colombia?

Er liggen wel spoorwegen in Colombia maar daar rijden zelden treinen over: het deel van het spoor dat niet gestolen en verkocht is, is doorgaans overgroeid. Tussen Bogotá en Zipaquirá is wél een goede treinverbinding: de Turistren (turistren.com.co).

Overnachten

Sinds Colombia weer een stabiel en dus veel veiliger land is, is het toerisme er enorm in opkomst. Eerst kwamen de backpackers, wat leidde tot een explosieve stijging van het aantal hostels, inmiddels zijn er ook in het hogere segment veel accommodaties bijgekomen.

Hotels

Vooral in Bogotá en Medellín zijn er veel luxehotels, met name gericht op zakenmensen. Rijkere Colombianen brengen hun vakanties graag door in Cartagena de Indias of Santa Marta, waardoor u ook daar een ruim aanbod aan luxe accommodatie vindt. Kleinere hotels worden ook wel *posadas*, *residencias* of *hospedajes* genoemd.

Voor een chic hotel betaalt u tussen 200.000 en 2.000.000 peso's per nacht (€ 55 tot 550). Voor een hotel uit het middensegment moet u rekenen op 80.000 tot 200.000 peso's per nacht (€ 22 tot 55) voor een tweepersoonskamer met privébadkamer. Hotels in het middensegment zijn echter nog redelijk schaars, u hebt de meeste keuze in hostels of chiquere hotels.

Het is in de meeste grote steden ook mogelijk om in goedkope hotels te verblijven, maar deze bevinden zich vaak in de buitenwijken en in de buurt van markten en stations, waar het minder veilig is. Ze zijn wel heel betaalbaar en soms zelfs goedkoper dan een hostel: tussen de 30.000 en 50.000 peso's per nacht (€ 8 tot 14).

Resorts

Op de plekken waar Colombianen op vakantie gaan (de Caribische kust en San Andrés bijvoorbeeld), vindt u vaak resorts die all-inclusivedeals bieden (zie bijvoorbeeld decameron.com).

Finca's

Op het Colombiaanse platteland kunt u vaak op een *finca* (boerderij) verblijven. Dat is met name populair in de Zona Cafetera, waar u kunt overnachten op een traditionele koffieplantage. De finca's bieden vaak verschillende activiteiten aan, zoals rondleidingen over de plantage, koffieproeverijen, wandeltochten en paardrijden. Enkele adressen staan op blz. 224.

Bent u van plan een vakantiehuis te huren op het Colombiaanse platteland – een privéfinca met zwembad bijvoorbeeld – dan kunt u terecht op de (Spaanstalige) website colfincas.com. U vindt er landhuizen met slaapplaats voor wel 25 personen.

Hostels

Er zijn ontzettend veel hostels in Colombia. Voor een bed in een gedeelde kamer betaalt u tussen de 20.000 en 50.000 peso's per nacht (€ 7 tot 14); een eigen kamer kost tussen de 60.000 en 120.000 peso's per nacht (€ 16 tot 33).

Een hotel boeken?

Van tevoren een hotel reserveren is vrijwel altijd goedkoper dan ter plaatse boeken. Het grote internationale bedrijf booking.com is een goede optie als u een kamer wilt reserveren in Colombia. Ook kunt u terecht bij trivago.com of expedia.com.

Sommige hostels richten zich met name op een jong publiek dat komt om te feesten, dus als u een plek zoekt waar u kunt ontspannen en slapen, kunt u daar beter niet boeken.

Op sommige plekken – bijvoorbeeld in Parque Tayrona, La Guajira en in de Desierto de la Tatacoa – is er een nóg goedkopere optie dan een bed in een slaapzaal: een hangmat in de buitenlucht, vaak onder een afdak en soms met een klamboe eroverheen (meestal rond de 15.000 peso's).

Campings

Kamperen is niet erg gangbaar in Colombia, maar er zijn enkele plekken in landelijke gebieden en nationale parken waar het mogelijk is. Villa de Leyva heeft een kampeerterrein in de stad. Ook sommige (buiten de steden gelegen) hostels staan toe dat u op hun terrein uw tentje opzet. Wilt u met een camper op pad en parkeert u die niet op een officieel kampeerterrein, zorg dan dat deze plek wel veilig is.

Motels

Motels hebben in Colombia een ietwat andere functie dan in veel andere landen. Omdat Colombiaanse jongeren vaak thuis wonen tot ze trouwen, kunnen ze hun toevlucht voor de intiemere ontmoetingen zoeken in speciale *love motels* die kamers verhuren per uur. Deze kamers zijn doorgaans romantisch en speels ingericht en hebben soms jacuzzi's of bijvoorbeeld een vibrerend bed. U kunt er natuurlijk een kamer huren voor de hele nacht, maar aangezien de overige gasten er niet komen om te slapen, is een goede nachtrust niet gegarandeerd.

Alternatieven

Wie het leuk vindt om bij mensen thuis te slapen en zo de lokale bevolking beter te leren kennen, kan overwegen een verblijf te boeken via Airbnb (airbnb.com) of op zoek gaan naar een B&B, bijvoorbeeld via bedandbreakfast.com. Op die laatste website vindt u B&B's in heel Colombia. Veruit de meeste bevinden zich in Bogotá, Cali, Cartagena de Indias, Medellín, Santa Marta en op San Andrés, maar er zijn er ook een paar in kleinere dorpen zoals Jardín, Mompós en Barichara. Overigens is de term B&B in Colombia niet heel gangbaar. Een *posada* bijvoorbeeld is vaak vergelijkbaar met een B&B.

Een hostel boeken?

Er zijn verschillende websites speciaal gericht op het boeken van hostels.

Colombian Hostels Association, de overkoepelende organisatie waarbij veel hostels in Colombia zijn aangesloten, heeft een overzicht op de website: colombianhostels.com.co
Hostelling International, de officiële wereldwijde organisatie voor jeugdherbergen, heeft zeven locaties in Colombia: hihostels.com

Enkele internationale boekingssites:

Hostel Bookers: hostelbookers.com/hostels/colombia
Hostels.com: hostels.com/colombia
Hostel World: hostelworld.com/hostels/colombia
Hostel Trail: hosteltrail.com/colombia

Eten en drinken

Colombia is een vruchtbaar land waar ontzettend veel groeit en bloeit. De culinaire tradities verschillen enorm per regio en er zijn dus veel typische streekproducten.

Ontbijt

Met de opkomst van het toerisme is op steeds meer plekken een westers ontbijt te vinden, en dat geldt zeker voor ontbijtbuffetten in hotels. Jammer eigenlijk, want Colombia heeft nogal wat te bieden op ontbijtvlak. Het mantra van de Colombianen is namelijk: '*Desayuna como un rey, almuerza como un príncipe y cena como un mendigo*', ofwel: 'Ontbijt als een koning, lunch als een prins en dineer als een bedelaar.' Niet voor niets zijn er in Colombia, en zeker in Bogotá, *desayunaderos*, traditionele ontbijtrestaurantjes.

Veel Colombianen beginnen hun dag met *arepas*, platte maisbroodjes. Vaak worden ze geserveerd met roerei met tomaat en ui (*huevos pericos*), kaas, ham en/of worstjes, maar er zijn tientallen combinaties mogelijk. De kaas is vaak *quesito* (ook wel *queso fresco*), een romige jonge witte kaas.

De arepa zelf kan per regio verschillen. In heel Colombia zijn er op straat stalletjes te vinden waar arepa's en *arepas ripienas* worden verkocht, gevulde arepa's, dus ze worden de hele dag door gegeten. De *arepa de heuvo*, arepa gevuld met ei, is een van de speciliteiten uit Cartagena. Het is een ingenieus broodje, want het ei wordt in de arepa meegebakken.

Een ander traditioneel ontbijt is *calentado*. Oorspronkelijk waren dat de restjes van de avond ervoor die als ontbijt werden opgebakken. Het bestaat vaak uit opgebakken rijst en bonen met vlees, ei en worstjes.

De desayunadero's verkopen ook *tamales*, een in bananenblad gewikkeld warm gerecht dat vaak op zondagochtend wordt gegeten. De basis bestaat vaak uit mais- of rijstdeeg, gele erwten of kikkererwten en ei, groenten, kip en buikspek. Elke stad heeft een eigen tamal en er zijn in Colombia dus honderden varianten te vinden.

Omdat de ochtenden in Bogotá fris zijn (ijskoud, volgens de Colombianen), wordt er traditioneel warme chocolademelk gedronken bij het ontbijt, soms met koffie erdoor. Een andere populaire warme drank is *aguapanela*, gehard suikerrietsap (*panela*) aangelengd met water. (In warmere gebieden wordt aguapanela koud gedronken, met ijsblokjes en citroen of limoen.) Kijk ook niet vreemd op als u in het hotel de optie heeft om warme melk over uw cornflakes te schenken.

Lunch en diner

De lunch (*almuerzo*) is in Colombia inderdaad prinselijk. Een traditionele Colombiaanse lunch begint met een kom soep en het kan goed zijn dat uw honger daarmee eigenlijk al is gestild.

Ajiaco

De Colombiaanse *ajiaco*-soep, die u het beste kunt eten in Bogotá, is eigenlijk een maaltijd op zichzelf. Traditioneel wordt ajiaco gemaakt van minstens drie verschillende soorten aardappel, kippenvlees en kaal knopkruid (*gausca*) en geserveerd met een stuk maiskolf, kappertjes, room en een halve avocado.

Na de soep volgt een hoofdgerecht dat meestal bestaat uit rijst met vis, kip of vlees, en op het bord vindt u soms ook salade, bonen, bakbanaan en/of cassave (*yuca*). Colombianen zijn enorme zoetekauwen, dus de lunch wordt doorgaans afgesloten met een dessert.

Veel restaurants hebben een daggerecht (*plato del día*) en/of een twee- of driegangenmenu tegen een vaste (lage) prijs (*menú del día*, *comida corriente*, *corrientazo* of *menú ejecutivo*). Een tweegangenmenu kost meestal tussen de 10.000 en 20.000 peso's (€ 2,60 tot 5,30).

Colombiaans eten is zelden pittig. Wilt u het wat meer pit geven, dan hebben de meeste restaurants *ají* (ook wel *ají picante*) op tafel staan, een mengsel van olie, verse kruiden (vaak koriander en/of peterselie), tomaat en chilipeper.

Desserts

Als dessert verschijnt vaak melk- of rijstpudding op tafel, soms overgoten met *arequipe*, gekarameliseerde geconstableerde melk. Een beroemde Colombiaanse melkpudding is *postre de natas*, vaak geserveerd in een klein glaasje. Een andere zoetigheid is *oblea de arequipe*, twee dunne wafels met de karamelsaus ertussen.

Nog een geliefd toetje dat ook als snack wordt gegeten: *bocadillo de guayaba con queso*. Bocadillo – niet te verwarren met het Spaanse broodje – wordt gemaakt van gedroogde guavepulp met panela. Het resultaat is een fruitige, zoete en roodgekleurde massa die in rechte stukken kan worden gesneden. Traditioneel wordt de bocadillo geserveerd met een even dikke plak queso fresco erop; de combinatie wordt *matrimonio* genoemd, huwelijk.

Drinken

Zoetigheid combineren met kaas is een van de specialiteiten van de Colombianen. In Bogotá, waar veel warme chocolademelk wordt gedronken, kunt u de traditionele *chocolate completo* proberen

Colombia is de op één na grootste koffieleverancier ter wereld

– als u durft. De kop warme chocolademelk wordt geserveerd met brood en blokjes jonge kaas, die u in de chocolademelk laat smelten. Populair als ontbijt of rond theetijd.

Naast de Colombiaanse cacao is de koffie natuurlijk wereldberoemd. Daar was in Colombia zelf lange tijd niets van te merken, want de beste koffie werd geëxporteerd en de Colombianen dronken de koffie van mindere kwaliteit (*tinto*). Waarschijnlijk is het vooral als gevolg van het toenemende toerisme dat daar nu verandering in lijkt te komen. Kon je vroeger alleen waterige oploskoffie vinden, vandaag de dag zijn er steeds meer cafés die ook lekkere koffie en cappuccino's serveren.

Een razend populaire alcoholische versnapering is *aguardiente*, dé drank van Colombia. De basis bestaat uit water en suikerriet en het heeft een uitgesproken anijssmaak. Het alchoholpercentage ligt rond de 30%.

In heel Colombia – en vooral in Bogotá – is *craft beer* in opkomst. In *cervecerías*, biercafés, waaronder specialist Bogotá Beer Company, kunt u ze proeven. De populairste commerciële biermerken zijn Poker en Aguila.

Een traditioneel inheemse drank is *chicha*, gemaakt van gefermenteerde mais of soms van cassave. De smaak is soms wat zurig. Op veel plekken wordt ook *avena* verkocht, een dik, zoet mengsel op basis van melk en havermout.

Actieve vakantie, sport en wellness

Raften en kajakken

Wie van raften of kajakken houdt, is in Colombia op de juiste plek. Het land heeft talloze rivieren die zowel de beginner als de ervaren rafter kunnen uitdagen. Raften kan in de buurt van San Agustín op de Río Magdalena en bij Bogotá op de Río Negro. Maar de echte adrenalinejunk kan toch het beste afreizen naar San Gil, de Colombiaanse hoofdstad als het gaat om avontuurlijke sporten en activiteiten. Bij San Gil zijn drie rivieren – de Chicamocha, Fonce, en Suárez – die zowel de voorzichtige beginner als de onbevreesde avonturier gelukkig kunnen maken. De Río Suárez biedt verschillende Klasse IV en Klasse V stroomversnellingen.

Geniet u liever van een prachtige omgeving tijdens een niet al te wild ritje op de raft, dan kunt u terecht op de Río Claro, die tussen Bogotá en Medellín in ligt. Het meer van Guatapé is een mooie plek om te kajakken.

Duiken en snorkelen

Colombia heeft bijna 3000 kilometer aan kustlijn; een deel aan de noordelijke Caribische kust en de rest aan de westelijke Pacifische kust. De moeilijk bereikbare Pacifische kust biedt vooral uitdagingen aan de zeer ervaren duiker en is speciaal geschikt voor wie met haaien wil duiken. De mooiste plekken zijn Isla Malpelo, Isla Gorgona, Capurganá en Sapzurro.

Zowel beginners als gevorderden kunnen terecht aan de Caribische kust (in Cartagena en Santa Marta bijvoorbeeld) en op de eilanden San Andrés en Providencia. U vindt er helder water, verschillende soorten vissen (waaronder mantaroggen) en zeeschildpadden. Vooral de twee eilanden bieden uitstekende snorkel- en duikgelegenheid – ze liggen vlak bij het op drie na grootste barrièrerif ter wereld. Colombia is dan ook een uitstekende plek om (goedkoop) te leren duiken.

Mountainbiken

Op sommige plekken kunt u mountainbikes huren en mooie tochten door de bergen maken. Vooral in San Gil en Villa de Leyva is mountainbiken populair, maar ook in Bogotá, Manizales, Minca, Salento en op San Andrés en Providencia kunt u een fiets huren. Steeds meer tourorganisaties verzorgen mountainbiketochten.

(Kite)surfen en zeilen

Op veel plekken in Colombia kunt u een surfplank huren of surfles nemen. Hebt u interesse in kitesurfen, kijk dan eens op colombiakite.com.

Op verschillende plekken aan de Caribische kust kunt u zeiltochten boeken. Het aanbod is het grootst in Cartagena, waar Bona Vida Catamaranes zeiltochtjes per catamaran aanbiedt, bijvoorbeeld een dagexcursie naar de Islas del Rosario of een catamarantripje bij zonsondergang.

Walvissen spotten

Elk jaar maken honderden bultruggen een reis noordwaarts langs de westkust van Zuid-Amerika. Van de koude wateren voor de kust van Chili leggen ze ruim 8000 kilometer af om in de warmere delen van de Pacifische Oceaan voor de Colombiaanse kust hun jongen ter wereld te brengen. Langs de gehele Pacifische kust van Colombia kunt u van begin juli tot eind oktober walvissen zien. Er zijn georganiseerde boottochten, maar soms zwemmen de bultruggen zo dicht langs de kust dat u de zee niet eens op hoeft. Zie voor meer informatie over de beste plekken om de walvissen te zien het hoofdstuk over de Pacifische kust (blz. 230).

Taalvakantie

Een taal leert u het snelst en het makkelijkst in een gebied waar die taal wordt gesproken. In de meeste Colombiaanse steden kunt u een cursus Spaans volgen; een intensieve cursus heeft meestal rond de 20 lesuren per week. U kunt zelf bepalen hoeveel weken u blijft.

Er zijn onder meer talenscholen in Bogotá, Cali, Cartagena, Medellín en San Gil. Deze organiseren naast de lessen vaak ook sociale en culturele activiteiten en uitjes. U kunt ook kiezen voor een combinatiecursus, bijvoorbeeld Spaanse taal en wekelijkse salsalessen, of Spaans en vrijwilligerswerk.

Paardrijden

Paarden zijn onlosmakelijk met de Colombiaanse cultuur verbonden. In de landelijke gebieden zijn ze nog altijd een veelgebruikt vervoermiddel, maar ook in de steden ziet u regelmatig paarden- en ezelkarren voorbijkomen, tussen de auto's door. In sommige pueblos rijden mensen op vrijdag- of zaterdagavond rondjes om het plein om hun mooiste paard te showen.

Te paard de omgeving verkennen is een uitstekende manier om wilde dieren te spotten. Georganiseerde tripjes door natuurlijke gebieden zijn dan ook zeker een aanrader.

Vanuit veel dorpen en zelfs vanuit de grote steden kunt u tochten te paard boeken. Meestal duren die een halve of hele dag, maar veel tourorganisaties bieden ook meerdaagse trektochten aan.

Vogels

Colombia is een waar walhalla voor vogelaars: geen enkel ander land ter wereld herbergt zoveel verschillende soorten. De teller staat op meer dan 1920 en dat is maar liefst 20% van het totale aantal vogelsoorten ter wereld. Er worden in het Amazoneregenwoud nog altijd nieuwe soorten ontdekt.

U kunt overal in Colombia vogelen, maar in vijf gebieden in het bijzonder: de bergen rondom Santa Marta, de nevelwouden in de Andes, het tropisch regenwoud in de laaglanden van de Chocó, de subtropische wouden van Antioquia en natuurlijk in de Amazone.

Veel tourorganisaties bieden lokale vogelkijktripjes. Voor meer informatie over vogelen in Colombia kunt u terecht op de website van de Colombiaanse non-profitorganisatie ProAves, die zich richt op het beschermen van vogels: proaves.org. Veel tourorganisaties hebben vogeltours of zelfs vogelreizen in hun aanbod. Een goede reputatie hebben onder meer Colombia Birdwatch (colombiabirdwatch.com) en Colombia Birding (colombiabirding.com).

Wandelen

Colombia is een fantastische bestemming voor wandelaars. Niet alleen kun je er avontuurlijke meerdaagse trektochten ondernemen, zoals de tocht naar Ciudad Perdida, op veel plaatsen zijn er kortere, lokale wandelroutes uitgestippeld die u in een halve of een hele dag kunt voltooien. Zo zijn er een paar prachtige routes op goed onderhouden wandelpaden door Parque Nacional Natural Tayrona. In de Valle de Cocora is een spectaculaire wandeling uitgezet van zo'n zes uur die je eerst langs grasland en jungle voert en uiteindelijk door de mistige vallei vol waspalmen. In Tierradentro kunt u in één dag langs de vele tombes trekken en vanuit Barichara kunt u een prachtige wandeling maken naar het dorpje Guane. Dit zijn slechts een paar voorbeelden – wandelpaden vindt u werkelijk overal, al zijn de routes helaas niet overal even goed aangegeven.

Wellness

Omdat Colombia veel vulkanen heeft, zijn er in het hele land natuurlijke warmwaterbronnen en modderbaden te vinden. In de buurt van Pereira en Manizales bijvoorbeeld liggen verschillende thermale baden en wellnesscentra; hotels en tourorganisaties verzorgen dagtochten.

In heel Colombia bevinden zich luxe spahotels waar ook massages en andere behandelingen worden verzorgd; op spahotels-colombia.com staat een overzicht, maar er zijn er nog veel meer.

Een rode rotshaan in Jardín

Feesten en evenementen

Carnaval de Barranquilla

Veertig dagen voor Pasen begint het spectaculaire Carnaval de Barranquilla, na het carnaval van Rio de Janeiro in Brazilië de grootste carnavalsviering ter wereld. Vier dagen lang dost de lokale bevolking zich uit in opwindende felgekleurde outfits en begeeft iedereen zich op straat om daar te dansen, zingen, eten en drinken. Het normale leven ligt gedurende die dagen stil.

Het carnaval begint op de zaterdag voor Aswoensdag met La Batalla de Flores (het Bloemengevecht, in vroeger tijden beschoot men elkaar met bloemen). Er trekken praalwagens door de straten en op deze dag kroont de carnavals-koningin van het voorgaande jaar haar opvolgster.

Op zondag en maandag zijn er grote parades (op zondag de Parade van Traditie en Folklore; op zaterdag de Grote Fantasieparade en het Orkestenfestival). Het carnaval eindigt op dinsdag met de begrafenis van Joselito Carnaval.

Zoals valt te verwachten bij een groot feest in Colombia staan muziek en dans centraal. En de beste manier om het carnaval van Barranquilla mee te maken, is om er helemaal in op te gaan. De slogan luidt niet voor niets *'Quien lo vive, es quien lo goza'*: wie het (be)leeft, geniet ervan.

Als u het carnaval in Barranquilla wilt meemaken, is het een goed idee om

Festivals

Januari
Carnaval de Pasto

Februari
Carnaval de Barranquilla

Maart
Festival Iberiamericano de Teatro in Bogotá: een groot tweejaarlijks theaterfestival tijdens Semana Santa, georganiseerd in de even jaren.

Augustus
Festival Música del Pacífico Petronio Álvarez in Cali: festival voor muziek uit de Pacifische regio (Afrikaanse invloeden dus), zie blz. 249.
Feria de las Flores in Medellín: bloemenfeest, zie blz. 196.

September
Festival Mundial de Salsa in Cali

Festival Internacional de Teatro in Manizales
Mompós Jazz Festival in Mompós

Oktober
Rock al Parque in Bogotá: gratis driedaags rockfestival.

November
Reinado Nacional de Belleza in Cartagena: viering van de onafhankelijkheid van Cartagena en verkiezing van Miss Colombia.

December
Feria de Cali: jaarlijks festijn met veel straatfeestjes.
Alumbrado Navideño: de grote steden pakken uit met extravagante kerstverlichting; wie van knipperende rendieren houdt, kan in Medellín en Bogotá zijn hart ophalen.

uw accommodatie ruim van tevoren te boeken. Houd er ook rekening mee dat de kans dat u betrokken raakt bij mais-meelgevechten en schuimfeestjes zeer groot is.

Carnaval de Pasto

Begin januari vindt in Pasto het Carnaval de Negros y Blancos (Carnaval van Witten en Zwarten) plaats, het grootste feest in het zuiden van Colombia.

De festiviteiten beginnen op 2 januari en eindigen op 7 januari. Er is onder meer een parade van praalwagens, een kindercarnaval, een dag voor de zwarten en een dag voor de witten (op die laatste vliegt er nogal wat meel en talkpoeder door de lucht).

Semana Santa

Semana Santa, de Goede Week (letterlijk Heilige week), is de week voor-

Nationale feestdagen

Januari
1: nieuwjaarsdag (Año Nuevo)
6: Driekoningen (Día de los Reyes Magos)*

Maart
19: St. Jozefdag / Vaderdag (San José)*

Maart of april
Witte donderdag (Jueves Santo)
Goede Vrijdag (Viernes Santo)
Pasen (Pascua). De maandag na paaszondag is ook een nationale feestdag.

Mei
1: Dag van de Arbeid (Día del Trabajo)
Hemelvaartsdag (Ascensión del Señor)*

Mei of juni
Sacramentsdag (Corpus Cristi)*
Hoogfeest van het Heilig Hart (Sagrado Corazón de Jesús)*

Juni
29: St. Pieter en St. Paul (San Pedro y San Pablo)*

Juli
20: Onafhankelijkheidsdag (Día de la Independencia)

Augustus
7: Slag om Boyacá (Batalla de Boyacá)
15: Maria-Tenhemelopneming (Asunción de la Virgen)*

Oktober
12: Columbusdag (Día de la Hispanidad of Día de la Raza)*

November
1: Allerheiligen (Día de Todos los Santos)*
11: onafhankelijkheid van Cartagena (Independencia de Cartagena)*

December
8: onbevlekte ontvangenis van Maria (Inmaculada Concepción)
25: Kerstmis (Navidad)

* Als deze feestdag niet op een maandag valt, wordt hij verplaatst naar de maandag ervoor of erna. Via deze *puente* (brug) ontstaat er een driedaags weekend.

afgaand aan Pasen, een belangrijke periode in het overwegend rooms-katholieke Colombia. Op verschillende plaatsen in het land zijn grote vieringen, met name in Popayán, waar duizenden gelovigen zich verzamelen voor processies en een religieus muziekfestival. Ook in het koloniale stadje Mompós (in het Caribisch gebied) wordt Semana Santa groot gevierd.

Een hond bewaakt zijn voordeur in San Agustín

Reisinformatie van A tot Z

Ambassades

Nederlandse ambassade
Carrera 13 #93-40
Piso 5, Bogotá
tel. +57 (1) 638 42 00
bog@minbuza.nl

Belgische ambassade
Avenida Calle 92 #11-5
Oficina 503, Bogotá
tel. +57 (1) 328 71 80
bogota@diplobel.fed.be

Apotheken

Er zijn in de grote steden en in de kleinere plaatsen apotheken en drogisterijen te vinden; zoek naar een *farmacia* of *droguería*. Veel medicijnen zijn in Colombia zonder recept te verkrijgen, tot aan antibiotica toe. Het is dan ook een goed idee om te overleggen met uw huisarts voordat u een geneesmiddel koopt.

Drinkwater

In de grote steden is kraanwater gechloreerd en veilig om te drinken. In de landelijke gebieden verschilt het per plek; het is dus aan te raden om het even te checken bij de lokale bevolking. In elke winkel kunt u flessen water kopen.

Drugs

Het kan voorkomen dat u in Colombia drugs krijgt aangeboden, bijvoorbeeld op straat of in clubs. Cocaïne, heroïne en (niet-medische) marihuana zijn illegaal in Colombia en op het smokkelen ervan staan lange gevangenisstraffen. Daarnaast is de kwaliteit van de drugs vaak slecht; cocaïne wordt niet zelden versneden met obscure middeltjes.

Cocabladeren zijn wel legaal: chauffeurs kauwen er vaak op om wakker te blijven tijdens lange (nachtelijke) ritten en soms wordt er thee van gezet. Ook het traditionele inheemse ayahuasca (in Colombia *yagé* genoemd) is legaal, maar niet zonder gevaren.

Elektriciteit

De netspanning in Colombia bedraagt 110 volt, de frequentie is 60 hertz. De stopcontacten zijn gelijk aan die in de Verenigde Staten en u hebt dus een reisstekker nodig. Hoewel de netspanning aanzienlijk lager is dan in Nederland en België, is een spanningsomvormer voor de meeste apparaten (inclusief laptops) niet nodig.

Fooien en rekeningen

In goedkopere eetgelegenheden is het gebruikelijk om de rekening naar boven af te ronden (tot op een duizendtal peso's). Fooi geven mag, maar het wordt niet van u verwacht.

In restaurants is een fooi (*propina*) van 10% de norm, oplopend tot 15% als u heel tevreden bent. Soms wordt de fooi van 10% al op de rekening gezet (*propina voluntaria*) of wordt daarvoor toestemming gevraagd op het moment dat u aangeeft te willen betalen. Als u niet tevreden bent, kunt u aangeven dat u geen fooi wilt betalen met een simpel '*sin servicio, por favor*'.

Bent u in een chic restaurant en weigert u de servicekosten te betalen, dan bestaat de kans dat de manager u komt vragen waarom u niet tevreden bent.

Taxichauffeurs verwachten geen fooi, wel is het gebruikelijk om naar boven af te ronden tot op de 500 of 1000 peso's.

In hotels kunt u het personeel bedanken met een fooi van 2000 tot 5000 peso's; wilt u de kamermeisjes een fooi geven, dan moet u hun het geld persoonlijk overhandigen omdat ze onder geen beding geld mogen meenemen van de kamers.

Geld

De munteenheid is de Colombiaanse peso. Er zijn munten van 50, 100, 200, 500 en 1000 peso's en briefjes van 1000, 2000, 5000, 10.000, 20.000, 50.000 en 100.000 peso's.

Bij de meeste geldautomaten kunt u zonder problemen geld pinnen met uw Nederlandse of Belgische bankpas en pincode. Het is het veiligst om ergens binnen te pinnen, bijvoorbeeld in een winkelcentrum of bij een bank, zeker in de avonduren.

Creditcards worden in Colombia veel gebruikt en u kunt in de meeste steden met creditcard betalen. Visa en MasterCard worden bijna overal geaccepteerd.

Buiten de grote steden zijn er veel winkels, hotels en restaurants die geen kaartbetalingen accepteren.

Internet

Op veel plekken in Colombia zijn internetcafés te vinden. Veel hotels en hostels hebben wifi en in de meeste dorpen en steden vindt u gratis wifi in winkelcentra, de bibliotheek, op het dorpsplein en eventuele andere centraal gelegen pleinen (en parken) en/of in het lokale *centro cultural*.

Kinderen

Colombianen zijn over het algemeen gek op kinderen. U kunt uw kinderen dus gerust meenemen naar restaurants en attracties en bij veel hotels kunt u tegen een kleine vergoeding een kinderbed in een tweepersoonskamer laten plaatsen. Bij de meeste bezienswaardigheden krijgen kinderen korting op de toegangsprijs. Restaurants in het duurdere segment hebben doorgaans een kinderstoel klaarstaan; dat geldt niet altijd voor goedkopere eettentjes.

Poedermelk en luiers zijn te koop in supermarkten en bij de farmacia of droguería. In het openbaar borstvoeding geven is op de meeste plekken geaccepteerd, maar rijkere Colombiaanse vrouwen doen het niet.

Medische zorg

Via uw verplichte basisverzekering bent u verzekerd voor (onvoorziene) noodzakelijke medische zorg in het buitenland. Neem uw zorgverzekeringspas mee op reis; hiermee toont u aan dat u verzekerd bent en recht hebt op zorg.

De zorg die u in het buitenland ontvangt, wordt doorgaans vergoed volgens de in uw thuisland geldende voorwaarden en tarieven. Vallen de kosten hoger uit dan de tarieven in het buitenland, dan kunt u dat deel soms claimen bij een aanvullende verzekering of een reisverzekering.

Controleer van tevoren goed wat uw zorgverzekering dekt aan in het buitenland gemaakte medische kosten. In veel gevallen is repatriëring bijvoorbeeld niet opgenomen in het basispakket. Een aanvullende verzekering of een reisverzekering die medische kosten dekt is aan te raden.

De medische zorg in Colombia is goed. De beste ziekenhuizen zijn doorgaans particulier. De kosten kunnen daarom ook flink oplopen. In het geval van een niet-levensbedreigende behandeling wordt er soms om een voorschot op de kosten gevraagd (betaald met creditcard, maar soms ook in contanten) voordat een arts aan de behandeling begint. En ook als u goed verzekerd bent, is de kans groot dat u de rekening in eerste instantie zelf moet betalen.

In levensbedreigende situaties zijn ziekenhuizen verplicht u te behandelen, ook als u niet kunt betalen.

In alle grote steden zijn artsen en ziekenhuizen te vinden, in dorpen is niet altijd een arts aanwezig.

Eerste hulp wordt geboden op de hulpposten van de ziekenhuizen (*pronto soccorso*) en de *guardia medica* in grotere plaatsen.

Voedselhygiëne

Colombia is een tropisch land en dat brengt enkele gezondheidsrisico's met zich mee. De hygiëne is er redelijk goed, maar door de hoge temperaturen is de kans op diarree en voedselinfectie desondanks groter dan in Nederland en België. Het is daarom raadzaam enkele zakjes ORS mee te nemen om uitdroging door diarree en braken te voorkomen, maar ORS is ook verkrijgbaar bij alle apotheken in Colombia (vraag naar Sueroral). Wees attent als u eten of drinken (op waterbasis) koopt bij goedkopere restaurants of straatstalletjes. Was of schil fruit en wees extra voorzichtig met gerechten met rauwe vis en zeker met schaaldieren. Raadpleeg een dokter als de diarree langer dan drie dagen aanhoudt of als u koorts krijgt, want voor bepaalde vormen van dysenterie is behandeling met antibiotica nodig.

Muggenwering

Enkele tropische ziektes die voorkomen in Colombia kunnen worden overgebracht door muggen: malaria,

dengue, chikungunya en zika. Een groot deel van Colombia is malariavrij, maar gaat u naar de Pacifische kust of het Amazonegebied dan is het risico op malaria aanwezig, net als het risico dat er geen ziekenhuis in de buurt is. Het is daar raadzaam een noodbehandeling op zak te hebben.

Voor dengue, chikungunya en het zikavirus bestaat geen (preventief) medicijn, dus het is heel belangrijk om muggenbeten te voorkomen in gebieden onder de 2000 meter en zeker aan de Caribische kust en in dichtbevolkte gebieden. Gebruik een muggenwerend middel met 50% DEET, bedek in de avonduren uw huid en slaap eventueel onder een (reis)klamboe. De muggen die dengue, chikungunya en zika verspreiden zijn ook overdag actief, dus in de gebieden onder de 2000 meter is het raadzaam om ook overdag muggenspray te gebruiken.

Gele koorts

Het gelekoortsvirus wordt verspreid door muggen en kan dodelijk zijn. Het kan voorkomen in alle gebieden onder de 2300 meter, maar gelukkig is het zeldzaam. Toch is het raadzaam voor vertrek een vaccinatie tegen gele koorts te halen bij de GGD. Komt u Colombia binnen vanuit een buurland, dan moet u kunnen aantonen dat u tegen gele koorts bent ingeënt.

Rabiës

In Colombia komt rabiës (hondsdolheid) voor. Komt u in afgelegen gebieden waar u niet binnen 24 uur medische hulp kunt krijgen, dan is het raadzaam u tegen rabiës te laten inenten. Als de ziekte niet direct wordt behandeld kan deze namelijk dodelijk zijn. Vermijd contact met honden en vooral beten van vleermuizen – in Los Llanos en het Amazonegebied komen vampiervleermuizen voor, die het meestal op dieren hebben voorzien, maar soms ook mensen bijten.

Hoogteziekte en zonnesteek

Boven de 2500 meter kunt u last krijgen van hoogteziekte (*soroche*), dus ook in Bogotá, dat op 2640 meter ligt. De kans bestaat dat uw lichaam tijd nodig heeft om aan de hoogte te wennen en dat inspanningen extra zwaar aanvoelen.

In de warmere gebieden zijn zon en hitte een potentieel gevaar voor uw gezondheid: gebruik zonnebrandcrème, draag hoofdbedekking als u zich in de volle zon begeeft en drink voldoende water.

Noodnummers

Algemeen noodnummer: tel. 123
Ambulance: tel. 125
Brandweer: tel. 119
Politie: tel. 112
Rode Kruis: tel. 132
Snelwegpolitie: tel. 127

Omgangsvormen

Colombianen zijn ontzettend vriendelijk en beleefd en redelijk formeel in de omgang met vreemden. Het is gebruikelijk een onbekende aan te spreken met meneer (*señor*) of mevrouw (*señora*) en u (*usted*), de beleefdheidsvorm voor 'jullie' is *ustedes* (*vos* wordt in Colombia niet gebruikt). Ontmoet u iemand voor het eerst, dan zegt u '*Mucho gusto*' ('Aangenaam').

Mannen begroeten elkaar doorgaans met een handdruk, vrouwen met een kus op de rechterwang. Een man en een vrouw geven elkaar meestal een handdruk tenzij ze elkaar goed kennen.

Colombia is een religieus land en vloeken en antireligieuze uitingen worden niet op prijs gesteld.

Openingstijden

In Bogotá zijn de kantooruren van maandag tot en met vrijdag van 8 uur tot 18 uur en dat komt overeen met de openingstijden van de meeste winkels. Winkels zijn vaak ook op zaterdag de hele dag open.

Buiten de hoofdstad, en met name in warmere gebieden, sluiten de winkels rond lunchtijd vaak enkele uren voor siësta. Soms zijn ze dan ook vroeger open en sluiten ze later.

Post

Er zijn in Colombia geen brievenbussen op straat. Wilt u iets versturen, dan kunt u terecht bij het postkantoor, 4-27 geheten (4-72.com.co). Het duurt meestal twee à vier weken voordat een brief of kaart aankomt in Nederland of België.

Reizen met een beperking

Smalle voetpaden, keitjes of juist helemaal geen bestrating, gaten in de weg, hoge stoepranden zonder oprit... Colombia is niet ingesteld op rolstoelgebruikers. Dat geldt ook voor de meeste restaurants, hostels en hotels (op de luxehotels na), voor het openbaar vervoer en zelfs voor overheidsgebouwen. Wel kunt u erop rekenen dat de hoffelijke Colombianen u zullen helpen waar ze kunnen.

Solo reizen

Alleenreizende (jonge) vrouwen kunnen er (zeker aan de Caribische kust) op rekenen dat ze op straat worden aangestaard en/of aangesproken en dat er naar ze wordt gefloten of gepsss't. Dit kunt u het beste negeren; een (nep)trouwring kan helpen om ongewenste aandacht af te kappen.

Alleen reizen kan de kans op berovingen vergroten; loop in het donker niet alleen op plekken waar weinig mensen zijn.

Souvenirs

De traditionele Colombiaanse poncho, de *ruana*, is een mooi souvenir. Gaat u er helemaal voor, dan kunt u uw Colombiaanse outfit afmaken met de typische hoed, de *sombrero vueltiao*, en schoudertas, de *mochila*. Houdt u van siësta's, dan is een hangmat ook thuis onmisbaar.

Wie met gevulde zakken is afgereisd, kan in Colombia smaragd en goud kopen. Bewaar wel het aankoopbewijs zodat u bij de douane kunt aantonen dat u er op legale wijze aan bent gekomen.

Telefoneren

Landnummers
Nederland: 00 31
België: 00 32
Colombia: 00 57

Als u voor langere tijd in Colombia verblijft, kan het gunstig zijn een Colombiaanse simkaart te kopen, bijvoorbeeld van Tigo, Movistar of Claro. Wilt u vanaf een Colombiaans mobiel nummer naar een landlijn bellen, draai dan eerst 03. Voor internationale telefoontjes is het ook mogelijk gebruik te maken van telefoonwinkels (*telecentros*) of te bellen bij een internetcafé.

Tijd

Colombia ligt in de UTC-5-zone en kent geen zomer- en wintertijd. In de wintertijd is het er zes uur vroeger dan in Nederland en België, in de zomertijd zeven uur.

Veiligheid

De toeristische gebieden kunt u zonder problemen bezoeken, maar zoals in alle Zuid-Amerikaanse landen is het raadzaam opmerkzaam te blijven op zakkenrollers en straatrovers, zeker op drukke plekken. Sommige delen van Colombia zijn nog altijd onveilig. Dat geldt met name voor de grensgebieden met Panama en Venezuela en voor enkele specifieke gebieden. Raadpleeg voor vertrek en tijdens uw reis het actuele reisadvies en als u tijdens uw reis twijfelt, ga dan te rade bij uw hotel, een toeristenbureau of de lokale bevolking.

Wc-papier

Het kan even wennen zijn, maar om verstopping van het riool te voorkomen, wordt gebruikt wc-papier in Colombia niet doorgespoeld, maar weggegooid in een afvalbakje naast de wc.

Let op uw drankje
Neem nooit drankjes, sigaretten, kauwgom of snoep aan van onbekenden of nieuwe vrienden, zeker niet als u alleen bent. Laat uw drankje onder geen beding onbeheerd achter: het middel *burundanga* (scopolamine), dat kleur- en smaakloos is en aan van alles kan worden toegevoegd, is een beproefde methode om slachtoffers willoos te maken en vervolgens mee te voeren naar een pinautomaat, te beroven of erger. Het tast bovendien het geheugen aan en kan in hoge doseringen zelfs fataal zijn.

Kennismaking – feiten en cijfers, achtergronden

Waspalmen in de Valle de Cocora

Colombia in het kort

Cijfers en feiten

Inwoners: 49 miljoen
Oppervlakte: 1.141.748 km²
Hoofdstad: Bogotá, meer dan 10 miljoen inwoners
Grootste steden: Bogotá, Medellín, Cali, Barranquilla, Cartagena en Bucaramanga
Officiële taal: Spaans
Munteenheid: Colombiaanse peso
Regeringsvorm: presidentiële republiek met presidentieel systeem en meerpartijenstelsel
Buurlanden: Panama, Venezuela, Brazilië, Peru en Ecuador

Geografie en natuur

Colombia ligt in het noordwesten van Zuid-Amerika. In het noorden grenst het aan de Caribische Zee en in het westen aan de Grote Oceaan. Het land kan grofweg worden opgedeeld in vijf geografische regio's die van elkaar verschillen in klimaat en landschap: het Caribisch gebied (Caribe) in het noorden, het Andesgebied, het bergachtige midden van het land, de Oosterse Vlakten (Orinoquía), het Amazoneregenwoud (Amazonia) in het zuidoosten en het Pacifisch gebied (Pacífico), de strook land langs de Pacifische kust. De natuurlijke regio's Orinoquía en Amazonia beslaan samen meer dan 50% van het landoppervlak van Colombia, maar slechts 3% van de bevolking woont daar. De meeste mensen wonen in de steden.
Hoogste berg: de hoogste bergen van Colombia bevinden zich in de Sierra Nevada de Santa Marta. De Pico Cristóbal Colón en de Pico Simón Bolívar reiken beide tot 5775 m.
Grootste meer: Lago de Tota, in het oosten van Boyacá, heeft een oppervlakte van 55 km².
Langste rivier: De langste rivier die uitsluitend door Colombiaans grondgebied stroomt, is de Magdalena met een lengte van 1528 km.

De natuurlijke regio's van Colombia

Geschiedenis en cultuur

In het precolumbiaanse tijdperk – de periode voor de ontdekking van het Amerikaanse continent door Christoffel Columbus in 1492 – werd Colombia bewoond door verschillende inheemse volken. In Girardot, zo'n 90 kilometer ten zuidwesten van Bogotá, zijn resten van gereedschap gevonden die duiden op menselijke beschaving ruim 16.000 jaar geleden. Vermoedelijk woonden er in de kustregio's en het Amazoneregenwoud al eerder mensen.

Rond 400 v.Chr. vestigden de eerste Chibcha-indianen uit Midden-Amerika zich in Colombia. Toen de eerste Europeanen rond 1500 in Zuid-Amerika op ontdekkingsreis gingen, waren de Chibcha-sprekende stammen de meest prominente etnische groep.

In 1525 veroverden de Spanjaarden Santa Marta en in 1533 Cartagena – het begin van een lange periode van Spaanse kolonialisatie en overheersing. Veel inheemse mensen stierven door geweld en omdat ze niet bestand waren tegen de ziektes die de Europeanen bij zich droegen, en daarom werden Afrikaanse slaven naar Colombia gevoerd om op de plantages en in de mijnen te werken.

De Colombiaanse vlag

Colombia bleef een Spaanse kolonie tot het in 1819 onder leiding van Simón Bolívar en Francisco de Paula Santander onafhankelijk werd. Simón Bolívar werd de eerste president van Colombia.

Sindsdien is het in Colombia onrustig gebleven. In 1948 werd in Bogotá de liberale presidentskandidaat Jorge Eliécer Gaitán vermoord, wat leidde tot een volksopstand, El Bogotazo. De gewelddadige periode erna kostte naar schatting 200.000 mensen het leven; een miljoen Colombianen vluchtte naar Venezuela.

Begin jaren 60 brak een burgeroorlog uit, een strijd tussen het regeringsleger, linkse guerillabewegingen als de FARC en de ELN, rechtse paramilitaire strijdgroepen en de Colombiaanse maffia, aangestuurd door drugsbaronnen als Pablo Escobar.

Sinds president Álvaro Uribe in 2002 aan de macht kwam, is Colombia aanmerkelijk veiliger geworden. Zijn opvolger Juan Manuel Santos (2010-2018) zette het werk van Uribe voort en sloot in 2016 een Vredesakkoord met de FARC, waarvoor hij datzelfde jaar de Nobelprijs voor de Vrede kreeg.

Staat en politiek

Colombia is een presidentiële republiek; sinds 7 september 2018 is Iván Duque van de Centrum Democraten de president. Een president kan in Colombia worden gekozen voor twee ambtstermijnen van vier jaar. De volksvertegenwoordiging zetelt in twee kamers: het Parlement (165 leden) en het Congres (102) leden.

Het land is opgedeeld in het Hoofdstedelijk District Bogotá en 32 departementen.

Economie en toerisme

Sinds president Uribe zich gedurende zijn presidentschap heeft gericht op het vergroten van de stabiliteit en veiligheid in het land, neemt het toerisme gestaag toe. De toegenomen veiligheid en de stijgende aantallen toeristen hebben een gunstig effect op de Colombiaanse economie.

In de periode 2000-2007 leefde 64% van de Colombianen nog onder de armoedegrens, inmiddels is dat percentage afgenomen tot ruim 30.

Bevolking

Meer dan de helft van de Colombianen woont in steden. 3,4% van de Colombiaanse bevolking is inheems, 10,6% is Afro-Colombiaans. Het grootste deel, naar schatting 59%, is mesties of creools (van gemengde afkomst) en circa 27% is Europees.

Het rooms-katholicisme is de grootste godsdienst; de meeste inheemse volkeren hangen natuurgodsdiensten aan.

Precolumbiaanse periode

14.600 v.Chr.
Oudste gevonden resten van menselijke beschaving (bij Girardot).

12.500 v.Chr.
Oudste gevonden menselijke resten (bij Zipaquirá).

5500-1000 v.Chr.
De eerste precolumbiaanse volken (onder meer Urabá, Sinú, Tumaco, Calima, Malagana, Cauca, San Agustín, Tierradentro, Nariño, Quimbaya en Tolima) vestigen zich in Colombia.

3500 v.Chr.
De in Colombia levende inheemse volken zijn nomadische landbouwers en jagers.

2e eeuw v.Chr.
De ontdekking van mais als voedselbron stelt volken in staat langer op een plek te blijven en dorpjes te stichten.

400-300 v.Chr.
Chibcha-sprekende indianen uit Midden-Amerika vestigen zich in Colombia. Later raken zij onderverdeeld in de Muisca en de Tayrona.

660-800
De Tayrona bouwen midden in de jungle de stad die nu bekendstaat als de Ciudad Perdida (en die pas in 1972 werd ontdekt).

Spaanse verovering

1492
Christoffel Columbus ontdekt het Amerikaanse continent.

1499
Alonso de Ojeda zet in Cabo de la Vela in La Guajira als eerste Europeaan voet aan wal op wat nu Colombiaans grondgebied is.

1509
De Ojeda sticht de oostelijke kustplaats San Sebastian de Urabá; inheemse volken zetten het fort in brand.

1513
Vasco Núñez de Balboa sticht Santa Maria la Antigua del Darién en onderneemt vanuit die nederzetting een expeditie naar de Pacifische kust. Ook dit fort wordt verwoest door inheemse volken.

1525
Rodrigo de Bastidas, die in 1501 de baai van Santa Marta is binnengevaren en de Magdalenarivier en Panama heeft ontdekt, keert terug en sticht Santa Marta, de oudste (nog bestaande) Europese nederzetting in Zuid-Amerika.

1533
Pedro de Heredia sticht Cartagena de Indias.

1536
Drie Europeanen beginnen aan een veroveringstocht door de binnenlanden van Colombia: Gonzalo Jiménez de Quesada vanuit Santa Marta, Sebastián de Belalcázar vanuit hedendaags Ecuador en

Nikolaus Federmann vanuit hedendaags Venezuela. Ze zijn niet alleen uit op de overheersing van Colombia, maar zoeken ook naar goud. In 1539 komen de drie conquistadores elkaar tegen in het land van de Muisca-indianen, die zijn verdeeld in twee stammen: die van Bacatá (nu Bogotá) en die van Hunza (nu Tunja). Quesada weet de rivaliserende stammen tegen elkaar uit te spelen en ze zo beide te onderwerpen. Belalcázar sticht Cali (1536) en Popayán (1537). De drie Europese conquistadores vechten met elkaar om de macht in het land dat Nieuw-Granada is genoemd.

Koloniale periode

1550   Bogotá wordt benoemd tot de hoofdstad van het Nieuwe Koninkrijk Granada dat deel uitmaakt van het Onderkoninkrijk Peru. De Spanjaarden laten de lokale bevolking werken in goud- en kopermijnen en als er nog te weinig inheemsen over zijn om al het werk te verrichten, beginnen ze met het importeren van slaven uit Afrika. In de loop van de 17e eeuw halen de Spanjaarden hun inkomsten steeds meer uit tabak- en suikerplantages.

1697   Aanval op Cartagena, op dat moment de rijkste stad in het Caribisch gebied, onder leiding van de Franse Baron de Pointis. De Fransen weten met behulp van honderden boekaniers (piraten in overheidsdienst) zonder veel moeite door de Spaanse verdediging te breken. Ze plunderen de stad dagenlang en keren dan terug naar Frankrijk, zonder de buit met de boekaniers te delen. De woedende piraten keren daarop terug naar Cartagena en plunderen de stad opnieuw, met vele verkrachtingen en moorden tot gevolg.

1717   De Spanjaarden stichten het Onderkoninkrijk Nieuw-Granada. Het gebied omvat het huidige Colombia, Panama, Venezuela, Ecuador en op het hoogtepunt ook delen van Guyana, Trinidad en Tobago, Brazilië en Peru.

Strijd om onafhankelijkheid

1781   In Socorro in Santander vindt de Revolución Comunera plaats, de eerste opstand van de bevolking tegen de Spaanse overheerser.

1808   Napoleon onttroont de Spaanse koning Ferdinand VII en benoemt zijn broer Jozef Bonaparte tot de koning van Spanje. De Spaanse koloniën weigeren hem als hun nieuwe koning te erkennen; de steden van Nieuw-Granada verklaren zich een voor een onafhankelijk.

1810   Het begin van de Colombiaanse onafhankelijkheidsstrijd.

1812   Simón Bolívar wint een aantal gevechten tegen de Spanjaarden, maar wordt in 1813 verslagen en is gedwongen zich terug te trekken.

Geschiedenis

1814	De val van Napoleon is ingezet en Ferdinand VII herovert de troon van Spanje. Hij begint een oorlog om de koloniën terug te winnen.
1815	Simón Bolívar probeert Caracas te veroveren, maar de Spanjaarden zijn te sterk. Hij trekt met zijn leger over de Andes het huidige Colombia binnen en bevrijdt het ene na het andere dorp.
1819	Op 7 augustus vindt de Slag om Boyacá plaats, het belangrijkste gevecht in de onafhankelijksstrijd. De republiek Groot-Colombia wordt uitgeroepen, Bolívar wordt de eerste president.
1830	Groot-Colombia valt uiteen in Nieuw-Granada (nu Colombia en Panama), Ecuador en Venezuela. Bolívar treedt af en sterft op 17 december in Santa Marta.
1853	Een nieuwe grondwet verbiedt slavernij.

De republiek Colombia (1886-heden)

1899-1902	Een conflict tussen de conservatieve en de liberale partijen resulteert in de 1000-daagse Oorlog, een burgeroorlog die drie jaar duurt en waarbij naar schatting 100.000 Colombianen om het leven komen.
1903	Panama wordt met hulp van de Verenigde Staten onafhankelijk.
1928	In de nacht van 5 op 6 december vindt in Ciénaga (bij Santa Marta) een massamoord plaats op de stakende werknemers van bananenplantages van United Fruit Company. Hoeveel doden er vallen, is niet duidelijk – volgens sommige bronnen 9, volgens andere 3000.
1932-1933	Colombiaans-Peruviaanse Oorlog over Leticia.
1943	Colombia mengt zich in de Tweede Wereldoorlog en vecht mee aan de zijde van de geallieerden.
1948	Op 9 april leidt de moord op politicus Jorge Eliécer Gaitán in Bogotá tot een grote volksopstand, die El Bogotazo wordt genoemd. Duizenden mensen komen die dag om het leven en de oproer verspreidt zich over de rest van het land. Het gevolg is La Violencia, een gewelddadige periode van tien jaar waarin 200.000 doden vallen. Velen worden slachtoffer van *bandoleros*, gewapende groepen.
1954	Vrouwen krijgen stemrecht.
1958	Na tien jaar geweld besluiten de conservatieven en liberalen samen een Nationaal Front te vormen. De rust keert terug, maar onder het oppervlak broeit er nog van alles in de Colombiaanse samenleving:

grote ongelijkheid, zware armoede, onrecht jegens de inheemse bevolking.

1964 Wanneer het Nationaal Front dorpjes op het platteland begint aan te vallen omdat die worden verdacht van communistische sympathieën, breekt er opnieuw een burgeroorlog uit. (Land)arbeiders en liberale en communistische militanten groeperen zich in de Fuerzas Armadas Revolucionarios de Colombia – Ejército del Pueblo (FARC-EP, kortweg FARC) en het kleinere communistische Ejército de Liberacíon Nacional (ELN), die beide uitgroeien tot guerillabewegingen.

1974 Het Nationaal Front wordt opgeheven; de burgeroorlog woedt door. Door de toenemende vraag naar cocaïne (vanuit de Verenigde Staten) wordt drugscriminaliteit in Colombia een steeds groter probleem.

jaren 80 De drugskartels krijgen steeds meer macht, met name het Calikartel en het Medellínkartel van drugsbaron Pablo Escobar. Hij groeit uit tot miljardair en beschermt zijn economische belangen met terroristische aanslagen op zowel politici als burgers.

1993 Pablo Escobar wordt doodgeschoten wanneer hij aan arrestatie probeert te ontkomen. Na zijn dood ontstaat er een machtsvacuüm, waardoor het geweld niet stopt, maar juist toeneemt.

1999 Met financiële steun van de Verenigde Staten wordt Plan Colombia in het leven geroepen om een einde te maken aan de toenemende cocaïneproductie. Vanuit de lucht worden cocaplantages met gif besproeid en zo vernietigd.

2002 2010 Álvaro Uribe Vélez is president van Colombia. Hij belooft de strijd aan te gaan met de FARC en boekt successen, waaronder de bevrijding van de ontvoerde politica Ingrid Betancourt.

2010-2018 José Manuel Santos volgt Uribe op en belooft de gewapende strijd tegen alle rebellengroepen voort te zetten.

2016 Na decennialang onderhandelen tekent de FARC een vredesverdrag met president Santos. In 2017 levert de FARC zijn wapens in en richt een politieke partij op, de Fuerza Alternativa Revolucionaria del Común. Bij de verkiezingen in 2018 wint de partij geen zetels.

2018 Iván Duque Márquez wordt verkozen tot nieuwe preseident van Colombia.

2019 In november en december protesteren honderdduizenden Colombianen tegen het beleid van president Duque.

In het voetspoor van *Wie is de Mol?*

Straatje in Barichara

Seizoen 19 van het populaire tv-programma *Wie is de Mol?* werd opgenomen in Colombia. In 2019 zagen miljoenen kijkers de kandidaten hun opdrachten uitvoeren op spectaculaire locaties, van koffieplantages tot tropische stranden en van vervallen fabrieken tot lieflijke dorpjes.

Wie dezelfde mooie steden en landschappen wil zien als de kandidaten, kan dit overzicht als leidraad gebruiken.

Antioquia

In de eerste afleveringen bevinden de deelnemers zich in het departement Antioquia. Hier voeren ze in de buurt van **Santa Fe de Antioquia** hun eerste opdracht uit op de spectaculaire Puente de Occidente, een 19e-eeuwse hangbrug over de Caucarivier. De 291 meter lange brug werd gebouwd onder toezicht van ingenieur José María Villa, die een paar jaar eerder had geholpen bij de bouw van de Brooklyn Bridge in New York.

Na deze opdracht rijden de kandidaten 5 kilometer verder, naar het centrum van **Santa Fé de Antioquia**, waar ze de salsa dansen op het centrale plein en per fiets een opdracht moeten uitvoeren.

In de tweede aflevering zijn de deelnemers in de departementshoofdstad, **Medellín**. De eerste locatie die ze bezoeken, een in verval geraakte treinfabriek, is niet open voor publiek. De tweede

wel: het is de Universiteit van Antioquia, opgericht in 1803 en daarmee de oudste staatsuniversiteit van Colombia. De kandidaten spelen een spel in de collegezalen en nemen daarna plaats in de prachtige binnentuin.

In de derde aflevering bevinden de deelnemers zich nog altijd in Medellín. Ze hangen de was op boven een van de steile trappen in de wijk **Comuna 13**, ooit een van de gevaarlijkste buurten van de stad. Comuna 13 werd in de greep gehouden door drugssmokkelaars, vormde in 2002 en 2003 het strijdtoneel van gewelddadige gevechten tussen de FARC, de ELN en het Colombiaanse leger en werd na het verdwijnen van de militante groepen geregeerd door paramilitairen. Toen in 2006 na jaren van geweld en terreur alle groepen waren gedemobiliseerd, besloot burgemeester Sergio Fajardo flink in de wijk te investeren en de kwaliteit van leven van de inwoners te verbeteren.

Fajardo liet verschillende roltrappen aanleggen, waardoor een zware klim van 25 minuten op de steile trappen veranderde in een moeiteloos tripje van zes minuten. En door middel van een kabelbaan verbond hij Comuna 13 met het centrum van Medellín, wat de mobiliteit van de bewoners aanzienlijk vergrootte. En daarmee hun economische positie: ze konden opeens in de stad gaan werken. De wijk knapte op en is inmiddels een populaire toeristische bestemming, vooral dankzij de prachtige streetart.

Wanneer de was in Comuna 13 aan de lijn hangt, spelen de kandidaten jenga in een klein bamboebosje op het Plaza Mayor in het zakendistrict van de stad.

Het bezoek aan Antioquia wordt in de vierde aflevering afgesloten met een opdracht op het meer van **Guatapé**, dat per boot of kano kan worden verkend.

Santander

Op de balkons van het luxe Alejandria Resort iets buiten **San Gil** in het departement Santander proberen de kandidaten met elkaar een puzzel op te lossen, zonder veel succes. De volgende opdracht, die volledig om hun kennis van koffie draait, voeren ze uit op hacienda Buenos Aires bij San Vicente de Chucurí.

Voor aflevering vijf verplaatsen de deelnemers zich naar het prachtige koloniale dorpje **Barichara**, waar ze puzzelstukken moeten verzamelen op de voor Barichara zo kenmerkende sfeervolle binnenplaatsjes.

Na een opdracht op een niet zo spectaculair parkeerterrein begeven ze zich naar de **Cascadas de Juan Curi**, een waterval 22 kilometer van San Gil (op de weg naar Charalá), om te gaan abseilen. De afdaling van 80 meter langs de imposante waterval kan – als de weersomstandigheden het toelaten – elke dag worden gedaan. Er volgt nog een opdracht in een steenfabriek in de buurt van Curití, waarna de kandidaten terugkeren naar Barichara. Daar voeren ze een opdracht uit met tuktuks die ze werkelijk tot in alle uithoeken van het dorpje brengt en ten slotte bij het mooie, hooggelegen kerkje.

Vervolgens trekken ze naar een tokkelbaan net buiten Barichara, Peñón Guane genaamd (op KM2 van de weg naar San Gil). Het is de langste tokkelbaan van Santander en wie het lef heeft

zich van de ene berg naar de andere te laten glijden, heeft een prachtig uitzicht op de vallei.

De Caribische kust

De laatste afleveringen van *Wie is de Mol?* werden opgenomen op sprookjesachtige locaties in het uiterste noorden van het land, aan de Caribische kust. Eindelijk: palmen, witte stranden, azuurblauwe zee en ... bananen.

De kandidaten voeren in tropische temperaturen een opdracht uit op een bananenplantage bij Dibulla. Ook het idyllische strand van Mata de Platano vormt een prachtig decor voor een van de opdrachten.

In aflevering acht moeten de kandidaten geld verdienen op de dorre vlakte bij Laguna Grande in het departement **La Guajira**. Dit is de naam van het schiereiland dat het uiterste noordelijke puntje van Zuid-Amerika vormt. Een woestijnachtig gebied vol zandduinen, bevolkt door de wayuu (en geiten en flamingo's).

In de laatste aflevering van seizoen 19 moeten de overgebleven kandidaten een opdracht uitvoeren aan de Don Diego-rivier bij **Santa Marta**. Verschillende reisorganisaties bieden vanuit Santa Marta tripjes aan naar deze rivier, die dwars door de jungle stroomt en uiteindelijk uitmondt in zee. Het is een uitstekende locatie voor *tubing*: zittend op een rubberen band drijf je langzaam de rivier af en ondertussen kun je genieten van het heldere water, de leguanen, de kleine kaaimannen (*babillas*), de verschillende soorten vogels en de luidruchtige apen in de torenhoge bomen langs de oever.

De kandidaten van *Wie is de Mol?* eindigen hun reis door Colombia met een feestje op het strand – feestjes vindt u in Colombia overal.

Land van fruit en vruchtensappen

Colombia heeft meer dan twintig soorten tropisch fruit

De Colombiaanse banaan heeft de wereld veroverd, die kennen we allemaal. Een papaja of passievrucht kunnen de meeste Europeanen ook nog wel thuisbrengen. Maar in Colombia zult u vruchten vinden die niet alleen de smaakpapillen prikkelen, maar ook de fantasie.

Wie fruit een lekkernij vindt – en wie vindt dat nu niet? – is in Colombia dus aan het juiste adres. Van mierzoet tot friszuur en van melig tot knapperig, het land heeft voor ieder wat wils.

Borojó

De borojó is een dronkergroene, ronde vrucht met een licht bittere smaak. Borojó staat ook wel bekend als *viagra natural* (natuurlijke viagra) of *jugo del amor* (liefdessap). De vrucht wordt niet alleen gebruikt als afrodisiacum, maar zou nog veel meer positieve effecten hebben op de gezondheid.

Cherimoya

De cherimoya groeit in de hooglandvalleien van het Andesgebergte, tussen de 1000 en 2000 meter. Hij behoort tot de tropische roomappels. De vrucht is ovaal en heeft meestal de grootte van een kleine mango. De schil is groen en soms een beetje gepokt en geschubd – zo moet dinosaurushuid eruit hebben gezien. Het vruchtvlees van de cherimoya is wit en sappig en de smaak is zoet en romig met een licht zuurtje, iets tussen mango en ananas in. Omdat de cherimoya niet overal groeit, is hij soms moeilijk verkrijgbaar.

Curuba

De curuba wordt ook wel bananen-passievrucht genoemd, omdat hij volgens sommigen banaanvormig is. Maar eigenlijk lijkt hij meer op een kleine komkommer. Binnen in de zachte groene of gele schil zit oranjekleurige pulp met zaadjes, net als bij de passievrucht. De smaak is friszoet en vol, maar doorgaans iets minder uitgesproken dan die van de passievrucht zelf. Curuba's worden vaak verkocht als ze nog groen zijn; ze zijn rijp (en dus het lekkerst) als de schil geel is.

Guanábana

De guanábana (zuurzak) lijkt op een grotere variant van de cherimoya (ze zijn familie), maar de guanábana is gelukkig een stuk makkelijker verkrijgbaar. Hij kan tot wel dertig centimeter groot worden en zes kilo wegen. De groene schil heeft stoere stekels. Het vruchtvlees is sappig, wit, een beetje slijmerig en smaakt friszoet en romig, maar wordt helaas geteisterd door vrij veel oneetbare pitten.

Jugos naturales

Verse vruchtensappen (*jugos naturales*) zijn in Colombia razend populair en bijna overal verkrijgbaar. Vaak hangt er een 'fruitmenu' met een lijst van vruchten waaruit u kunt kiezen. Colombianen zijn zoetekauwen en doorgaans wordt er zonder vragen een flinke schep suiker aan het sap toegevoegd, dus drinkt u uw sapje liever zonder suiker, vermeld dan '*sin azúcar, por favor*' als u bestelt. Als u de vrucht heeft gekozen kunt u vervolgens kiezen uit een basis van water (*en agua*) of melk (*en leche*).

Guayaba

De guayaba (guave) heeft de kleur van een limoen (en ongeveer dezelfde grootte) en is een beetje peervormig. De verrassing komt als je de guave opensnijdt: het vruchtvlees is helderroze. Het heeft een sterke geur en een aromatische, zoetzure smaak. De vrucht vormt de basis van de zoete snack *bocadillo* (zie blz. 28).

Granadilla

Net als de curuba is de granadilla een soort passievrucht. In Nederland en België wordt hij soms zoete passievrucht genoemd; hij is veel zoeter dan zijn soortgenoten. De vrucht is feloranje tot lichtrood en heeft een steeltje dat hem doet lijken op een opgeblazen ballonnetje. De gelei vol zaadjes smaakt een beetje naar kruisbes.

Higo

Het Spaanse woord higo betekent vijg, maar hier gaat het specifiek om de cactusvijg. Deze vrucht lijkt echter in niets op een vijg. Hij is ovaal, groen tot oranjerood van kleur, groeit aan een cactus en heeft scherpe stekels (die er soms voor de verkoop worden afgehaald). De groene varianten zijn nog niet rijp, u kunt het beste wachten tot ze dieporanje of rood zijn. Het vruchtvlees smaakt zoet en heeft iets weg van een peer (in het Engels wordt de cactusvijg *prickly pear* genoemd, prikkelpeer). De zaadjes zijn eetbaar.

Lulo

De inheemse lulo is de trots van Colombia en heeft veel fans. Dat is te begrijpen, want het is de ideale vrucht bij warme temperaturen. De lulo is klein, hard, knaloranje en een beetje harig (soms worden de haartjes er voor de verkoop afgehaald). Hij is iets te zuur om uit de hand te eten, maar de perfecte vrucht voor in een verfrissende jugo natural.

Mamoncillo

De groene vruchten van de mamoncillo (knippa) groeien in trossen. Ze zijn zo'n vier centimeter groot en ovaal of rond. De mamoncillo komt uit dezelfde familie als de lychee en dat is te zien: de schil is dun maar hard en het witte vruchtvlees zit om de grote, witgele pit heen. Qua smaak zit de vrucht tussen een lychee en een limoen in, wat verklaart waarom hij soms Spaanse limoen wordt genoemd. De mamoncillo heeft nog vele andere namen, de meest voorkomende: *mamón*, *quenepa* (of een variant daarvan als *ginep* of *guinepe*), *talpa jacote* en *limoncillo*.

Níspero

De níspero (loquat) is een sappige, eivormige oranje vrucht met een zoetzure smaak, een soort mix tussen abrikoos, perzik en citroen. De níspero is op zijn zoetst als hij rijp is.

Pitahaya

De pitahaya (drakenvrucht) heeft een spectaculair uiterlijk én een verrassend innerlijk. Hij kan felgeel zijn of rood, donkerroze of dieppaars en heeft een soort schubben met groene uiteindes. Het vruchtvlees is doorgaans spierwit met talloze zwarte zaadjes, maar kan ook de kleur van de buitenkant aan-

nemen en dus dieppaars of gelig zijn. Aziatische drakenvruchten smaken ondanks hun spectaculaire uiterlijk vaak nergens naar, maar de gele Colombiaanse variant heeft een subtiele, wat bloemige zoete smaak.

Tomate de árbol

De tomate de arból (tamarillo of boomtomaat) lijkt qua kleur en vorm op een tomaatje. De bes komt van nature voor in het Andesgebeid en is op veel plekken in Colombia verkrijgbaar. Het oranje vruchtvlees is sappig en een heel klein beetje zuur en een echte aanrader voor wie niet zo van zoete sappen houdt. *Jugo de tomate de árbol* wordt regelmatig geserveerd bij dagmenu's.

Uchuva

De uchuva of uchuwa (goudbes of incabes) heeft de grootte en vorm van een cherrytomaat maar is feloranje van kleur. De vrucht komt ook in Nederland en België voor (en wordt soms gebruikt als garnering bij desserts). In Colombia zijn de goudbessen ook iets zurig, maar over het algemeen een stuk zoeter dan bij ons. Goudbessen groeien in een kelk (een soort lampionnetje) en soms zit die er bij de voorkoop nog (deels) omheen.

Zapote

De zapote is donkerbruin en rond of ovaal. Het vruchtvlees heeft een wat draderige structuur en is oranje van kleur. De smaak is zoet en heeft een bijzondere bijsmaak, iets tussen noot, zoete aardappel en pompoen in. Er zijn verschillende soorten zapotes die allemaal net een andere vorm en smaak hebben.

Multicultureel Colombia

De multiculturele helden van Cartagena (v.l.n.r.): Mr. Black, Gabo, Joe Arroyo, Blas de Lezo

De hedendaagse Colombiaanse samenleving is een mengelmoes van culturen. Dat heeft natuurlijk alles te maken met de koloniale geschiedenis van het land.

In de precolumbiaanse tijd werd het landoppervlak van wat nu Colombia heet uitsluitend bewoond door inheemse volken (*pueblos indígenas*). Vandaag de dag maken zij nog slechts 3,4% uit van de Colombianen. Deze 1,4 miljoen mensen behoren tot 87 verschillende stammen.

De helft van de inheemsen woont in de departementen La Guajira (het schiereiland in het uiterste noorden van Colombia) en Nariño en Cauca (in het zuidwesten, met respectievelijk Pasto en Popayán als departementshoofdsteden). De grootste groep, die in La Guajira, zijn de wayuu. Het Colombiaanse Amazonegebied is heel dunbevolkt, maar de mensen die er wonen, vertegenwoordigen meer dan zeventig verschillende etnische groepen.

De koloniale samenleving

De komst van de Europese kolonisten begin 16e eeuw heeft de bevolkingssamenstelling van Colombia ingrijpend veranderd. Ten eerste omdat de Europeanen besmettelijke ziektes bij zich droegen waartegen de inheemse volken niet waren bestand, waardoor een groot deel van de oorspronkelijke bevolking stierf. Ten tweede kwamen uit relaties tussen Europese mannen en inheemse vrouwen kinderen van gemengde afkomst voort, de mestiezen (*mestizos*, in Colombia worden ze soms ook *trigueños* genoemd). Ten derde brachten de kolonisten slaven uit Afrika naar Colombia.

In de hiërarschische koloniale samenleving vormde de in Europa geboren bevolking de elite. Onder hen stonden de creolen (*criollos*), degenen die in de kolonie waren geboren uit Europese ouders. Daarna kwamen de mestiezen, veruit de grootste groep. Hoewel de mestiezen vrij waren, hadden ze geen enkele macht in de koloniale samenleving. Belangrijke bestuurlijke functies gingen altijd naar Europeanen of creolen. Helemaal onder aan de ladder stonden de Afrikaanse slaven. Zij hadden geen vrijheid en geen rechten. Inheemsen die zich weigerden aan te passen aan de koloniale wet- en regelgeving werden behandeld als slaven, degenen die zich wel aanpasten mochten rekenen op een iets betere behandeling.

De samenleving van nu

De sporen van het koloniale verleden zitten nog altijd ingesleten in de Colombiaanse cultuur en samenleving. Naar schatting 59% van de Colombianen is mesties of creools en 27% Europees. De precieze aantallen zijn niet bekend omdat bij volkstellingen geen onderscheid wordt gemaakt tussen beide groepen. Zeker is dat zij samen zo'n 86% uitmaken van de Colombiaanse bevolking.

Ruim 10% van de bevolking bestaat uit Afro-Colombianen, afstammelingen van de Afrikaanse slaven die tussen de 16e en de 19e eeuw door Europeanen (met name Portugezen) naar Colombia werden gebracht, totdat slavernij in 1853 werd afgeschaft. Tot die groep worden ook de mulatten (*mulattos*) gerekend, van gemengd Afrikaans en Europees bloed.

Hoewel de verschillende etnische groepen zich in de loop der geschiedenis steeds meer hebben vermengd, is hun positie binnen de Colombiaanse samenleving tot op de dag van vandaag niet gelijkwaardig. De inheemse volken die hun cultuur gedurende de koloniale overheersing hebben weten te behouden, konden dat vaak alleen doen door zich verre te houden van de Europeanen en hun samenleving. En de slaven die werden bevrijd toen de slavernij werd afgeschaft, trokken zich terug in eigen wijken en nederzettingen (vooral aan de Pacifische kust). Ook zij hielden zich ver van hun voormalige overheersers. Een gevolg van deze segregatie is dat veel inheemsen en Afro-Colombianen in achtergestelde gebieden wonen, waar weinig in wordt geïnvesteerd door overheden, met slechte publieke diensten en slecht onderwijs tot gevolg. Daarnaast zijn veel vooroordelen blijven bestaan en wordt een lichte huid door velen gezien als het ideaal. Wie in Colombia de tv aanzet, ziet opmerkelijk veel witte gezichten.

Het rascismedebat in Colombia staat eigenlijk nog in de kinderschoenen. Zo kon er in 2014 in een regionale krant een vacature verschijnen waarin werd gezocht naar een vrouwelijke chirurg met *piel blanca*, witte huid – dat leidde echter wel tot grote opschudding.

Omdat veruit het grootste deel van de bevolking zichzelf ziet als mesties, en dus van gemengde afkomst, is 'ras' in Colombia voor veel mensen een begrip met weinig betekenis. Daarom is ook 'rascisme' voor velen een vage term. De oude koloniale denkbeelden lijken soms nog altijd ingebakken te zitten, maar het bewustzijn is groeiende.

De Colombiaan Fernando Botero (1932) is misschien wel de bekendste kunstenaar van Zuid-Amerika. Zijn werken zijn in Colombia op veel plekken te zien, zowel in musea als op straat.

Fernando Botero wordt op 19 april 1932 in Medellín geboren als zoon van een naaister en een handelsreiziger. Wanneer hij vier jaar oud is, overlijdt zijn vader plotseling. Een van zijn ooms neemt de zorg voor Fernando, zijn moeder en zijn twee broers op zich.

Diezelfde oom besluit in 1944 om de 12-jarige Fernando aan te melden voor een opleiding tot matador, maar de jongen toont weinig interesse in het stierenvechten. Althans, als deelnemer in de arena. Want hij kan maar niet ophouden met het maken van tekeningen en aquarellen van wat hij in de arena ziet gebeuren. De stieren, de matadors, ze vormen een grote inspiratiebron.

De man die bij de arena kaartjes verkoopt voor stierengevechten, verkoopt ook de eerste aquarellen van Botero. In 1948 publiceert een lokale krant in Me-

De volumineuze figuren van Botero

Venus dormida op het Plaza Botero in Medellín

dellín illustraties van de jonge kunstenaar. Drie jaar later krijgt hij in Bogotá zijn eerste solo-expositie. In de Salón Nacional de Artistas, een jaarlijkse nationale kunstwedstrijd in Bogotá, wordt Botero in 1952 tweede.

Reis naar Europa

Zoals jonge kunstenaars in de 18e en 19e eeuw een Grand Tour door Europa maakten, met name om in Italië de werken van de grote meesters te aanschouwen, zo reist ook Botero op zijn twintigste met een groep kunstenaars per boot af om te leren van de werken van zijn voorgangers in Spanje en Italië.

Hij verblijft een jaar in Madrid en volgt daar een opleiding aan de Academia de San Fernando. Ook reist hij naar Florence om daar de meesterwerken uit de renaissance te bestuderen.

In het werk van Botero komen Europa en Latijns-Amerika samen. Hij wordt niet alleen beïnvloed door de Italiaanse renaissance, maar ook door het Mexicaanse muralisme en Spaanse kunstenaars als Pablo Picasso en Juan Gris. Zijn thematiek en kleurgebruik blijven verwijzen naar zijn land van herkomst.

Boteromorfisme

In 1956 maakt Botero in Mexico-Stad een schilderij dat de rest van zijn carrière zal beïnvloeden. Hij schildert een mandoline en maakt het klankgat buitenproportioneel klein. Daardoor lijkt het opeens alsof het instrument zelf is opgeblazen. Dat fascineert hem mateloos en die mandoline is het begin van een eindeloze reeks kunstwerken waarin Botero speelt met volume. Zo ontwikkelt hij de kenmerkende stijl die hem wereldberoemd zou maken en

die later zou worden aangeduid met de termen boteromorfisme of gonflettestijl – *gonflette* is het Franse woord voor bodybuilding.

De figuren die Botero schildert en beeldhouwt worden vaak 'dik' genoemd. Zelf heeft hij meermaals benadrukt dat hij geen dikke mensen schildert, maar volume en 'de sensualiteit van vorm'.

Wat het werk van Botero zo aantrekkelijk maakt, is de lichtheid die eruit spreekt. Hoewel ze tot enorme proporties zijn opgeblazen, lijken zijn figuren niet zwaar te zijn. Wel te groot voor de ruimte soms, maar dat doet Botero met opzet. Wat bijdraagt aan de lichtheid is de onmiskenbare humor die uit zijn werk spreekt. De proporties kloppen niet, de figuren kijken vaak scheel of ze staan in houdingen die overdreven aandoen. Hoewel Botero vaak alledaagse scènes en figuren kiest – katten, vogels, naakte vrouwen – maakt zijn bijzondere stijl dat ze toch los komen te staan van die alledaagse werkelijkheid, alsof ze er een beetje boven zweven.

Zelf noemt Botero zijn stijl 'plasticisme' omdat hij met het opblazen van de verhoudingen de plasticiteit van zijn figuren benadrukt, wat opmerkelijk genoeg niet leidt tot beweging, maar juist tot immobiliteit.

Dat Botero's figuren iets komisch hebben, maakt zijn kunstwerken zeer toegankelijk. Eigenlijk maakt Botero kunst waar iedereen, ongeacht leeftijd en herkomst, van kan genieten. Die toegankelijkheid van kunst is iets wat hem aan het hart gaat: hij stelt zijn werk beschikbaar aan musea op voorwaarde dat ze geen toegang heffen.

Oorlog als thema

Jarenlang maakt Botero vooral optimistische kunst; figuren die in een droomwereld lijken te leven. Maar in 2000 toont hij een collectie werken met de Colombiaanse burgeroorlog als thema. Hij verbeeldt onder meer de dood van Pablo Escobar, de beruchte FARC-strijder Manuel Marulanda, de ravage aangericht door een autobom en huilende weduwen. Het is een opvallende breuk met zijn eerdere werk, die Botero in 2000 toelicht in een interview met de Engelse krant *The Guardian*: 'Kunst moet een oase zijn, een toevluchtsoord weg van de hardheid van het leven. Maar het Colombiaanse drama is zo buitenproportioneel dat je het vandaag de dag onmogelijk kunt negeren: het geweld, de duizenden vluchtelingen en doden, de processies en doodskisten. Tegen al mijn principes in moest ik [het geweld] schilderen.'

De gewelddadige burgeroorlog raakt Botero ook persoonlijk. Hij woont in Parijs, maar wanneer in 1994 tijdens een bezoek aan zijn geboortestad Medellín een poging wordt gedaan hem te kidnappen, begrijpt hij dat hij niet langer veilig is in Colombia. Tot zijn grote verdriet kan hij nog maar heel zelden teruggaan naar zijn thuisland.

In juni 1995 wordt in Medellín Botero's kunstwerk *Pájaro* (Vogel) opgeblazen tijdens een muziekfestival in het park waarin het staat, het **Parque San Antonio**. Bij die bomaanslag komen

Het in 1995 opgeblazen beeld van Fernando Botero, met daarnaast het nieuwe beeld

23 mensen om het leven en raken 200 mensen gewond. De aanslag wordt opgeëist door de FARC.

In reactie op de aanslag schenkt Botero een nieuwe vogel aan Medellín, een kunstwerk genaamd *La Paloma de la Paz*, de Vredesduif. Op zijn verzoek blijft het verwoeste beeld staan, als eerbetoon aan de slachtoffers en als protest tegen geweld. In het Parque San Antonio staan de twee beelden nu zij aan zij. Op het voetstuk van de kapotte *Pájaro* staan de namen van de slachtoffers vermeld.

In 2005 breekt Botero opnieuw met zijn opvatting dat kunst een toevluchtsoord moet zijn. Op een expositie in het Palazzo Venezia in Rome is een serie kunstwerken te zien met de wreedheden in de Abu Ghraibgevangenis in Irak als centraal thema.

Een flinke donatie

In 2000 doneert Fernando Botero een groot deel van zijn kunstcollectie aan de Banco de la República in Bogotá en aan het **Museo de Antioquia** in Medellín. De donatie omvat 200 van zijn eigen werken en bijna 100 werken van andere kunstenaars, onder wie Monet, Renoir, Picasso, Miró, Bacon, Chagall en Dalí. Het **Museo Botero** van de Banco de la República beschikt mede dankzij de generositeit van Botero over een van de belangrijkste kunstcollecties van Latijns-Amerika, waaronder 123 schilderijen en beelden van Botero.

Botero ziet de donaties als een manier om zijn geboorteland te helpen, en dat geldt in het bijzonder voor de donaties aan het Museo de Antioquia in Medellín, met daarvoor het **Plaza Botero** waar veel van zijn beelden gratis te bewonderen zijn. In het interview met *The Guardian* zegt Botero dat hij 'het gezicht van Medellín' wil veranderen: 'We wilden laten zien dat het niet alleen de

stad is van kartels, moordenaars, dood en misdaad.'

In musea en op straat

De kunstwerken van Fernando Botero sieren straten op verschillende plekken in de wereld, van Barcelona tot Singapore. Naast het Museo Botero in Bogotá en het Museo de Antioquia in Medellín hebben ook het Museom of Modern Art (MoMa) in New York en het Art Institute of Chicago grote collecties.

In Bogotá zijn er naast het Museo Botero nog twee andere musea die werken van Botero in hun collectie hebben: het **Museo de Arte Moderno** (MamBo) en het **Museo Nacional**.

In Botero's thuisstad Medellín staan op het Plaza Botero, het plein voor het Museo de Antioquia, 23 sculpturen van de kunstenaar. In het museum zelf is de bovenste verdieping aan hem gewijd. In het **Parque Berrío** staat *Torso de Mujer*, een beeld dat door de inwoners van de stad 'La Gorda' wordt genoemd, de dikkerd. Ze vormt een populaire ontmoetingsplek. In het **Parque San Antonio** bevindt zich naast de twee vogels nog een andere sculptuur: *Torso Masculino* (mannelijk torso). Die laatste is een wat vreemde eend in de bijt, aangezien het een torso van een opmerkelijk afgetrainde man is.

Ook in Cartagena de Indias valt een beeld van Botero te bewonderen. Op het Plaza de San Domingo resideert *Figurina Reclina 92*, die in de volksmond 'La gorda Gertrudis' wordt genoemd, de dikke Getrudis. De voluptueuze (of volumineuze) naakte vrouw ligt uitdagend op haar zij, recht tegenover de Iglesia Santo Domingo.

Muziek en dans

Een groep muzikanten speelt vallenato

Muziek en dans zijn belangrijke aspecten van de Colombiaanse cultuur, zo niet de belangrijkste. Op veel plekken klinkt de hele dag door harde muziek uit de luidsprekers en in de kustgebieden gaat het volume op zondag nog wat omhoog, want dan is het 'rumba', ofwel feest.

Het begrip 'geluidsoverlast' is Colombianen vreemd: hoe harder de muziek, hoe beter het feest. In de bewoonde gebieden van Colombia – in bussen, cafés, bars, huizen, op straat – is stilte een rariteit. En wat u al snel zult merken: de Colombianen kunnen alle liedjes meezingen en alle Colombianen kunnen dansen. Wilt u wat tips op dansgebied, of enkele passen leren, dan hoeft u dus niet meteen aan te kloppen bij een dansschool: de locals zijn vaak bereid u

de beginselen bij te brengen en u over de vloer te leiden.

De drie belangrijkste muziekstijlen van Colombia zijn cumbia, vallenato en salsa. Ze hebben elk hun eigen oorsprong en ritmes.

Cumbia

Cumbia is de nationale dans van Colombia. De dans ontstond in de 19e eeuw aan de Caribische kust. De oorsprong van cumbia ligt waarschijnlijk bij een verleidingsdans die de Afrikaanse slaven uitvoerden – de bewegingen zouden de ketenen om hun enkels representeren. De Afrikaanse passen en West-Afrikaanse ritmes raakten langzamerhand steeds meer vermengd met inheemse danspassen en de muziek met

inheemse en Europese muziek en instrumenten. Het resultaat is de geliefde
cumbia, net zo cultureel divers als Colombia zelf.

In het Caribisch gebied worden 's
avonds op straat soms demonstraties
gegeven. De mannen dragen vaak een
wit pak, meestal met enkele kleurrijke
elementen, en daarnaast de traditionele Colombiaanse hoed en soms zelfs
een *mochila* (de Colombiaanse schoudertas), de vrouwen zijn uitgedost in hun
prachtige Caribische jurken. Man en
vrouw dansen met elkaar, de man vaak
om de vrouw heen. De vrouw draagt in
haar rechterhand traditioneel een kaars
of een bundeltje kaarsen in een zakdoek
(overdag ontbreken de kaarsen vaak,
maar de zakdoek blijft).

De muzikale begeleiding wordt ver-
zorgd door een *conjunto de cumbia* (of
cumbiamba) of door een *conjunto de gai-
tas*. Die laatste groep bespeelt naast
verschillende trommels en percussie-
elementen ook twee fluitcn (een vrouwelijke en een mannelijke). Maar vandaag de dag kunt u eigenlijk alle mu-
ziekinstrumenten wel tegenkomen bij
de cumbia, van hoorns tot gitaren en
saxofoons.

Cumbia beleefde een hoogtepunt in
de jaren 40 en 50, toen de muziek zich
vanuit de kleine nederzettingen aan de
Caribische kust verpreidde naar de steden, waar het werd opgepikt door big-
bands. Dé cumbiaklassieker is *Cumbia
Cienaguera* (nog altijd met regelmaat te
horen op de radio en in bars). Belangrijke bands waren (en in sommige gevallen zijn) La Sonora Dinamita, Los
Gaiteros de San Jacinto, Los Black Stars
en Los Golden Boys.

In recente tijden is de muziek gemoderniseerd en heeft daarmee ook meer
internationale bekendheid gekregen,
vooral mede dank aan groepen als Bomba
Estéreo, Pernett & The Caribbean Ra-
vers en hiphopband ChocQuibTown.

Vallenato

Vallenato (uitspraak: 'bajenato') is
volksmuziek, net als cumbia oorspronkelijk afkomstig uit het Caribisch gebied. Een 'vallenato' is letterlijk een
inwoner van El Valle, de vallei tussen
de Sierra Nevada de Santa Marta en de
Sierra de Perijá, en de muziek uit dat gebied heeft dezelfde naam gekregen. De
stad Valledupar vormt het bruisende
en swingende hart van de vallenato-
muziek.

De muziek ontstond in de vroege 20e
eeuw – lokale boeren, die met hun vee
door het gebied trokken, brachten al
zingend en spelend op hun instrumenten boodschappen over tussen mensen
in verschillende plaatsen in de vallei.
Aan hun inheemse muziekinstrumen-
ten voegden ze later accordeons toe, die
waarschijnlijk van Curaçao en Aruba
kwamen. De accordeon groeide uit tot
de hoofdrolspeler van de vallenato.

Shakira Shakira!

De bestverkopende Colombiaanse artiest aller tijden is latin- en popzange-
res Shakira. Ze werd in 1977 geboren
als Shakira Isabel Mebarak Ripoll en
groeide op in Barranquilla. Op haar
dertiende tekende ze haar eerste pla-
tencontract bij Sony Music Colombia.
Shakira's eerste twee albums flopten,
maar haar derde album *Pies Descalzos*
(1995) betekende haar grote doorbraak
in Latijns-Amerika. Dat succes beves-
tigde ze in 1998 met haar vierde album
Dónde Están los Ladrones? Haar wereldwijde doorbraak kwam in 2001, toen
haar eerste Engelstalige album *Laundry
Service* verscheen, met daarop de monsterhits *Whenever, Wherever* en *Under-
neath Your Clothes*. In 2005 voerde ze de
internationale hitlijsten opnieuw aan
met *Hips Don't Lie*.

Traditioneel kent vallenato vier basisritmes: de *puya* (de oudste, snelle vorm), de *paseo* (het populairste ritme), de *merengue*, en de *son* (heel langzaam), maar in de loop van de geschiedenis is de muziek beïnvloed door andere muziekstijlen, waardoor het net als cumbia een mooie afspiegeling vormt van de zo diverse en gemengde Colombiaanse samenleving. U kunt naast de (Europese) accordeon Afrikaanse trommels verwachten, de *guacharaca*, een inheems percussie-instrument, en de tiendemaat is typisch Spaans.

De muziek is sinds de jaren 80 populair in heel Colombia, maar toch nog altijd vooral aan de Caribische kust. Twee grote artiesten uit het verleden zijn Rafael Escalona (1927-2009) en Alejo Durán (1919-1989). Een bekende en populaire vallenatogroep is Binomio de Oro de América.

De bekendste hedendaagse vallenatozanger is zonder twijfel Carlos Vives (1961). Hij is bijzonder populair in Colombia en omstreken. Zijn mix van traditionele vallenato met pop en rock staat bekend als vallenato-pop, en een avond uit in Colombia is niet compleet als zijn monsterhits *Bailar Contigo* en *Volví a Nacer* niet worden gedraaid.

Colombiaanse salsa

Wie salsa zegt, zegt New York, jaren 60: muzikanten uit Cuba en Puerto Rico die jazzmuziek mixten met ritmes van thuis, mambo, chachacha, son. Daar ligt de bron, daar werd de salsa geboren. Maar de salsamuziek werd groot in Colombia. In 1986 traden Richard 'Richie' Ray en Bobby Cruz namelijk op in Cali en hun salsamuziek sloeg aan – en dat is nog zacht uitgedrukt. Vanuit Cali verspreidde salsa zich over Colombia, en over de rest van Zuid-Amerika. Met dank aan de grote Afro-Co-

Cumbiadansers

lombiaanse gemeenschap in Cali kreeg de muziek een extra pittig tintje: *salsa caleña* staat bekend om het razendsnelle voetenwerk.

Overige stijlen

Naast cumbia, vallenato en salsa zijn er enkele muziekstijlen die vooral in het Caribisch gebied van Colombia populair zijn. De *champeta* bijvoorbeeld, een polyritmische muziekstijl met sterke Afrikaanse invloeden die vooral leeft in Cartagena de Indias en Barranquilla. De champeta vond zijn oorsprong in de jaren 70 in **San Basilio de Palenque**, een stadje dat ooit is gesticht door gevluchte slaven (zie blz. 136). De muziekstijl staat bekend als urban en door de expliciete dansmoves – zonder twerken is de champeta niet compleet! – had het jarenlang de reputatie een vulgaire muziekstijl te zijn.

Pas rond 2000 werd champeta ook bekend buiten Cartagena en sindsdien worden de muziek en vooral de bijbehorende dansmoves steeds populairder in de rest van Colombia (*La Invité a Bailar* van Kevin Florez Ft. Simon was een grote hit). Een geliefde artiest uit Cartagena is Mr. Black El Presidente del Genero (kortweg Mr. Black). In 2018 stal de Amerikaanse acteur Will Smith, die in Cartagena was voor de opnames van *Gemini Man*, de harten van alle Afro-Colombiaanse *cartageneros* door tijdens een optreden met Mr. Black mee te dansen op het podium, en met overtuiging te twerken, uiteraard.

De muziek van de Afro-Colombiaanse gemeenschap aan de Pacifische kust is de *currulao* en ook in deze stijl zijn de Afrikaanse invloeden onmiskenbaar. Typische instrumenten voor currulao zijn de Colombiaanse marimba (een xylofoon), een *guasá* (een koker gevuld met rijst) en de *cununo*, een smalle hoge trommel. Bekende artiesten zijn Grupo Bahía en Grupo Socavón.

Typische volksmuziek uit de Andesregio is *bambuco*. Het ritme is enigszins vergelijkbaar met de Europese wals. Een heel bekend liedje in dit genre is *El Sanjuanero*, dat werd geschreven in 1936, maar nog altijd populair is.

In Los Llanos, gedeeld met Venezuela, klinkt de *joropo*-muziek (de nationale dans van Venezuela). Het belangrijkste instrument in deze folkloristische muziekstijl is de harp, en enkele bekende artiesten zijn Grupo Cimarrón en Cholo Valderrama.

Het is onmogelijk alle muziekstijlen te noemen die in muziekland Colombia uit de luidsprekers knallen en in de discotheken gedraaid worden, want ook veel stijlen uit andere Latijns-Amerikaanse landen zijn zeer geliefd. Er gaat geen avond in een discotheek voorbij zonder dat er op de dansvloer sexy wordt gedanst op Puerto Ricaanse reggaeton-hits en sensueel op bachata-muziek uit de Dominicaanse Republiek. U zult ook regelmatig reggae horen, vooral in de Caribische regio en met name op de eilanden San Andrés en Providencia.

Tip

Een concert bijwonen

Festivals: er zijn het hele jaar door (veelal gratis) muziekfestivals in Colombia, en zo'n festival bezoeken is een unieke ervaring. Op viahero.com/travel-to-colombia/colombia-music-festival vindt u een actueel Engelstalig overzicht van de leukste festivals.
Concerthallen: Carlos Vives, een van de populairste hedendaagse Colombiaanse artiesten, treedt met grote regelmaat op in de grote steden; zijn tourdata staan op carlosvives.com/tour.

De geschiedenis van Colombia is onlosmakelijk verbonden met het waardevolste edelmetaal dat in het land wordt gevonden: goud. Precolumbiaanse culturen gebruikten het blinkende materiaal al om er sieraden en religieuze kunstwerken van te maken en het speelt een doorslaggevende rol in de koloniale geschiedenis van het land.

In de 16e en 17e eeuw werd in Europa geloofd dat er ergens in de Nieuwe Wereld een samenleving was die zo rijk was dat men er baadde in goud. Het geloof in deze mythe en de hoop om dat land als eerste te bereiken dreef ontdekkingsreizigers ertoe lange en levensgevaarlijke reizen te ondernemen, waarbij veel inheemse volken het moesten ontgelden.

De oorsprong van de mythe ligt in Colombia, om precies te zijn bij het Laguna de Guatavita, diep in het Andesgebergte. Toen de Spanjaarden in het begin van de 16e eeuw aankwamen aan de Caribische kust, hoorden zij van de inheemse bevolking verhalen

Land met een gouden randje

Gouden masker, gevonden in het gebied rond Tierradentro (150-900), Museo del Oro

over een volk dat in de bergen leefde, de Muisca. Als dat volk een nieuw opperhoofd kreeg, een nieuwe Zipa, ging dat gepaard met een ritueel bij een meer waarbij de met goudpoeder bedekte Zipa vanaf een vlot goud en juwelen in het meer wierp om de goden gunstig te stemmen. De Spanjaarden noemden het opperhoofd 'El Dorado', 'De Vergulde Man'.

De mythe van El Dorado

Zoals het gaat met mythes, groeide El Dorado uit van een man tot een stad, en uiteindelijk werd zelfs geloofd dat El Dorado een koninkrijk midden in de jungle was, omringd door bergen vol goud en edelmetaal.

Dat de Spanjaarden hardnekkig in het verhaal over El Dorado bleven geloven, had alles te maken met de vele gouden voorwerpen die zij vonden bij de inheemse stammen in het Caribische kustgebied. Wie vandaag de dag het Museo del Oro Zenú in Cartagena, het Museo del Oro Tairona in Santa Marta of het Museo del Oro in Bogotá bezoekt en daar de schijnbaar eindeloze hoeveelheden gouden kunstwerken ziet, kan zich daar iets bij voorstellen.

Al eeuwen voor het begin van de jaartelling hadden verschillende inheemse stammen manieren gevonden om het goud dat ze vonden te smelten, te bewerken en er ragfijne sieraden en religieuze voorwerpen van te maken, vaak in de vorm van geometrische patronen of antropomorfe wezens. Bovendien vormde het goud een ruilmiddel. Hoe belangrijker iemand binnen de gemeenschap was, hoe rijker hij met gouden objecten was gedecoreerd.

Volgens sommige onderzoekers is de mythe van El Dorado een list geweest van de stammen aan de Caribische kust om de Spanjaarden daar weg te krijgen

en dieper het binnenland in te sturen: dáár vinden jullie de bron van het goud, niet hier bij ons.

De Muisca en Laguna de Guatavita

De list werkte: in 1536 trok de Spaanse conquistador Gonzalo Jiménez de Quesada met zijn leger vanuit Santa Marta via de Río Magdalena het Andesgebergte in, op zoek naar El Dorado. Na zijn zware reis had De Quesada nog maar 170 man over. Desondanks veroverde hij het terrein zonder veel moeite op de inheemse volkeren, die geloofden dat de witte mannen door de goden waren gestuurd om hen te straffen voor hun zonden. Ze schonken hun goud en andere rijkdommen aan de Spanjaarden, en deden ze dat niet, dan gebruikten de conquistadores geweld om zich het goud alsnog toe te eigenen.

De hooglandvlakte waar nu Bogotá ligt, heette toen Bacatá en werd bevolkt door de Muisca. In de hooglandvalleien verbouwden de Muisca mais, aardappelen en quinoa, en de verschillende nederzettingen ruilden met elkaar op lokale marktjes. Ze hadden tomaten, bonen, paprika, pompoen, ananas en avocado's. Dankzij hun kennis van landbouw en hun ingenieuze ruilhandel konden een miljoen mensen leven in een gebied dat ongeveer zo groot was als België.

De Zipa van Bacatá had geen ontzag voor de Spanjaarden en trok ten strijde tegen het Spaanse leger, maar de Muisca werden al snel overmeesterd. Toen De Quesada in april 1537 het paleis van de Zipa bereikte, bleek dat leeg te zijn; het opperhoofd had al zijn rijkdommen verstopt in de bergen. De Spanjaarden vroegen de Muisca waar de bron van hun goud zich bevond, maar zij bleven het antwoord schuldig. Ze hadden het goud verkregen via ruilhandel en hadden zelf geen toegang tot een mijn.

De Quesada vond het Laguna de Guatavita in datzelfde jaar. In 1538 stichtte hij op de plek van Bacatá Santafé de Bogotá – in tegenstelling tot de meeste landen heeft Colombia vandaag de dag een hoofdstad die niet aan een zeehaven ligt of aan een belangrijke waterweg, maar op een moeilijk te bereiken plek, hoog in de bergen.

In 1545 ondernamen twee conquistadores een poging het meer van Guatavita droog te leggen. Ze zetten een keten op van mannen met emmers. Na drie maanden emmers doorgeven was het waterpeil drie meter gezakt. Ze vonden inderdaad gouden voorwerpen in de sedimenten langs de oevers, maar de bodem van het meer en alle schatten die daar volgens de legende moesten liggen, bleven buiten hun bereik.

De zoektocht naar El Dorado duurde voort, zelfs tot in de 17e eeuw, toen Walter Raleigh naar Guyana trok om daar te zoeken. Tot op de dag van vandaag is de mythische stad niet gevonden, maar wie goudkoorts heeft, kan zijn hart ophalen in het Museo del Oro.

Tip: meer over de Europese goudkoorts en de tochten door het Colombiaanse binnenland leest u in *The Search for El Dorado* (1978) van John Hemming.

Dé edelsteen van Colombia: smaragd

Naast goud heeft Colombia nog een zeer waardevolle stof in de grond: smaragd (*esmeralda*), twintig keer zeldzamer dan diamant. Colombia is zelfs de belangrijkste smaragdproducent ter wereld. Zambia staat op de tweede plek, maar de Colombiaanse edelstenen zijn van betere kwaliteit en leveren doorgaans drie keer meer op. Smaragden hebben een diepgroene kleur (door chroom of vanadium) en hoe donkerder het groen, hoe hoger de kwaliteit van de steen. De twee andere factoren die bepalend zijn voor de waarde van een steen zijn uiteraard het gewicht, maar ook de helderheid. Oorspronkelijk mochten alleen de edelstenen die door chroom groen waren gekleurd smaragd heten, maar in de jaren 60 paste de Amerikaanse edelsteenindustrie de definitie aan en gold de naam smaragd ook voor vanadiumsmaragden. In Europa mag alleen de door chroom gekleurde variant als smaragd worden verkocht.

Omdat het gesteente relatief zacht is, zijn smaragden vaak troebel doordat er insluitsels (inclusies) in zitten: kleine deeltjes van andere stoffen. Zo'n inclusie wordt ook wel een *jardin* genoemd, naar het Franse woord voor tuin, en niet beschouwd als fout, maar gezien als een teken van echtheid.

De meeste smaragden in Colombia komen uit mijnen in Boyacá: Muzo en Chivor. Wilt u meer leren over het mijningsproces van smaragden, dan kunt u terecht bij het **Museo de la Esmeralda** in Bogotá (kijk voor meer informatie op museodelaesmeralda.com.co).

Ook een aantal winkeltjes dat smaragden verkoopt, onder meer dat op het Plaza de Bolívar in Cartagena, heeft een (gratis) expositie om de klanten meer te leren over het productieproces.

Gabo – de literaire held van Colombia

Portret van Gabriel García Márquez op het briefje van 50.000 peso's

Toen de Colombiaanse schrijver Gabriel García Márquez – door de Colombianen liefhebbend Gabo genoemd – in 2014 op 87-jarige leeftijd overleed, reageerde niet alleen Juan Manuel Santos, de toenmalige president van Colombia, maar kwam zelfs Barack Obama met een presidentiele verklaring. Het zegt veel over de diepe indruk die het werk van García Márquez achterlaat bij veel van zijn lezers.

'Duizend jaar van eenzaamheid en verdriet voor de dood van de grootste Colombiaanse schrijver aller tijden', reageerde Santos, alluderend op de titel van het beroemdste boek van García Márquez, *Honderd jaar eenzaamheid*. De woorden van Obama: 'Met de dood van García Márquez heeft de wereld een van zijn grootste visionaire schrijvers verloren, en een van mijn favorieten uit mijn jeugd. Ik troost me met de gedachte dat het werk van Gabo nog lange tijd zal voortleven in de komende generaties.' Oud-president Bill Clinton, die bevriend was met García Márquez, roemde zijn 'unieke verbeeldingstalent, zijn helderheid van denken en emotionele eerlijkheid' en zijn 'briljante geest'.

García Márquez werd op 6 maart 1927 geboren in Aracataca, een klein dorpje in het Caribisch gebied, in het departement Magdalena, zo'n 85 kilometer ten zuiden van Santa Marta. Omdat zijn vader niet genoeg verdiende om de twaalf kinderen in het gezin te onderhouden en zijn ouders naar Riohacha verhuisden, groeide de oudste zoon Gabo op bij zijn grootouders in Aracataca. Het grote, gammele huis waarin zij woonden, zou een grote rol gaan spelen in García Márquez' latere werk. Datzelfde geldt voor zijn grootvader, de gepensioneerde kolonel Nicolás Márquez. García Márquez noemde hem later de belangrijkste figuur in zijn leven en zijn grootvader vertoont heel wat overeenkomsten met het hoofdpersonage uit *Honderd jaar eenzaamheid*, kolonel Buendía. Het fictieve dorpje Macondo lijkt te zijn geïnspireerd op Aracataca.

Na de dood van zijn grootvader in 1937 zat García Márquez op kostscholen in Barranquilla en Zipaquirá. In 1947 vertrok hij naar Bogotá om rechten te gaan studeren, maar voordat hij zijn studie afrondde, stapte hij over op journalistiek; hij had Kafka's *De gedaanteverwisseling* gelezen en wilde schrijver worden. Hij vluchtte voor het geweld dat in Bogotá losbarstte na de moord op Jorge Eliécer Gaitan in 1948 en werkte als journalist in Barranquilla en Cartagena. In 1950 maakte hij samen met zijn moeder een reis naar zijn geboortedorp Aracataca en dit reisje inspireerde hem om over zijn jeugd te gaan schrijven.

In 1954 keerde García Márquez terug naar Bogotá voor een baan als verslaggever en filmrecensent voor *El Espectador*. Een jaar later schreef Gabo voor die krant een verhaal dat aan het licht bracht dat de Colombiaanse regering een propagandaverhaal had opgedist over een zeeman die een schipbreuk had overleefd. Volgens de overheid ging het om een marineschip, maar dat bleek onwaar. Na verschijning was de toenmalige dictator van Colombia, Gustavo Rojas Pinilla, zo boos dat García Márquez zich gedwongen zag naar Europa te vluchten. Daar werkte hij bijna drie jaar als correspondent. Hij verbleef voornamelijk in Parijs, maar hij voelde zich niet erg thuis in Europa en hij vond de hou-

ding van de Europeanen jegens Latijns-Amerika arrogant en neerbuigend.

Hoewel hij in 1958 terugkeerde naar Barranquilla om met zijn geliefde Mercedes Barcha te trouwen, heeft García Márquez vanaf dat moment nooit meer langdurig in Colombia gewoond, al verbleef hij enkele weken per jaar in zijn huis in Cartagena.

Als geëngageerd intellectueel sprak García Márquez zich regelmatig uit over politieke aangelegenheden en met name tegen het dictatoriale rechtse bewind van de Chileense dictator Augusto Pinochet. Toen hij op Cuba verbleef om de revolutie te verslaan, raakte hij innig bevriend met revolutionair leider Fidel Castro. García Márquez was lange tijd niet welkom in de Verenigde Staten vanwege zijn kritiek op hun gewelddadige interventies in onder meer Vietnam en Chili.

De Nobelprijs voor Literatuur

De boeken van García Márquez spelen zich af in Zuid-Amerika, vaak in fictieve dorpjes, steden en landschappen, die de auteur met een enorme verbeeldingskracht tot leven weet te wekken. Ondanks de typisch Zuid-Amerikaanse setting werden Marquez' verhalen in heel de wereld populair en in 1982 ontving hij de Nobelprijs voor Literatuur. 'Elk nieuw werk van hem wordt door verwachtingsvolle critici en lezers tegemoet gezien als een evenement van wereldbelang', aldus de Koninklijke Zweedse Academie bij het uitreiken van de Nobelprijs.

Het is uitzonderlijk dat zowel het publiek als critici literaire werken zo positief ontvangen. *Honderd jaar eenzaamheid*, dat verscheen in 1967, werd in meer dan 25 talen vertaald en werd wereldwijd meer dan 50 miljoen keer verkocht. Later verschenen onder meer *De herfst van de patriarch* (1975), *Kroniek van een aangekondigde dood* (1981) en *Liefde in tijden van cholera* (1985). Het laatste boek dat García Márquez schreef was *Herinnering aan mijn droeve hoeren* (2004). In 2012 werd bekend dat hij aan dementie leed en dat er geen nieuw werk meer zou verschijnen.

Magisch-realisme

De verhalen van García Márquez zijn magisch-realistisch: hij creëert werelden waarin magische gebeurtenissen tot de werkelijkheid behoren. In *Honderd jaar eenzaamheid* stijgt een van de personages bijvoorbeeld op terwijl zij de was ophangt.

Volgens de schrijver zelf heeft het magisch-realisme zijn oorsprong in de geschiedenis van Latijns-Amerika, die vol is van slechte dictators en romantische revolutionaire helden en lange periodes van honger, ziekte en geweld. 'Dichters en bedelaars, muzikanten en profeten, strijders en schurken, allen schepsels van die wilde realiteit... we hoeven maar weinig van onze verbeeldingskracht te vragen. Want ons cruciale probleem is het tekort geweest aan de gebruikelijke middelen om onze levens geloofwaardig te houden,' zei hij in zijn speech na het in ontvangst nemen van de Nobelprijs. Hij speelt in zijn verhalen met het begrip realiteit; het onmogelijke is mogelijk.

Overlijden

García Márquez woonde de laatste dertig jaar van zijn leven in Mexico, samen met zijn vrouw Mercedes Barcha. Hij verscheen nog zelden in het openbaar. Zijn broer verklaarde dat hij leed aan de ziekte van Alzheimer. Gabo overleed op 17 april 2017 in zijn huis in Mexico City aan de gevolgen een longontsteking.

Detail van het biljet van 50.000 peso's

Wereldberoemd: Colombiaanse koffie

Rijpe koffiebessen hebben een dieprode kleur

Na Brazilië is Colombia de grootste koffieleverancier ter wereld. In het Andesgebied bevinden zich veel plekken die qua klimaat ideaal zijn voor het telen van arabicabessen. Omdat er op de steile berghellingen voornamelijk kleinschalig wordt verbouwd, staat Colombiaanse koffie bekend om de goede kwaliteit.

Al rond 1700 signaleerden Spaanse missionarissen koffieplanten in Colombia, maar pas aan het eind van de 19e eeuw werd koffie een belangrijk exportproduct. Er zijn nu bijna een half miljoen koffietelers in het land, die jaarlijks gezamenlijk meer dan twaalf miljoen zakken arabica produceren – een zak bevat standaard 60 kilo bonen. Geen enkel ander land produceert zoveel arabica.

Het grootste deel van de zakken wordt geëxporteerd naar de Verenigde Staten, maar er gaan ook bonen naar Duitsland, Frankrijk, Italië en Japan. De consumptie in Colombia zelf bedraagt zo'n twee miljoen zakken per jaar, en vaak gaat het om de bonen van mindere kwaliteit; het beste wordt verkocht aan het buitenland. Enkele variëteiten die in Colombia worden geteeld zijn Caturra, Colombia, Castillo, Typica, Bourbon en Geisha.

Omdat de microklimaten in alle Colombiaanse productiezones net even anders zijn, verschilt ook de oogsttijd per gebied. Op sommige plekken wordt twee keer per jaar geoogst, in andere gebieden zelfs het hele jaar door.

Koffie proeven

Koffie wordt geproduceerd rond de evenaar, in gebieden op grote hoogte met een droog en een nat seizoen. Het ideale klimaat voor arabicakoffie: vochtig, met koude nachten en warme dagen, waardoor compacte bonen ontstaan. Dit geeft de Colombiaanse koffieboon een diepe en complexe smaak. De smaak van de Colombiaanse koffie staat bekend als mild en gebalanceerd, met gemiddelde zuren, maar voor de echte kenners is koffie proeven net zoiets als wijn proeven: ze ontwaren tonen en hinten van smaken, in het geval van de Colombiaanse koffie bijvoorbeeld van karamel en chocolade.

Veel koffiefinca's geven rondleidingen over het bedrijf die eindigen met een koffieproeverij. Zij zullen hun koffie (vaak verschillende soorten) op verschillende manieren voor u malen en bereiden (bijvoorbeeld in een cafetière of met een chemex) zodat u zelf kunt proeven wat de brouwmethode doet met de smaak.

Het productieproces

Omdat het onmogelijk is om machinaal te oogsten op de steile hellingen waarop de koffieplanten in Colombia groeien, worden koffiebessen er met de hand geplukt. Het is een zeer arbeidsintensief proces, maar dit is precies wat de Colombiaanse koffie onderscheidt van bijvoorbeeld Braziliaanse koffie: alleen de écht rijpe bessen gaan mee, en dat komt de smaak en kwaliteit ten goede.

Na het oogsten vindt er nogmaals selectie plaats: de bessen gaan het water in en de drijvende exemplaren worden eruit gehaald. Die zijn onrijp of ziek en zouden de smaak van de koffie negatief beïnvloeden, zelfs zodanig dat de koffie uiteindelijk zou worden afgekeurd voor export. De goede bessen worden ontdaan van vruchtvlees zodat de boon overblijft. Dit 'pellen' kan op twee manieren gebeuren: door de bessen te wassen in snelstromend water of door ze te drogen, en daarna de boon eruit te persen. Als al het vruchtvlees van de bonen is verwijderd, worden ze gedroogd. Vervolgens vindt er nogmaals een handmatige selectie plaats: alle bonen die afwijkingen vertonen worden uit de partij gehaald.

Veel bonen worden als 'groene' boon geëxporteerd, het branden gebeurt bij lokale branderijen. Zo blijft de koffie vers en kan de branderij er een goede smaak uit halen. Wat het ideale brandproces is, verschilt per boon. Hoe donkerder de boon wordt gebrand, hoe minder smaak er overblijft. Echte kenners weten dat niet elke koffie geschikt is voor een cappuccino. Zo komt een fruitige koffie beter tot zijn recht als die zonder melk wordt gedronken.

Juan Valdez

De meeste Colombianen drinken nog altijd de (veel goedkopere) koffie van de minste kwaliteit, een oploskoffie die ze *tinto* noemen en vaak al tijdens het 'brouwen' aanlengen met melk en veel suiker. Maar onder invloed van het toerisme is de Colombiaanse koffiecultuur aan het veranderen. Er openen steeds meer koffiezaakjes waar ware barista's americano's en cappuccino's van de beste kwaliteit serveren, soms met een brouwmethode naar keuze.

Een van de eerste cafés gericht op Colombiaanse kwaliteitskoffie was Juan Valdez (juanvaldezcafe.com), waarvan eind 2002 een eerste zaak opende op het vliegveld van Bogotá. De fictieve Colombiaanse koffieboer Juan Valdez – een stereotiep figuur met sombrero, *ruana* en ezel – is het boegbeeld van het kwaliteitslabel Café de Colombia. De cafés van Juan Valdez zijn inmiddels te vinden in heel Latijns-Amerika en zelfs in Azië en de Verenigde Staten.

Een paradijs voor natuurliefhebbers

Een iguana in de botanische tuin van Medellín

Hoewel Colombia zeker niet het grootste land ter wereld is, staat het op de tweede plek op de lijst van landen met de grootste biodiversiteit, na het veel grotere buurland Brazilië. Als het gaat om vogelsoorten en orchideeën voert Colombia die lijst zelfs aan. Het land heeft meer soorten vogels dan Noord-Amerika en Europa samen.

Het gerenommeerde tijdschrift *National Geographic* schreef in 2017: 'Als de biodiversiteit van de aarde een land was, zou het Colombia kunnen heten. Dat is omdat deze natie van ecologische schatten, van met sneeuw bedekte bergtoppen tot oerwouden en woestijnen, het thuisland is van één op de tien soorten flora en fauna op de wereld.'

De reden dat maar liefst 10% van de plant- en diersoorten op aarde in Co-lombia te vinden is, is de enorme geografische diversiteit. Op een relatief klein gebied bevinden zich vele verschillende ecosystemen, die allemaal hun eigen flora en fauna herbergen. Als het gaat om planten, zoetwatervissen, vlinders en amfibieën is Colombia het tweede land qua biodiversiteit, op het gebied van reptielen en palmsoorten het derde en wat zoogdieren betreft het vierde.

De páramo's van het Andesgebergte

In de koude en regenachtige hoogste delen van het Andesgebied, boven de 3500 meter, bevinden zich de sprookjesachtige *páramos*. Op de páramo groeien enkel nog grassen, wat kruidachtigen en de prachtige frailejones ('grote monniken'). De weinige bloemen die u hier vindt, hebben felle kleuren en de planten lijken bijna licht te geven; alles om in een gebied waar het bijna altijd mistig en bewolkt is de aandacht te trekken van insecten. De frailejones bloeien tussen september en november; de gele bloemen maken de páramo's extra spectaculair. Zoogdieren die zich hier thuisvoelen zijn witstaartherten en brilberen, en hoog in de bergen kunt u als u geluk hebt de imponerende andescondor waarnemen. Vlak onder de 3500-metergrens liggen de subpáramo's, waar nog struweel groeit. Hoewel de temperatuur hoog in de bergen op sommige dagen niet boven de 5°C uitkomt, is dit nog altijd tropisch gebied.

De warmere gebieden

De warmere, lagergelegen gebieden van Colombia kunnen worden verdeeld in vier zones: de droge, woestijnachtige gebieden waar zelden regen valt (zoals de Desierto de la Tatacoa en La Guajira), bladverliezende bossen (de uitlopers van het Andesgebergte), regenwouden (aan de Pacifische en Caribische kust en het Amazoneregenwoud) en de uitgestrekte, soms moerassige tropische savannes (Los Llanos en delen van de Caribische en Pacifische kust). In deze warmere tropische streken leven heel veel verschillende soorten planten en dieren. Wat betreft de zoogdieren: de poema's en jaguars vertonen zich zelden, maar de kans dat u tijdens tochten door de natuur miereneters, luiaarden, tapirs, apen en capibara's ziet, is al groter.

Bedreiging van de biodiversiteit

In Colombia bevinden zich niet alleen bovengronds natuurlijke rijkdommen, maar ook ondergronds. Het ontginnen van grondstoffen (waaronder goud, zilver, platina, nikkel, kalksteen en steenkool) draagt in belangrijke mate bij aan het feit dat in Colombia elk jaar meer dan 200.000 hectare aan oerbos verdwijnt; althans, volgens de officiële telling. Een bijkomend probleem is dat mijnbouw het gebied (en met name de rivieren) vervuilt, wat een verdere bedreiging vormt voor de flora en fauna.

Er wordt ook oerbos gekapt om ruimte te maken voor infrastructuur en grote landbouwprojecten. Vooral in de Pacifische kustregio, waar de palmolie- en suikerrietplantages als paddenstoelen uit de grond schieten, en aan de grensgebieden van het Amazoneregenwoud is dit een groot probleem. Vermoedelijk wordt jaarlijks nog eens 100.000 hectare illegaal ontbost voor de verkoop van hout en om land te ontginnen voor agricultuur, met name voor de aanleg van lucratieve (en illegale) cocaplantages. De cocaplantages worden niet zelden 'verstopt' in dichte, uitgestrekte regenwouden.

Bescherming

Van de meer dan 450 soorten zoogdieren in Colombia staat 22% op de lijst met bedreigde diersoorten. Om de vele bijzondere en kwetsbare ecosystemen in het land in stand te houden, bestaat er in Colombia een netwerk van beschermde natuurgebieden. 59 gebieden met een gezamenlijke oppervlakte van bijna 143.000 km² behoren tot de Parques Nacionales Naturales de Colombia (parquesnacionales.gov.co); dit is meer dan 11% van het totale landoppervlak. Daarnaast zijn er nog enkele kleinere natuurreservaten, vaak van een stichting of in privébezit, opgericht om de kwetsbare plant- en diersoorten die er leven te beschermen.

Onderweg in Colombia

Straat in Guatapé

Bogotá en Cundinamarca

Hoogtepunten ✳

Museo del Oro: de grootste collectie gouden kunstwerken ter wereld bijeengebracht in een met veel aandacht ingericht museum. Zie blz. 252.

Op ontdekkingsreis

Op de fiets door Bogotá: verken het centrum van de Colombiaanse hoofdstad per mountainbike – vooral leuk op een zondag, wanneer veel wegen zijn afgesloten voor gemotoriseerd verkeer. Zie blz. 90.

Zipaquirá · *Laguna de Guatavita*

Museo del Oro

Bogotá

Op de fiets door Bogotá

Bezienswaardigheden

Museo Botero: geniet van de mooie beelden en schilderijen van Colombia's beroemdste kunstenaar. Zie blz. 56 en blz. 84.

La Candelaria: in het oude centrum van miljoencnstad Bogotá waant u zich in een ander tijdperk. Zie blz. 81.

Laguna de Guatavita: dit meer ten noorden van Bogotá speelt een belangrijke rol in de geschiedenis van Colombia. Zie blz. 100.

Actief

Parque Nacional Natural Chingaza: een adembenemend mooi natuurgebied op slechts een paar uur rijden van Bogotá. Zie blz. 101.

Cerro de Monserrate: het letterlijke hoogtepunt van Bogotá biedt een prachtig uitzicht over de stad. Zie blz. 85.

Sfeervol genieten

El Gato Gris: een knus restaurant in het hart van La Candelaria. Zie blz. 86.

Usaquén: een leuke bestemming in het weekend, met veel ontbijttentjes en elke zondag een vlooienmarkt. Zie blz. 96.

The Orchids: een uitbundig, maar stijlvol gedecoreerd luxe boetiekhotel in La Candelaria. Zie blz. 86.

Uitgaan

Bar/restaurant **Andrés Carne de Res** ligt buiten de stad, maar een bezoekje aan deze fantasievolle uitgaansgelegenheid is een onvergetelijke belevenis. Zie blz. 97.

Zona Rosa: in het noordelijke deel van de wijk Chapinero bevindt zich de bruisende Zona Rosa. Zie blz. 93.

Hoofdstad op hoogte

Wie op een datingsite het profiel van Bogotá voorbij zou zien komen, is wellicht niet direct overtuigd. Het is een enorme stad met zo'n 10 miljoen inwoners, gelegen op 2640 meter hoogte waardoor de temperatuur het hele jaar door ongeveer hetzelfde is: frisse nachten, het kan afkoelen tot 5°C, en gematigde dagen, tussen de 17 en 22°C. De zon stelt Bogotá op de mooie dagen in een goed daglicht, maar door de ligging in de Sabana de Bogotá, een hoogland-

INFO

Vervoer naar Bogotá

El Dorado International Airport: het vliegveld van Bogotá ligt op 14 km van het centrum. Een taxirit naar het centrum duurt (afhankelijk van het verkeer) ongeveer 40 minuten en kost rond de 30.000 peso's ('s nachts tot 35.000 peso's). Spreek van tevoren een prijs af met de chauffeur of controleer of de meter loopt. Maak uitsluitend gebruik van de officiële taxi's die bij de aankomsthal staan. Een taxi is veruit de makkelijkste manier om van en naar het vliegveld te reizen. Wilt u goedkoper reizen, dan kunt u TransMilenio M86 nemen (T1 bij gate 1 en 8; T2 tegenover C26) naar Portal Eldorado en daar overstappen op #1 naar Universidades in het centrum (2200 peso's). Kunt u goed tegen drukte en reist u met alleen handbagage dan is een *buseta* naar 'Centro' of 'Germania' ook een mogelijkheid (T1 bij gate 9; T2 tegenover C26, rond de 1700 peso's). Zowel de TransMilenio als de busetas zijn geen (veilige) optie als u na het donker arriveert.

Terminal de Transporte Salitre: het busstation ligt 8 km buiten het centrum. Een taxi kost rond de 20.000 peso's. De dichtstbijzijnde TransMilenio-halte (El Tiempo, op de route van de #1 naar Universidades) is zo'n 20 minuten lopen.

Terminal del Sur: bussen in zuidelijke richting stoppen ook op de Terminal del Sur ten westen van het centrum. De dichtstbijzijnde TransMilenio-halte is Portal del Sur.

Terminal del Norte: bussen in noordelijke richting (Tunja) vertrekken hier. Het busstation is via TransMilenio verbonden met de Portal del Norte-halte, vanwaar bussen naar Zipaquirá, Suesca en Guatavita vertrekken.

Vervoer in Bogotá

TransMilenio (transmilenio.gov.co): een metroachtig netwerk van bussen die op speciale banen rijden. Tijdens spitsuur kunnen de bussen overvol zijn. Een routeplanner vindt u op surumbo.com en op de stations hangen routekaarten. Een rit kost 2200 peso's en u hebt een speciale prepaidkaart nodig (3000 peso's).

Bus en buseta: vraag bij uw hotel waar u een bus of buseta kunt nemen. Wilt u uitstappen, roep dan: *'Parada, por favor'* of *'Por aqui, por favor'* en de chauffeur zal bij de eerstvolgende halte of mogelijkheid stoppen. De eindbestemming staat vaak op een bordje achter de voorruit.

Taxi: makkelijk en 's avonds het veiligst. Een aantal taxibedrijven: Taxi Ya (tel. 1 333 3333), Tax Express (tel. 1 411 1111) en Taxis Libres (1 211 1111).

vallei in de Andes, is het er vaak grijs en mistig. De kans op regen, variërend van een aanhoudende miezer tot een stortbui, is er onafhankelijk van het seizoen vrij groot. Tel daar de slechte reputatie op het gebied van veiligheid bij op en het is niet heel verrassend dat veel toeristen ervoor kiezen zo snel mogelijk uit Bogotá te vertrekken naar oorden met meer zon en groen.

Dat is jammer, want wie Bogotá een kans geeft, ontdekt al snel dat de stad en de nabije omgeving heel wat te bieden hebben, zowel op cultureel gebied als qua natuurschoon. Bogotá is een stad die elke dag een beetje leuker wordt en waar altijd nog iets te zien of ontdekken valt. De Colombiaanse hoofdstad heeft een mooi en charmant koloniaal centrum, La Candelaria, waar u zich in een dorpje in de bergen waant. Omdat hier een universiteit zit, is het bovendien een levendige wijk, met veel restaurants en barretjes. Nog veel meer restaurants, bars, brouwerijen en clubs bevinden zich in de Zona G en de Zona Rosa, ten noorden van het centrum.

Op loopafstand van La Candelaria vindt u een aantal van de beste musea van Colombia en het pad naar Cerro de Monserrate, de bergtop die het oosten van de stad begrenst. Een handig referentiepunt: de berg met daarbovenop de basiliek is vanuit de hele stad zichtbaar, dus u weet altijd waar het oosten is. Ook niet te missen: de enorme, vaak politiek geladen muurschilderingen die door de hele stad te vinden zijn.

Bogotá ligt in het Andesgebergte, dus op slechts een paar uur van de stad liggen prachtige natuurgebieden zoals de páramo van Sumapaz en het Parque Nacional Natural Chingaza, waar u met wat geluk brilberen in het wild kunt zien. In precolumbiaanse tijden leefden de Muisca in dit gebied en hun oude wandelroutes worden nu weer toegankelijk gemaakt.

Natuurlijk heeft Bogotá ook minder mooie kanten. Dat geldt met name voor de *barrios* (wijken) in het zuiden en zuidwesten van de stad. Hier woont de armere bevolking en is criminaliteit een groot probleem. De rijkeren hebben hun – vaak met tralies, hekken en portiers beveiligde – huizen doorgaans in het noorden van de stad, in de wijken Chapinero, Zona G, Chicó, Parque 93, Usaquén en Unicentro.

Bogotá ▶ K 15

De fundering voor de stad van vandaag werd lang voor de Spaanse kolonisatie gelegd door de Muisca; zij noemden hun nederzetting Bacatá. Het bestond uit niet veel meer dan een paar hutten, maar het was een belangrijke plaats voor de Muisca omdat hun opperhoofd er zetelde, de Zipa.

In 1538 versloegen de Spanjaarden onder leiding van conquistador Gonzalo Jiménez de Quesada de Muisca. Jiménez de Quesada stichtte vlak bij Bacatá een nieuwe stad, die hij vernoemde naar de Muisca-nederzetting en zijn ge-

Een veilig verblijf in Bogotá

Wees attent als u in Bogotá rondloopt, ook overdag. De meeste bezoekers komen een verblijf in de hoofdstad zonder problemen door, maar er zijn ook verhalen van toeristen die op klaarlichte dag zijn beroofd, zelfs in La Candelaria. Neem nooit meer waardevolle spullen mee dan noodzakelijk, blijf in de drukke straten en de veilige wijken en dwaal niet doelloos rond, zeker niet in het donker. Neem in de avonduren een taxi en houd geen taxi's aan, maar bestel ze telefonisch. Vermijd 's avonds het Parque de los Periodistas (het plein tussen La Candelaria en het centrum).

boorteplaats Santa Fe in Spanje: Santa Fe de Bogotá. Bogotá werd in 1550 de hoofdstad van Nieuw-Granada en toen Gran Colombia in 1819 onafhankelijk werd van Peru, bleef het de hoofdstad.

In 1884 kreeg Bogotá een tramlijn, wat een groot effect had op de mobiliteit van de inwoners, en niet veel later werd de stad door een spoorweg verbonden met de Rió Magdalena, wat in- en export van goederen vergemakkelijkte. Op 9 april 1948 werd oud-burgemeester Jorge Eliécer Gaitán, een populair politicus van de Liberale Partij, vermoord in Bogotá. Op deze moord volgde een volksopstand van de bevolking die de naam El Bogotazo kreeg. Honderden (volgens sommige bronnen duizenden) mensen kwamen om het leven en meer dan honderd gebouwen gingen in vlammen op; het betekende tevens het einde van de tramlijn.

Op 6 november 1985 was Bogotá opnieuw het toneel van geweld: guerrillastrijders van M-19 (Movimiento 19 de Abril) hielden 300 mensen gegijzeld in het Paleis van Justitie. Maar liefst 115 mensen kwamen om het leven, onder wie elf rechters van de Hoge Raad.

In oktober 2019 koos Bogotá voor het eerst in zijn geschiedenis een vrouwelijke (en bovendien openlijk lesbische) burgemeester: de centrumlinkse Claudia López behaalde ruim 35% van de stemmen.

Info en evenementen

Toeristische informatie: er zijn in Bogotá meerdere informatiepunten voor toeristen (Puntos de Información Turística, ook wel PIT), bijvoorbeeld op vliegveld El Dorado en bij de Terminal de Transporte Salitre en de Terminal del Sur. Een handige centrale locatie is het informatiepunt in La Candelaria: Carrera 8 #9-83. Alle dagen geopend van 8-18 uur, zondag van 9-16 uur, tel. 1 283 7115.

Websites: bogotaturismo.gov.co, hier staat ook een volledig overzicht van toeristische informatiepunten.

Festival Iberoamericano de Teatro de Bogotá (FITB): tweejaarlijks internationaal theaterfestival in maart of april (van de even jaren), met onder meer muziek, straattheater, dans en speciale optredens voor kinderen (festivaldeteatro.com.co).

Rock al Parque: in juli, driedaags gratis muziekfestival (niet verrassend vooral rock, maar ook ska, punk, metal en hardcore) in Parque Metropolitano Simón Bolívar (rockalparque.gov.co).

Alimentarte: in augustus, vijfdaags culinair festival in Parque El Virrey. De eerste drie dagen staat er eten uit een buitenland in de schijnwerpers, de laatste twee dagen de mooiste gerechten uit een regio in Colombia.

Festival de Verano: in augustus, achtdaags gratis muziekfestival in Parque Simón Bolívar (idrd.gov.co).

Festival de Jazz: september, jazzfestival in Teatro Libre in de wijk Chapinero (teatrolibre.com).

Hip Hop al Parque: in oktober, tweedaags hiphopfestival in Parque Metropolitano Simón Bolívar, tevens het grootste hiphopfestival van Latijns-Amerika (hiphopalparque.gov.co).

Festival de Cine de Bogotá: in oktober, internationaal filmfestival, met uitreiking van de Círculo Precolombino de Oro voor de beste film (bogocine.com).

Salsa al Parque: november, salsafestival in Parque Metropolitano Simón Bolívar (salsaalparque.gov.co).

Expoartesanías: in december, expositie en markt met (veelal traditionele) handgemaakte producten uit heel Colombia (expoartesanias.com), die plaatsvindt in evenementencentrum Corferias (corferias.com) ten noordoosten van het centrum (Carrera 37 #24-67).

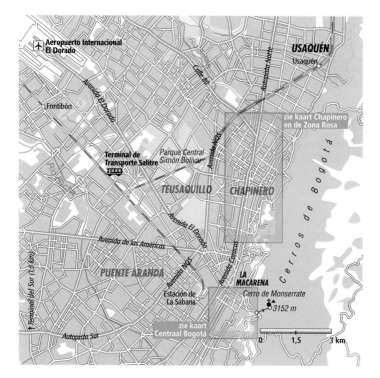

Bogotá

La Candelaria en het centrum ▶ K 15

De mooiste en gezelligste wijk van Bogotá is zonder twijfel het historische centrum van de stad, La Candelaria. De meeste hotspots zijn in de buurt van deze wijk te vinden, veelal op loopafstand, en daarom kiezen veel toeristen ervoor in La Candelaria te overnachten.

De meeste huizen in La Candelaria stammen uit de koloniale tijd en zijn zo'n driehonderd jaar oud. Sommige zijn opgeknapt en in hun oude glorie hersteld, andere weten hun ouderdom nauwelijks te verhullen. Het bruisende centrum van La Candelaria is het Plaza de Bolívar, een populair verzamelpunt. Een bronzen standbeeld van Simón Bolívar, in 1846 gemaakt door de Italiaanse kunstenaar Pietro Tenerani, kijkt over het plein uit.

Het nieuwe centrum van Bogotá – het zakelijk centrum van de stad – bevindt zich ten noorden van La Candelaria. Het kan er op doordeweekse dagen nogal druk zijn, maar op zondag wordt Carrera 7 afgesloten voor gemotoriseerd verkeer en zo toegankelijk gemaakt voor fietsers en voetgangers

(Ciclovía, zie blz. 83). Zondag is dus een goede dag om het moderne stadscentrum te ontdekken.

Op de laatste zondag van de maand zijn de musea gratis toegankelijk, maar als u geen zin heeft om in de rij te staan en u graag de ruimte krijgt om rustig naar kunstwerken te kijken, is het aan te raden op een andere dag te gaan.

Museo de Arte Moderna (MamBo) 1

Calle 24 #6-00, ma-za 10-18, zo 12-17, mambogota.com, toegang 12.000 peso's

Wie geïnteresseerd is in hedendaagse Colombiaanse en Latijns-Amerikaanse kunst kan terecht in het MamBo, gehuisvest in een modern gebouw ontworpen door de Frans-Colombiaanse architect Rogelio Salmona. Het museum heeft ook enkele werken van niet-Latijns-Amerikaanse kunstenaars, onder wie Andy Warhol en Picasso. Naast een vaste collectie schilderijen, beeldhouwwerken en fotografie organiseert het MamBo wisselende exposities.

Iglesia de San Francisco 2

Carrera 7 #15-25 (hoek met Avenida Jiménez), ma-vrij 6.30-18.30, za 6.30-12.30, 16-18.30, zo 7.30-13.30, 16.30-19.30, toegang gratis

De Iglesia de San Francisco, gebouwd tussen 1550 en 1595 en uitgebreid in 1611, is de oudste kerk van Bogotá. Het spektakelstuk van de San Francisco is de *retablo mayor*, het vergulde hoofdaltaar dat in 1623 werd gemaakt en dat nog niets aan glans heeft verloren.

Museo del Oro 3 ☀

Carrera 6 #15-88, di-za 9-18, zo 10-16, banrepcultural.org/bogota/museo-del-oro, toegang 4000 peso's (zo gratis)

Het Museo del Oro (Goudmuseum) is de ideale plek om een grijze en regen-achtige dag in Bogotá door te brengen. Alles glanst, glimt en straalt er – het is echt al goud wat er blinkt!

U kunt zich in dit museum vergapen aan meer dan 55.000 gouden kunstwerken, voorwerpen en ornamenten, veelal gemaakt in precolumbiaanse tijden door de inheemse volkeren van het gebied dat nu Colombia heet. Het is de grootste collectie gouden voorwerpen ter wereld. Het museum is op een heldere, thematische manier ingedeeld, met veel aandacht voor de culturen en gebruiken van de inheemse volkeren die de kunstwerken hebben gemaakt en de methodes die zij gebruikten (informatiebordjes in het Spaans en Engels). Van dinsdag tot en met zaterdag zijn er om 11 uur en om 16 uur gratis rondleidingen. Voor meer informatie over goud in Colombia, zie blz. 64.

Museo de la Independencia (Casa del Florero) 4

Calle 11 #6-94, di-vrij 9-17, za, zo 10-16, museoindependencia.gov.co, toegang 3000 peso's (zo gratis)

Het Casa del Florero (Huis van de Vaas) is een historische plek voor de onafhankelijkheid van Colombia. De bewoner van dit mooie huis vlak bij Plaza de Bolívar was de Spaanse koopman Joaquín Gonzales Llorente. Op 20 juli 1810 kwam een groep *criollos* (in de kolonie geboren mannen van Europese komaf, die tot hun grote frustratie niet dezelfde sociale positie hadden als de Europeanen) naar dit huis. De mannen wilden de Spaanse arrogantie aantonen: zij vroegen Llorente of ze een vaas mochten lenen voor een diner dat ze gaven voor een commissaris die met de criollos sympathiseerde. Zoals ze hadden verwacht, weigerde Llorente. Daarop pakten ze de vaas, ontstond er een gevecht op straat en viel de vaas kapot, een geluid dat volgens de overlevering op de hele wereld te horen was. De vechtende criollos riepen de bevolking van hun stad op in verzet te komen tegen de koloniale heerser: om deze *Grito de Independencia* (Schreeuw om Onafhankelijkheid), die een opstand tot gevolg had, wordt Onafhankelijkheidsdag in Colombia nog altijd op 20 juli gevierd, de dag waarop de vaas stukviel. Het Casa del Florero vertelt het verhaal van 20 juli 1810; de kapotte vaas is er te zien.

Catedral Primada de Colombia 5

Carrera 7 #10-80 (op het Plaza de Bolívar), di-vrij 9-17, za, zo 9-18, catedraldebogota.org, toegang gratis
Deze neoklassieke kathedraal op het Plaza de Bolívar is de grootste van Bogotá. Volgens de overlevering is hij gebouwd op de plek waar de conquistadores hun eerste mis hielden nadat ze in 1538 Santa Fe de Bogotá stichtten. Die eerste mis werd gehouden in een kapel met muren van modder en een dak van gras. Vervolgens werd in 1553 begonnen aan de bouw van een permanente kerk, maar die bleek bepaald niet permanent en stortte al in voordat de bouw was voltooid. De derde kerk werd in 1785 verwoest door een aardbeving. De kathedraal die er nu staat, werd voltooid in 1823 en van de derde kerk is alleen de Kapel van Onze-Lieve-Vrouw van de Altijddurende Bijstand overeind gebleven (links van het altaar). Het orgel stamt uit 1890. In de grootste kapel aan de rechterkant bevindt zich het graf van Jiménez de Quesada, de stichter van Bogotá.

Museo Iglesia de Santa Clara 6

Carrera 8 #8-91, di-vrij 9-17, za, zo 10-16, museocolonial.gov.co, toegang 3000 peso's (zo gratis), het kaartje geeft ook toegang tot het Museo Colonial
De sobere grijze buitenkant van de Iglesia de Santa Clara contrasteert he-

vig met het rijk gedecoreerde, van goud glimmende interieur. Naast de uitgebreide collectie schilderijen is het vooral het adembenemende plafond met goud en blauw bloemmotief dat een bezoek aan de Santa Clara de moeite waard maakt. De kerk is gebouwd tussen 1629 en 1674 en daarmee een van de oudste kerken van Bogotá.

Museo Colonial 7

Carrera 6 #9-77, di-vrij 9-17, za, zo 10-16, museocolonial.gov.co, toegang 3000 peso's (zo gratis), het kaartje geeft ook toegang tot het Museo Iglesia de Santa Clara
Het Museo Colonial bevindt zich in een prachtig pand uit 1604 dat vroeger een school voor Jezuïten was. Zoals de naam al doet vermoeden, is het museum gewijd aan kunst uit de koloniale periode en er is met name veel religeuze kunst te zien. De collectie bevat veel werk van de grootste kunstenaar uit het koloniale verleden van Colombia, de in Santa Fe de Bogotá geboren

Het fenomeen 'Ciclovía'

Bogotá was de eerste stad ter wereld waar op zon- en feestdagen straten werden afgesloten om zo wandelaars, hardlopers, fietsers en skaters de kans te geven de weg te gebruiken voor recreatieve doeleinden. Deze afgesloten straten worden *ciclovías* genoemd, fietswegen (voor permanente fietspaden wordt vaak het woord *cicloruta* gebruikt). Sinds 1976 is er op alle zon- en feestdagen van 7 uur 's ochtends tot 14 uur 's middags Ciclovía, en heel veel bogotano's maken er gebruik van. Met het afsluiten van de straten ontstaat een fietsroute van ruim 120 kilometer. Een kaart van de afgesloten wegen vindt u op idrd.gov.co/mapa-ciclovia.

Centraal Bogotá (La Candelaria en het centrum)

Bezienswaardigheden
1 MamBo
2 Iglesia de San Francisco
3 Museo del Oro
4 Museo de la Independencia
5 Catedral Primada de Colombia
6 Museo Iglesia de Santa Clara
7 Museo Colonial
8 Museo Botero
9 Plazoleta Chorro de Quevedo
10 Quinta de Bolívar

Overnachten
1 The Orchids
2 Casa Deco
3 Santa Lucia
4 Casa Platypus
5 Botánico Hostel
6 La Casa Amarilla

Eten en drinken
1 Capital Cocina y Café
2 Fulanitos
3 El Gato Gris
4 Crepes & Waffles
5 Pastelería Florida
6 La Puerta Falsa

Winkelen
1 Smaragdenmarkt

Actief
1 Wandelpad naar Cerro Monserrate

Uitgaan
1 Teatro Colón
2 Bogotá Beer Company
3 Quiebracanto
4 Rincón Cubano

(en gestorven) schilder en tekenaar Gregorio Vásquez de Arce y Ceballos (1638-1711). Zijn opmerkelijke schilderij *Símbolo de la Trinidad* (rond 1685) is een van de topstukken uit de collectie. Een figuur met drie gezichten verbeeldt de Heilige Drie-eenheid: Vader, Zoon en Heilige Geest. Deze representatie (die impliceert dat God zowel Vader, Zoon als Heilige Geest is) was verboden door de katholieke kerk. Het schilderij was aanvankelijk overgeschilderd en bekend onder de naam *El padre eterno*; de centrale figuur had slechts één gezicht. De drie gezichten werden pas ontdekt bij een restauratie in 1988.

Museo Botero 8

Calle 11 #4-41, ma, wo-za 9-19, zo 10-5, di gesloten, banrepcultural.org/bogota/museo-botero, gratis rondleiding op ma, wo 16 uur, za, zo 11 en 16 uur, toegang gratis

In een mooi koloniaal pand bevindt zich het Museo Botero, gewijd aan de Colombiaanse kunstenaar Fernando Botero en veel andere (internationale) kunstenaars, voornamelijk Impressionisten (de schilderijen komen uit de privécollectie van Botero, die hij aan het museum schonk). Toegang tot het museum is gratis en het werk van Botero brengt gegarandeerd een glimlach op uw gezicht. Voor meer informatie over Botero, zie blz. 56.

Quinta de Bolívar 10

Calle 20 #2-91 Este, di-vrij 9-17, za, zo 11-16, quintadebolivar.gov.co, toegang 3000 peso's (zo gratis)

In een prachtige tuin aan de voet van de Monserrate ligt de oude villa die in 1820 aan Simón Bolívar werd geschonken. Hij woonde er niet permanent, maar kwam er gedurende een periode van tien jaar met regelmaat. Het museum vertelt het verhaal van de laatste dagen van Bolívar, die in 1930 na het uiteenvallen van Gran Colombia aftrad en die Bogotá ontvluchtte omdat hij zijn leven er niet meer zeker was; vroegere vrienden en bondgenoten hadden zich tegen hem gekeerd. De kamers van het pand uit 1800 zijn ingericht met meubels uit diezelfde tijd, waardoor de bezoeker zich in een ander tijdperk waant. Er zijn enkele voorwerpen van Bolívar te bezichtigen. Op woensdagen wordt

er om 11 uur een rondleiding gegeven in het Engels.

Cerro de Monserrate

Boven op de Cerro de Monserrate, de bergtop ten oosten van La Candelaria, staat een witte basiliek, de Basílica Santuario del Señor Caído. Deze basiliek van de Gevallen Christus, gelegen op 3150 meter hoogte, is een populair bedevaartsoord. Een bezoek aan de basiliek en de bergtop – die een adembenemend uitzicht biedt over de miljoenenstad in de vallei, zeker op heldere dagen – is een geliefd weekenduitje bij bogotano's.

Er zijn twee manieren om boven te komen: te voet via een steile weg **1** en 1500 traptreden (zo'n anderhalf uur klimmen, op hoogte), of met de *funicular* (kabelspoorweg, vooral 's ochtends) of *teleférico* (kabelbaan, vooral 's middags) vanaf Estación Monserrate (retour vanaf 19.000 peso's, op zondag 11.000 peso's; het station is 20 minuten lopen vanaf Las Aguas). Zowel de voettocht naar de top als de wandeling naar Estación Monserrate kunt u wegens relatief veel diefstal en beroving op die routes het best afleggen met meerdere mensen of als het druk is, dus in het week-

end (op zondag is het topdrukte vanwege de vele bedevaartsgangers). Een
andere optie is om een taxi te nemen
naar Estación Monserrate. Voor meer
informatie: cerromonserrate.com en
santuariomonserrate.org.

Overnachten

Boetiek en chic – The Orchids [1]:
Carrera 5 #10-55, tel. 1 745 5438,
theorchidshotel.com. Luxe kamers en
suites in een setting die nog het best
valt te omschrijven als een stijlvolle mix
tussen antiek en kitsch.

Art deco – Casa Deco [2]: Calle 12C #2-
36, tel. 1 282 8640, hotelcasadeco.com.
Hotel in een Art Deco-gebouw van een
Italiaanse eigenaar. Schoon en stijlvol
ingericht met ruime kamers.

Charmant en luxe – Santa Lucia [3]:
Calle 18 #6-27, tel. 1 746 0088, hotel
santalucia.com.co. Prachtig boetiekhotel met vijftien suites, een sportzaal, een
bar-restaurant en een spa.

Simpel en goed – Casa Platypus [4]:
Carrera 3 #12F-28, tel. 1 281 1801,
casaplatypusbogota.com. Sfeervol hotel met zeventien kamers en een dakterras met open haard. De mensen die er
werken zijn vriendelijk en behulpzaam.

**Groen en gezellig – Botánico Hos-
tel** [5]: Carrera 2 #9-87, tel. 1 745 7572,
botanicohostel.com. Knus hostel in een
prachtig koloniaal pand met een jungletuin met hangmatten. Op het dakterras,
dat uitzicht biedt over de stad, wordt
elke ochtend om 10 uur yogales gegeven.
De lounge heeft een open haard.

**Voor dierenliefhebbers – La Casa Ama-
rilla** [6]: Carrera 3 #12B-89, tel. 314 465
5251. Klein en heel vriendelijk hostel
met familiesfeer op een zeer centrale
locatie in La Candelaria. Uitsluitend
geschikt voor liefhebbers van (grote)
honden en katten (de katten komen in
de kamers).

Eten en drinken

**Heel klein en heel lekker – Capital Co-
cina y Café** [1]: Calle 10 #2-99, tel. 1 342
0426. Restaurantje met een kleine kaart,
maar alles wat erop staat is heerlijk. Er
is altijd een vis van de dag, de biefstuk
is een aanrader en er zijn ook vegetarische opties. Wat aan de prijzige kant
voor Colombia, maar het is het meer
dan waard.

Colombiaans – Fulanitos [2]: Carrera 3
#8-61. Typisch Colombiaans eten (voor-
namelijk gerechten uit Valle del Cauca)
in grote porties. De kans is groot dat u
in de rij moet staan voor lunch.

Livemuziek – El Gato Gris [3]: Carrera
1A #12B-12, tel. 1 342 1716, gatogris.com.
Smaakvolle Italiaans-Colombiaanse
gerechten in een restaurant dat redelijk wat plek heeft, maar door de vele
kleine ruimtes en hoekjes toch een in-
tieme sfeer. Gelegen op het liefste pleintje van La Candelaria. Vaak livemuziek.

**Salades, ijs en desserts – Crepes & Waf-
fles** [4]: Calle 13 (Avenida Jiménez) #4-
55, tel. 1 676 7633, crepesywaffles.com.
Restaurantketen die anders dan de
naam doet vermoeden naast crêpes en
wafels ook goede salades serveert. Het
is de ideale plek voor een zoet tussen-
doortje of toetje: de dessertkaart is uitgebreid en verleidelijk.

**Chocolate completo – Pastelería Flo-
rida** [5]: Carrera 7 #21-36. Dé plek (sinds
1936) voor een *chocolate completo*
(zie blz. 28). Florida serveert ook traditionele tamales als ontbijt en gedurende de dag vers brood en allerhande
gebakjes en andere lekkernijen.

**Voor de lekkere trek en lokale klassie-
kers – La Puerta Falsa** [6]: Calle 11 #6-50,
restaurantelapuertafalsa.inf.travel. In
dit kleine restaurantje kunt u de traditionele gerechten van Bogotá proeven:
tamales, ajiaco en natuurlijk de chocolate completo. Daarnaast heeft het een
vitrine vol zoetigheden.

Winkelen

Smaragden **1** – Op Carrera 6 tussen Calle 12C en de Avenida Jiménez verzamelen smaragdhandelaren zich elke doordeweekse dag om hun kostbare waar te verkopen. Het is af te raden om hier een aankoop te doen, tenzij u een expert bent natuurlijk, maar het is een uniek marktje. Zie blz. 66 voor meer informatie over smaragd in Colombia.

Actief

Fietsen – **Bogotá Bike Tours:** Carrera 3 #12B-72, tel. 1 342 7649, bogotabiketours.com. Dagelijks leuke, informatieve en afwisselende mountainbiketours door Bogotá onder begeleiding van een gids en een mecanicien (ver-

trek om 10.30 en 13.30, 40.000 peso's, 4 tot 5 uur). Op verzoek organiseren ze een speciale Graffiti Bike Tour langs de mooiste streetart. Ook fietsverhuur voor wie zelf de stad wil verkennen (vooral leuk op zondag tijdens Ciclovía, zie de ontdekkingsreis op blz. 90 voor een routebeschrijving).

Wandelen – **Cerro Monserrate:** na een pittige klim wachten u een mooi uitzicht, enkele cafés en restaurants en een souvenirmarktje. Zie blz. 85.

Uitgaan

De meeste grote clubs in Bogotá bevinden zich in de Zona Rosa (zie blz. 94). In La Candelaria en het centrum zijn wel veel leuke bars. Op de volgende bladzijde staat een kleine selectie.

Tip

Plazoleta del Chorro de Quevedo **9**

Op de hoek van Carrera 2 en Calle 12B ligt het Plazoleta del Chorro de Quevedo. Voordat Gonzalo Jiménez de Quesada arriveerde met zijn manschappen was dit pleintje in het huidige La Candelaria het hart van de Muisca-nedezetting Bacatá. Volgens sommige historici werd op deze plek de eerste misdienst gehouden door de Spanjaarden en had de Catedral Primada dus eigenlijk hier gebouwd moeten worden. Er werd wel een kerk gebouwd, maar die werd eind 19e eeuw verwoest. Het lieflijke witte kerkje dat er nu staat is net als de fontein op het pleintje een replica, gebouwd in 1969. Het Plazoleta del Chorro de Quevedo is een van de leukste plekjes van Bogotá. Overdag is het al charmant en kunt u er terecht bij een van de cafés, maar vanaf een uur of vijf 's middags komt het echt

tot leven. Gelegen in het hart van het uitgaansgebied van La Candelaria doet het dienst als ontmoetingsplek voor wie later op de avond naar een restaurant of bar wil. Er zijn altijd veel studenten te vinden, maar ook straatartiesten en -verkopers. Op vrijdagmiddag komen vanaf een uur of vijf (Spaanssprekende) vertellers hun mooiste verhalen opdissen aan het publiek.

In de straatjes rondom het plazoleta vindt u talloze restaurants en barretjes en prachtige streetart. Vooral Callejón del Embudo (Carrera 2) is een aanrader. U komt er door onder de wat vreemde, losstaande roze façade door te lopen aan de kant van het standbeeld van de jongleur op de eenwieler (dat boven op de façade staat). Callejón del Embudo is ook een goede plek om kennis te maken met *chicha* (zie blz. 29).

Theater, muziek en dans – **Teatro Colón 1**: Calle 10 #5-32, tel. 1 284 7420, teatrocolon.gov.co. Het in 1892 geopende Teatro de Cristóbal Colón is het nationale theater van Colombia en dé plek voor theatervoorstellingen, concerten, opera en balletvoorstellingen. Het gebouw in neoklassieke stijl werd ontworpen door de Italiaanse architect Pietro Cantini en het interieur is nog indrukwekkender dan het statige exterieur: fresco's op het plafond, een enorme kroonluchter en heel veel ornamenten. **Bier** – **Bogotá Beer Company 2**: Calle 12D #4-02, tel. 1 742 9292, bogotabeer company.com. *Craft beer* (bier van kleine, ambachtelijke brouwerijen) is ook in Colombia populair en Bogotá Beer Company (BBC) startte in 2002 met brouwen. Inmiddels is het de op twee na grootste brouwerij van Colombia, maar de grootste, Bavaria, controleert 99% van de markt. In tegenstelling tot Bavaria staat BBC echter garant voor lekkere, originele briertjes.

Salsa – **Quiebracanto 3**: Carrera 5 #17-76, tel. 1 243 1630, quiebracanto.com. Gezellige salsabar, alleen voor wie bereid is te dansen! Entree 10.000 peso's.

Cubaans – **Rincón Cubano 4**: Carrera 4 #18-50 (2e verdieping). Salsa, salsa, salsa, en soms cumbia of bachata. Deze bar heeft het allemaal: goede muziek, goedkoop bier en een fijne sfeer.

La Macarena ▶ K 15

De wijk La Macarena, ten noorden van de Avenida El Dorado en ten oosten van

Een pakezeltje in La Candelaria

het Parque de la Independencia, wordt ook wel de Zona M genoemd of 'El Barrio Bohemio', de bohemienwijk. La Macarena is een kunstzinnig wijkje met veel galerieën, hippe cafés, kleine restaurantjes en yogastudio's, en dé plek om een goede vegetarische of veganistische maaltijd te vinden.

De meeste huizen in de wijk werden gebouwd rond 1950 en de architectuur is bijzonder en bijzonder kleurrijk. Een leuke bestemming om overdag te ontdekken. 's Avonds (zodra het donker wordt) kunt u beter niet te voet gaan, maar een taxi bestellen. De meest bruisende avond is vrijdagavond.

Alonso Garces Galería

Carrera 5 #26B-92, ma-vrij 10-13, 14-18, za 10-14, tel. 1 337 5827
Sinds de opening in 1977 is deze galerie belangrijk geweest voor het stimuleren van de creativiteit en ontwikkeling van (vooral) Colombiaanse kunstenaars. U vindt hier een permanente tentoonstelling en veel wisselende exposities van werk van hedendaagse kunstenaars.

Museo Nacional

Carrera 7 #28-66, di-za 10-18, zo 10-17, museonacional.gov.co, toegang 4500 peso's (gratis wo 16-18, zo hele dag)
In 1874 kwam de Deense architect Thomas Reed naar Colombia en ontwierp het Capitolio Nacional op het Plaza de Bolívar, waar nu het Congres zetelt, én een gevangenis, El Panóptico. In die gevangenis is sinds 1975 het Museo Nacional gehuisvest, een zorgvuldig ingericht museum gewijd aan de Colombiaanse geschiedenis, cultuur en kunst. Op de eerste verdieping vindt u zalen over de precolumbiaanse geschiedenis, de tweede is gewijd aan de koloniale tijd tot aan de onafhankelijkheidsstrijd en op de bovenste verdieping zijn werken van onder anderen Fernando Botero en Enrique Grau tentoongesteld.

Eten en drinken

Luxe dineren bij een topchef – **Leo Cocina y Cava:** Calle 27B #6-75, tel. 1 286 7091, restauranteleo.com. Dit restaurant behoort al jaren tot één van de 50 beste ter wereld. De gerechten van chef Leo (Leonor) Espinosa zijn bereid met liefde voor de culinaire tradities van Colombia, voor traditionele smaken en voor ingrediënten die niemand anders gebruikt. Laat u verrassen door het twaalfgangenmenu.

Tapas – **La Tapería:** Carrera 4A #26D-12, tel. 310 300 7161, lataperia.co. De chef van dit knusse tapasrestaurant, Peter Hoogeveen, is half Nederlands, half Colombiaans én dj. De *solomillo* Danish Blue, ossenhaas met blauwe kaas, is heerlijk.

Biologische snacks – **La Trocha:** Carrera 4A #26C-23. Dit winkeltje verkoopt mooie biologische producten en kleine hapjes, zoals (veganistische) tamales en empanada's.

Colombiaanse broodjes

Naast arepa's eten Colombianen ook graag broodjes bij hun ontbijt van roerei en warme chocolademelk, of als *once* (een lichte snack rond elf uur 's ochtends). Enkele typisch Colombiaanse broodjes:

Almojábana: klein bolvormig kaasbroodje van maismeel, soms lichtzoet, ietwat sponzige structuur – het lekkerst als ze net uit de oven komen.

Buñuelo: traditioneel worden *buñuelos* met kerst gegeten, maar ze zijn het hele jaar door te vinden. Het zijn gefrituurde deegballetjes met kaas erin.

Pandebono: rond kaasbroodje (soms met een gat in het midden, als een donut, soms in de vorm van een halve donut) op basis van cassavezetmeel en maismeel, knapperig van buiten, zacht van binnen.

Veelzijdige hoofdstad – op de fiets door Bogotá

Op zon- en feestdagen hebben wandelaars, fietsers en skaters vele wegen in Bogotá voor zichzelf. Zondag is dan ook een ideale dag voor deze fietstocht door het centrum.

Kaart: ▶ K 15
Duur: 2 tot 3 uur

Startpunt en informatie: u kunt mountainbikes huren bij Bogotá Bike Tours in La Candelaria: Carrera 3 #12-72, tel. 312 502 0554, bogotabiketours.com. De beschreven route begint op het Plazoleta del Chorro daar vlakbij.
Kaart: de nummers in deze tekst verwijzen naar de kaart op blz. 85.

Van Plazoleta del Chorro naar Torre Colpatria

De route begint met een kort maar pittig klimmetje: rijd Calle 12B in en na een paar honderd meter treft u aan uw rechterhand het Plazoleta del Chorro de Quevedo **9** (vaak kortweg Plazoleta del Chorro genoemd, zie ook blz. 87). Als u geluk hebt, staat de vrouw met het sinaasappelkarretje er vandaag en kunt u de dag beginnen met een versgeperste jus of een gezond wortelsapje (als dat voor u iets té gezond is, krijgt u er honing in).

Als het nog vroeg op de dag is, kunt u de weg vervolgen via Carrera 2, het smalle steegje aan de overkant van Plazoleta del Chorro, waar u mooie streetart vindt. Neem vervolgens de eerste links (Calle 12C). Als er al wat meer mensen op de been zijn, is het niet ideaal om door het steegje te fietsen en kunt u beter terugrijden naar Calle 12B en daar naar beneden rijden. Volg Calle 12B/Calle 12C tot aan Carrera 7 en sla daar rechtsaf.

Carrera 7 – in Bogotá bekend als la Septima, de zevende – is de 'hoofdstraat' die het historische centrum verbindt met het nieuwe stadscentrum en de wijken in het noorden van de stad. Op de hoek van Carrera 7 en de Avenida Jiménez de Quesada vindt u aan de linkerkant een gedenkplaat voor Jorge Eliécer Gaitán. Het kantoor van de politicus en oud-burgemeester van Bogotá bevond zich in dit hoekpand en op deze plek werd hij in 1948 doodgeschoten. Zijn dood vormde de aanleiding tot een volksopstand, El Bogotazo, en het is dan ook een cruciale plek in de geschiedenis van Bogotá en van Colombia.

Op het kruispunt ziet u nog de resten van een tramspoor: tot El Bogotazo had Bogotá een tramlijn, maar na de opstand was de infrastructuur zodanig verwoest dat de tram nooit meer heeft gereden.

Aan de overkant van het kruispunt staat de Iglesia de San Francisco **2**, de oudste kerk van Bogotá (zie blz. 82). Vervolg de Septima (rechts van de kerk) tot aan de Torre Colpatria (de wolkenkrabber links van de weg, tussen Calle 24 en Calle 25). Dit 196 meter hoge kantoorgebouw met vijftig verdiepingen is een van de hoogste gebouwen in Colombia. U bent welkom om op een van de hoogste verdiepingen van het uitzicht te komen genieten: de Mirador is open op vrijdag, zaterdag en zondag (toegang 8000 peso's).

Blijft u liever wat dichter bij de grond, dan kunt u het MamBo **1** bezoeken, het museum voor moderne kunst, dat zich aan de rechterkant van de weg bevindt (zie blz. 82).

Van de Torre Colpatria naar het Museo Nacional

Vervolg de Septima (over Avenida El Dorado) en rijd Carrera 6 in, het smalle straatje aan uw rechterhand dat langs het Parque de la Independencia omhoog loopt. Na ongeveer 200 meter komt u uit op het Plaza de Toros de Santamaría, bij de arena voor stierengevechten. Hoewel de roep om een verbod op stierenvechten in Colombia steeds luider wordt, is deze arena nog altijd in gebruik. Sterker nog, de arena werd in 2017 opnieuw in gebruik genomen nadat burgemeester Gustavo Petro in 2012 een poging deed om stierenvechten in de ban te doen en de arena een nieuwe bestemming te geven.

Het mooie gebouw uit 1931 biedt plaats aan 14.500 mensen – ter vergelijking, de veel modernere en in 2018 gereconstrueerde Movistar Arena heeft 14.000 zitplaatsen – en zou dus ook geschikt zijn voor concerten. Voor de arena staat een standbeeld van Pepe Cáceres (1935-1987); hij wordt gezien als de beste stierenvechter die Colombia ooit heeft gekend. Cáceres overleed op 52-jarige leeftijd nadat hij tijdens een stierengevecht in Sogamoso zwaar gewond raakte. Hij kwam terecht tussen de stier en de omheining en hield daaraan een geperforeerde long over.

Als u verder rijdt over Carrera 6 (de betegelde straat die licht omhoog loopt) komt u langs een aantal mooie muurschilderingen. Sla aan het einde van de straat rechtsaf op de Calle 28. De straat loopt naar beneden, terug naar de Septima; op de hoek ziet u aan uw rechterhand het **Museo Nacional de Colombia**, gehuisvest in een voormalige gevangenis (zie blz. 89).

Van het Museo Nacional terug naar La Candelaria

Rijd terug over Carrera 7 tot aan het kruispunt met Calle 22, sla daar rechtsaf en direct weer links, Carrera 8 in. Na 1200 meter verschijnt aan uw linkerkant het Plaza de Bolívar met recht voor u de mooie **Catedral Primada de Colombia** 5 en aan de rechterzijde het Capitolio Nacional, waar het Congres van de republiek Colombia zetelt (bestaande uit het hogerhuis, de Senaat, en het lagerhuis, de Kamer van Afgevaardigden). Omdat de wetgevende macht zich hier bevindt, zult u in de nabije omgeving van Plaza de Bolívar veel militairen zien, en traditioneel is dit plein tevens de plek waar demonstranten zich verzamelen. De gebouwen rondom het plein vertonen sporen van verfbommen.

Als u inmiddels zin heeft in een stevige lunch, kunt u in het straatje links van de kathedraal (Calle 11) terecht voor een vullende ajiaco bij La Puerta Falsa, of voor een warme chocolademelk met *queso*.

Vanaf La Puerta Falsa is het nog 400 meter klimmen naar Carrera 3, sla hier linksaf. Twee blokken verder zit Bogotá Bike Tours.

Muurschildering bij het Plaza de Toros de Santamaría

Chapinero en de Zona Rosa ▶ K 15

Chapinero en Chapinero Alto zijn twee van de meer welvarende *barrios* van Bogotá. Er zijn veel bars en nachtclubs en de Zona Rosa bevindt zich hier – de term 'Roze Zone' wordt in Latijns-Amerika gebruikt om het belangrijkste uitgaansgebied van een stad of district aan te duiden. Het hart van de Zona Rosa is de Zona T, het deel van het gebied dat is afgesloten voor verkeer. In de Zona G (de G van gourmet) vindt u een keur aan restaurants. Chapinero is tevens het centrum van de LGBTQ+-gemeenschap van Bogotá.

Casa Museo Jorge Eliécer Gaitán [1]

Calle 42 #15-52, za, zo 10-13, patrimoniocultural.bogota.unal. edu.co, toegang gratis

Vanaf 1933 tot 9 april 1948, de dag waarop hij werd vermoord, woonde politicus Jorge Eliécer Gaitán (1903-1948) in deze witte villa. De moord op de geliefde leider van de Liberale Partij (en oud-burgemeester van Bogotá) had een zeer ingrijpende volksopstand tot gevolg, de Bogotazo (zie blz. 46), die uiteindelijk leidde tot een decennium vol geweld. Het huis van Gaitán is nu een musem; zijn woon- en studeerkamer zijn te bezichtigen, evenals het pistool waarmee hij werd vermoord en het pak dat hij die dag droeg.

Eten en drinken

Chic en internationaal – **Harry Sasson** [1]: Carrera 9 #75-70, tel. 1 347 7155, harrysasson.com. Harry Sasson is één van de topchefs van Colombia. Hij serveert hier Mediterraanse, Aziatische en Colombiaanse gerechten. Het brood komt uit de houtoven en het vlees wordt perfect gebakken op vulkanische steen uit Japan.

Peruviaans – **Nazca** [3]: Calle 74 #5-28, tel. 1 321-3459, restaurantenazca.com. Authentiek Peruviaans eten; de visgerechten zijn een aanrader. De ingredenten zijn vers en de borden prachtig opgemaakt. Bewaar ruimte voor de *Degustación Nazca*, het beste van de dessertkaart op één bord.

Colombiaans – **Salvo Patria** [4]: Calle 54A #4-13, tel. 1 702 6367, salvopatria. com. Salvo Patria bestaat uit een cafégedeelte en een restaurant met Mediterraans-Franse keuken. Het werkt samen met lokale voedselproducenten, de meeste ingrediënten komen uit de streek. Een overzichtelijke kaart met lekkere en betaalbare gerechtjes. Het dagmenu (*menú del día*) is een aanrader.

Innovatief en lekker – **Mini-Mal** [5]: Carrera 4A #57-52, tel. 1 347 5464, mini-mal.org. Traditionele Colombiaanse ingrediënten en gerechten, maar dan net even anders. De *pez globo en salsa de lulo* (kogelvis in lulosaus) is een belevenis voor de smaakpapillen. Op de dessertkaart staat onder meer de traditionele *queso con bocadillo*.

Broodjes – **Guerrero** [6]: Carrera 9 #69-10, tel. 1 731 2177, guerrerocia.com. Sandwiches (o.a. met *chicharrón* en portobello), hamburgers en bijgerechten (frietjes of een portie falafel bijvoorbeeld). Simpel maar lekker.

Veganistisch snoepen – **Frambuesa Pastelería Vegan** [7]: Carrera 13A #79-66, tel. 314 200 5526. Deze veganistische banketbakkerij heeft een verleidelijk assortiment cakejes, taarten, brownies, donuts en ander lekkers, en een leuk café.

Overnachten

Luxueus – **Four Seasons Casa Medina** [1]: Carrera 7 #69A-22, tel. 1 325

7900, fourseasons.com/bogotacm. Dit in 1945 gebouwde hotel met veel koloniale accenten werd ontworpen door de Colombiaanse architect Santiago Medina Mejia. De kamers zijn stijlvol ingericht, met veel oog voor 'historische' details en prachtig houtsnijwerk.

Middenklasse en ruime suites – **Hotel Vilar América** [2]: Calle 66 #8-23, hotelvilaramerica.com. Dit grote, modern ingerichte driesterrenhotel vlak bij de Zona G heeft twee restaurants en een aantal ruimere suites met een zitgedeelte, ideaal voor wie wat langer in de stad wil verblijven en op zoek is naar meer comfort.

Gezellig hostel – **12:12 Hostel** [3]: Calle 67 #4-16, tel. 1 467 2656, 1212hostels.com. Fietsen aan de muur, een kleurrijke inrichting die wellicht het best valt te omschrijven als fusion, stevige houten stapelbedden mét gordijntjes – een uitstekende keus voor wie een gezellig hostel zoekt in Chapinero.

Tip

Een culinair uitstapje naar Peru [2]

Peru heeft op culinair gebied een veel indrukwekkender reputatie dan noorderbuur Colombia, en daar is uiteraard een reden voor (namelijk dat Colombiaans eten over het algemeen nogal flauw is). Wie het beste van Peru wil proeven in Bogotá kan terecht bij het restaurant van de Peruviaanse topchef Rafael Osterling. Naast een klassieke Peruviaanse ceviche en een op z'n Peruviaans gegrilde halve kip staan er ook veel internationale gerechten op de kaart, met name uit Italië.
Rafael: Calle 85 #12-90, ma-za 12-23, zo 12-18, tel. 1 644 7766, rafaelosterling.pe.

Winkelen

Markt – **Plaza de Mercado de Paloquemao:** Avenida Calle 19 #25-04, ma-za 4.30-16:30, zon- en feestdagen 5.00-14.30, plazadepaloquemao.com. 'Heel Colombia op één plek' is de slogan van deze markt. U vindt hier groenten, fruit, vlees, vis, zuivel, bloemen en soms een vlooienmarkt.

Uitgaan

Latin – **La Negra** [1]: Carrera 7 #47-63, tel. 312 4417308. Salsa, reggaeton, cumbia, vallenato. bachata … Wie wil weten hoe Colombianen dansen, moet hier een kijkje nemen. Stilstaan is geen optie. Entree 15.000 peso's.

Rooftopbar – **Armando Records** [2]: Calle 85 #14-46, tel. 1 530 6449, armando records.org. Zowel doordeweeks als in het weekend dj's en soms bands. Entree circa 50.000 peso's.

Café voor doven – **Sin Palabras Café Sordo** [3]: Carrera 7 #57-47, tel. 310 551 4473. Gerund door en voor doven, maar ook horenden zijn welkom. Wie de Colombiaanse gebarentaal niet kent, kan via briefjes en bordjes communiceren met de bediening.

LGBTQ+ – **El Recreo de Adán** [4]: Zona Rosa: Carrera 12A #79-45, tel. 1 800 9828, Chapinero: Carrera 9 #59-85, elrecreodeadanbogota.com. Iedereen is welkom bij de twee vestigingen van El Recreo de Adán. Gelukkig maar, want er staan meer dan veertig overheerlijke cocktails op de kaart.

Grootste LGBTQ+-nachtclub in Latijns-Amerika – **Theatron** [5]: Calle 58 #10-32, tel. 1 235 6879, portaltheatron.co. Eén van de grootste LGBTQ+-nachtclubs ter wereld, gebouwd in een oude bioscoop (vandaar de naam). Theatron heeft dertien danszalen (waarvan één exclusief voor vrouwen en één exclusief

Chapinero en de Zona Rosa

Bezienswaardigheden
1 Casa Museo Jorge Eliécer Gaitán

Overnachten
1 Four Seasons Hotel Casa Medina
2 Hotel Vilar América
3 12:12 Hostel

Eten en drinken
1 Harry Sasson
2 Rafael
3 Nazca
4 Salvo Patria
5 Mini-Mal
6 Guerrero
7 Frambuesa Pastelería

Uitgaan
1 La Negra
2 Armando Records
3 Sin Palabras
4 El Recreo de Adán
5 Theatron

voor mannen). De club is massaal (en er is veel beveiliging), op zaterdagavond komen er tot wel achtduizend mensen feesten. Entree: 35.000 peso's (vaak inclusief open bar).

Informatie en vervoer

Taxi: de makkelijkste manier om Chapinero te bereiken vanuit La Candelaria (of willekeurig welke andere plek in Bogotá) is per taxi.

TransMilenio: de TransMilenio-stations in de buurt van Chapinero zijn Calle 45, Calle 57 en Calle 72, en voor de Zona T Héroes en Calle 85 (en alles daartussen afhankelijk van waar in Chapinero u wilt zijn).

Bus: sommige buslijnen rijden over de Septima naar de wijken in het noorden van de stad. Neem vanuit La Candelaria een busje met 'Chapinero' of 'Unicentro' op het bordje met bestemmingen. Een handige opstapplek is Calle 19 tussen Carrera 4 en 5.

Usaquén ▶ K 15

Usaquén was voor de komst van de Spanjaarden een Muisca-nederzetting (vernoemd naar *cacique* ofwel opperhoofd Usaque). De conquistadores sloten een overeenkomst met de inheemse bevolking en in 1539 werd Usaquén gesticht als inheemse nederzetting. Lange tijd bleef het dorp een soort beschermd gebied waar Muisca en Spanjaarden samen leefden, maar de Spaanse autoriteiten verlieten het dorp in 1777. De weg naar Bogotá verkeerde in een te slechte staat en in het moerassige gebied kon amper iets worden verbouwd.

Zo bleef Usaquén buiten de stadsgrenzen liggen; later waren het vooral rijke bogotano's die er regelmatig kwamen, ze hadden er hun buitenverblijven. Pas in 1954 werd Usaquén opgeslokt door de snel groeiende Colombiaanse hoofdstad en vandaag de dag is het een van de barrios waar vooral veel welgestelde bogotano's wonen.

Het authentieke historische karakter van Usaquén – koloniale huizen en kasseienstraatjes – is deels bewaard gebleven en dat maakt het tot een leuke bestemming voor wie méér van Bogotá wil zien dan La Candelaria en het nieuwe centrum, of voor wie zich even buiten de stad wil wanen. Op zondag worden de straten van Usaquén overgenomen door een populaire vlooienmarkt (*mercado de las pulgas*), waar naast prullaria ook veel ambachtelijke producten worden verkocht.

Plaza de Usaquén

Het centrale plein van Usaquén wordt door het grasveld en de hoge bomen ook wel Parque de Usaquén genoemd. De kerk aan de oostzijde (Carrera 6) is de Iglesia de Santa Bárbara, gebouwd in 1665.

Rondom Plaza de Usaquén vindt op zondag de vlooienmarkt plaats en zitten vele winkeltjes en (hippe) restaurants – Usaquén is geliefd bij foodies!

Plaza de Usaquén

Eten en drinken

**Traditioneel Colombiaans – Casa
Vieja:** Carrera 6A # 117-35, tel. 1 213 3246,
casavieja.com.co. Een perfecte plek om
kennis te maken met de authentieke
Colombiaanse keuken. Proef hier ook
de *patacones*, gefrituurde platgeslagen
stukken bakbanaan, geserveerd met
hogao, een saus van tomaat en (bos)ui.

Ontbijt en brunch – Abasto: Carrera 6
#119B-52, tel. 1 215 1286, abasto.com.co.
Fijn restaurant om te ontbijten op z'n
Colombiaans. Vele varianten roerei,
empanada's, verschillende broodjes en
overheerlijke arepa's.

Koffie – Catación Pública: Calle 120A
#3A-47, tel. 1 702 4943, catacionpublica.
co. Wie graag meer wil leren over Colombiaanse koffie, kan terecht bij
Catación Pública. De enthousiaste eigenaar en zijn personeel zijn zeer gepas-
sioneerd, weten álles over koffie, van
varianten uit verschillende regio's tot
brouwmethodes, en ze verzorgen een
uitgebreide rondleiding waarbij u zes
soorten koffie kunt proeven. Een aanrader voor koffieliefhebbers.

Winkelen

Handwerk – Mambé: Carrera 5 #117-25,
tel. 320 843 9344, mambe.org. In deze
winkel van de stichting Mambé, die
zich inzet om de kwaliteit van leven van
inheemse groepen en mensen in afgelegen gebieden te verbeteren, kunt u
handwerk uit heel Colombia kopen –
tegen eerlijke prijzen en voor een goed
doel, uiteraard.

**Winkelcentrum – Hacienda Santa
Bárbara:** Carrera 7 #115-72. Dit winkelcentrum is gebouwd in en rondom een
voormalige koloniale haciënda en heeft
daardoor aanzienlijk meer charme dan
het gemiddelde centro comercial in Colombia. U vindt er vooral kledingwin-

kels (in het duurdere segment) en enkele leuke bars en terrasjes.

Informatie en vervoer

Trein: de Tren Turístico de la Sabana
(turistren.com.co), een van de weinige
treinen in Colombia, rijdt vanaf het
Estacíon de la Sabana in Bogotá (Calle
13 #18-24, ten noordwesten van La Candelaria) via Usaquén naar Zipaquirá
(60.000 peso's voor een retourtje Zipaquirá). Verwacht geen snel modern
treinritje: de jongste trein uit de vloot
komt uit 1969 en rijdt op diesel, de oudste is een stoomtrein uit 1921.

Taxi: een taxi naar Usaquén vanuit La
Candelaria kost (afhankelijk van de ver-
keersdrukte) zo'n 25.000 peso's.

Bus: er rijden regelmatig busjes over
de Septima naar Usaquén – opstappen
kan onder meer op Calle 19 tussen Carrera 4 en 5.

Tip

Een unieke
uitgaansbelevenis ▶ K 14

Op 45 min van Bogotá, in Chía, bevindt zich een enorm restaurant-bar-
club-complex dat is uitgegroeid tot
een fenomeen: Andrés Carne de Res.
Zoals de naam al doet vermoeden kunt
u hier een uitstekende biefstuk eten
(volgens sommigen de beste in Bogotá), maar een bezoek aan deze plek is
sowieso een vreemde, onvergetelijke,
verrassende, unieke, eigenlijk gewoon
onmogelijk te beschrijven belevenis.
Andrés Carne de Res: Calle 3 #11A-56,
Chía, di-do en zo 12-23, vrij en za 12-3,
tel. 1 861 2233, andrescarneDeres.com.
Entree op vrij en za 21.000 peso's.

Rondom Bogotá

Er zijn vanuit Bogotá enkele dagtripjes te maken die zeker de moeite waard zijn. De populairste bestemming is Zipaquirá, waar u een ondergrondse kathedraal kunt bezoeken in een zoutmijn. Een andere mogelijkheid is een bezoek aan het Parque Natural Laguna de Guatavita, het meer van Guatavita, dat een interessante geschiedenis heeft. Daarnaast liggen er rondom Bogotá twee prachtige uitgestrekte nationale parken: Parque Nacional Natural Chingaza in het noordoosten en de *páramo* van Sumapaz in het zuiden. Deze natuurgebieden zijn lange tijd het terrein geweest van guerilla's en paramilitairen, maar grote delen ervan zijn inmiddels weer veilig en toegankelijk voor publiek.

Zipaquirá ▶ K 14

Zo'n 50 kilometer ten noorden van Bogotá ligt Zipaquirá, met 130.000 inwoners de tweede stad van het departement Cundinamarca. In precolumbiaanse tijden was deze plek een belangrijke nederzetting van de Muisca, die er zout mijnden. De nederzetting viel onder de Zipa van Bacatá.

Het huidige Zipaquirá werd in 1600 gesticht door de Spanjaarden, vlak bij de Muisca-nederzetting. Naast de beroemde zoutkathedraal heeft Zipaquirá dus ook een prachtig en kleurrijk historisch centrum. Het Parque Principal (tussen Carrera 7-8 en Calle 4-5) is het grote centrale plein. Aan dat plein bevindt zich het opmerkelijke Palacio Municipal, het gemeentehuis. Het gele gebouw met het rode dak werd in 1920 gebouwd in Franse stijl en lijkt te zijn weggelopen van een filmset. Het is overigens nog niet heel lang geel met rood, het dak was eerst groen, de muren wit.

Sinds juli 2019 heeft Zipaquirá nog iets om trots op te zijn: het is de geboorteplaats van Egan Bernal, de eerste Colombiaanse winnaar van de Tour de France. In het wielergekke Colombia is dat voldoende reden voor enkele enorme muurschilderingen en op moment van schrijven was een standbeeld voor Bernal in de maak.

In het weekend komen veel Colombiaanse toeristen naar Zipaquirá, dus het is aan te raden om op een doordeweekse dag te gaan.

Catedral de Sal

Carrera 6 en Calle 1, dagelijks 9-17.40 (laatste toegang), tel. 315 760 7376, catedraldesal.gov.co, toegang 59.000 peso's

De toegangsprijs voor niet-Colombianen is in de laatste jaren gerezen tot ongekende hoogte, wat de Catedral de Sal net iets minder sympathiek maakt, maar het blijft een fascinerende bezienswaardigheid – in 2007 werd deze plek uitgeroepen tot 'het eerste wonder van Colombia'. U wandelt een donkere oude zoutmijn in en komt via een nogal abstracte verbeelding van de Via Crucis uit bij een enorme ondergrondse kerk met drie naven – met recht een kathedraal. De audiogids (bij de prijs inbegrepen, het tweede wonder van Colombia) geeft interessante informatie over de constructie van de kathedraal en over de gebruikte symboliek.

Casa Museo Quevedo Zornoza

Calle 3 #7-69, ma-vrij 8.30-12, 14-17, za, zo 9-16, zipaquira.in/casa-museo-quevedo-zornoza, gratis toegang met entreebewijs voor de Catedral de Sal

Dit romantische witte huis met blauwe ramen en deuren dateert uit 1840. Het was eigendom van de Venezolaanse kolonel Nicolás Quevedo Rachadel en drie generaties na hem hebben er nog

De Catedral de Sal van Zipaquirá

gewoond. De twaalf kamers en twee pa-tio's zijn nu ingericht als een museum dat u inzicht geeft in het leven in de 19e en vroege 20e eeuw. U vindt er onder meer antieke meubels, een charmante collectie oude naaimachines, de origi-nele keuken, een Underwood-typma-chine waarop Gabriel García Márquez zou hebben getypt en alles over de evo-lutie van de strijkbout.

Eten en drinken

Rondom het Plaza de la Independencia (tussen Carrera 5-6 en Calle 4-5) zitten veel cafés, bars en restaurants.
Colombiaans – **Casa del Chorro:** Calle 5 #5-32, geopend van 12-17, tel. 1 851 38 74, casadelchorro.com. Het beste restaurant van Zipaquirá. Vooral de vleesgerechten zijn fantastisch bereid, maar er zijn ook vegetarische opties en

er staan pizza's en sandwiches op de kaart. Van maandag tot en met vrijdag serveert het restaurant vanaf 12 uur een *menú del día* (soep, hoofdgerecht, *jugo*, en dessert) voor 14.000 peso's.

Overnachten

Veel mensen kiezen ervoor om Zipa-quirá vanuit Bogotá te bezoeken en in een dag op en neer te reizen, maar u kunt er ook overnachten.
Gunstig gelegen – **Hotel Cacique Real:** Carrera 6 #2-36, tel. 1 851 0209, hotelcaciquereal.com. Hotel in een prachtig onderhouden koloniaal pand in het centrum van Zipaquirá, dicht bij de Catedral de Sal. Fijne warme douches en comfortabele bedden.
Budget – **Zipaquirá Coffee Town:** Car-rera 11A #6-31, tel. 322 640 5203. Vriende-lijk, schoon hostel vlak bij het centrale

plein van Zipaquirá, op ongeveer 20 minuten lopen van de Catedral de Sal.

Informatie en vervoer

Websites: zipaquira-cundinamarca. gov.co en zipaquira.in
Bus: TransMilenio naar Portal del Norte (B74 vanaf Las Aguas of Universidades), bussen naar Zipaquirá ('Zipa' achter de voorruit) kunt u aanhouden langs de weg (5700 peso's). Vanaf Portal del Norte kunt u ook eerst overstappen op bus 8 naar Terminal del Norte (de 8 vertrekt aan de noordzijde van het perron waarop u uitstapt) en daar op een bus naar Zipa stappen (langs de weg, bussen vanuit het busstation vertrekken minder vaak). Stap in Zipaquirá uit ter hoogte van Calle 2, het is dan nog zo'n 20 min lopen naar de Catedral de Sal (of neem een taxi op het busstation).
Trein: de Tren Turístico de la Sabana (turistren.com.co) rijdt vanaf het Est-

acíon de la Sabana in Bogotá (Calle 13 #18-24, ten noordwesten van La Candelaria) naar Zipaquirá (retour 60.000 peso's). Vanaf het treinstation is het nog ongeveer 15 min lopen naar de ingang van de Catedral de Sal. U kunt via de website ook een pakket kopen inclusief toegang en vervoer.

Laguna de Guatavita ▶ K14

di-zo 8.30-16, als ma een nationale feestdag is open op ma en gesloten op di, rondleiding verplicht, toegang 18.000 peso's
De Laguna de Guatavita (ook Lago Guatavita) ligt zo'n 60 kilometer ten noordoosten van Bogotá. Het kleine meer is de hoofdrolspeler in de historische mythe van El Dorado (zie blz. 64) en ligt vandaag de dag in het Parque Natural Laguna de Guatavita, een beschermd natuurgebied. Die beschermde status heeft sinds 1965 voorkomen dat er

Bogotá wordt omringd door adembenemende berglandschappen

nog pogingen zijn gedaan om het meer droog te leggen op zoek naar goud.

Lange tijd werd gedacht dat de krater waarin het meer ligt was veroorzaakt door een meteorietinslag of dat het de top van een vulkaan was, maar vandaag de dag nemen geologen aan dat het gat is veroorzaakt doordat zoutvoorraden eronder zijn opgelost, waardoor de aarde is ingezakt.

Rondom het meer worden (verplichte) rondleidingen gegeven van twee tot drie uur, en het is een mooie plek om meer te leren over de Muiscacultuur en natuurlijk over de mythe van El Dorado. De wandelroute is zo'n 7 kilometer lang en loopt voor het grootste deel omhoog. Het pad is goed begaanbaar, maar aangezien het meer op 3000 meter hoogte ligt, moet u wegens de ijle lucht redelijk fit zijn voor de wandeling. Het is aan te raden om van tevoren minstens één nacht op hoogte te slapen, bijvoorbeeld in Bogotá.

Informatie en vervoer

Het kan op 3000 meter hoogte redelijk nat en koud zijn, dus neem naast water en zonnebrandcrème ook warme kleding en regenkleding mee.

Bus: bussen naar Guatavita (9000 peso's, 1,5 uur) komen langs Portal del Norte, de laatste halte van TransMilenio-lijn B74 (vertrek van Las Aguas of Universidades, deze twee stations liggen dicht bij elkaar en zijn verbonden via een ondergrondse voetgangerstunnel). Wacht langs de weg in noordelijke richting op een bus met 'Guatavita' achter de voorruit, u kunt de bus stoppen door uw hand op te steken. De eindhalte is het centrale plein van Guatavita, vanaf daar vertrekken er colectivo's (7000 peso's) naar de ingang van Parque Natural Laguna de Guatavita, of anders kunt u een taxi nemen.

Natuurgebieden in de buurt van Bogotá

Wie een miljoenenstad bezoekt, denkt wellicht niet direct aan natuurschoon en sportieve buitenactiviteiten, maar in de buurt van Bogotá liggen verschillende natuurreservaten en uitgestrekte en sprookjesachtige nationale parken, een fantastische manier om meer te zien van het Andesgebergte.

Parque Nacional Natural Chingaza ▶ K/L 14/15

parquesnacionales.gov.co, toegang 51.500 peso's

Dit uitgestrekte nationale park op twee uur rijden ten noordoosten van Bogotá – met de vorm van een vlinder – is de belangrijkste waterbron voor Bogotá. In dit regenachtige gebied vol stuwen gletsjermeren, hoogvlaktes en een prachtige páramo, leven veel endemische flora- en faunasoorten, zoals brilberen, witstaartherten, andescondors, toekans, poema's, jaguars en verschillende soorten apen.

Tourorganisaties

Een aanbevolen tourorganisatie in Bogotá voor een bezoek aan PNN Chingaza is **Andes EcoTours:** tel. 310 559 9729, andesecotours.com. Deze organiseert ook vogelexcursies in natuurreservaten en paardrijtochten in de buurt van La Calera. PNN Sumapaz, met het grootste páramo-ecosysteem ter wereld, is momenteel gesloten voor publiek, maar het nationale park beslaat slechts een deel van Sumapaz en met Andes EcoTours kunt u een wandeltocht maken door een natuurreservaat aan de rand van het park.

Favoriet

Páramo van Chingaza ▶ K/L 14

Meer dan tienduizend jaar lang was
het hooggebergte waar nu het Parque
Nacional Natural Chingaza ligt het
leefgebied van de Muisca, voor wie
de meren, rotsen en toppen heilige
plekken waren. In sommige delen
van het park kunt u hun oude paden
bewandelen. Zie voor meer informatie
blz. 101.

IN EEN OOGOPSLAG

Boyacá, Santander en Norte de Santander

Hoogtepunten ✳

Barichara: in het adembenemende berglandschap van Santander ligt Barichara, misschien wel het mooiste koloniale stadje van Colombia. Zie blz. 118.

Op ontdekkingsreis

Boyacá verkennen: stap in de auto en leer enkele karakteristieke dorpjes in het departement Boyacá beter kennen. Zie blz. 112.

De Camino Real: deze makkelijke wandeling van Barichara naar Guane is een aangename manier om meer te zien van de natuurlijke omgeving van Barichara (en om mooie vogels te spotten). Zie blz. 122.

Cultuur en bezienswaardigheden

De dinosaurus van Villa de Leyva: in de buurt van het dorpje vond een boer dit indrukwekkende fossiel van een kronosaurus. Zie blz. 108.

Actief

Abseilen van een waterval: glijd langs een touw naar beneden van de imponerende waterval van Juan Curi (net als de kandidaten in *Wie is de Mol?*). Zie blz. 116.

Raften in San Gil: avontuurlijke sporters kunnen terecht in San Gil, waar u zo ongeveer alle adrenalinesporten kunt beoefenen die u kunt verzinnen. Zie blz. 117.

Sfeervol genieten

Monguí: dit mooie koloniale dorpje wordt door veel toeristen (volkomen onterecht) overgeslagen. Zie blz. 110.

Villa de Leyva: deze prachtige pueblo in de bergen van Boyacá is een heerlijke plek om doelloos rond te dwalen. Zie blz. 107.

Hotel Casa Terra: een elegant hotel in Villa de Leyva. Zie blz. 108.

Het hart van Colombia

De departementen Boyacá, Santander en een deel van Norte de Santander beslaan het Andesgebergte ten noorden van Bogotá. In de precolumbiaanse tijd was dit het terrein van de Muisca en het was een van de eerste gebieden in Colombia waar de kolonisten zich vestigden. Hier vindt u idyllisch gelegen, prachtig bewaarde koloniale stadjes, weidse uitzichten over bergvalleien en diepe kloven, ezels die voor de kroeg staan geparkeerd en de mooiste lamswollen ruana's. Boyacá was bovendien het toneel van belangrijke gevechten in de Colombiaanse onafhankelijkheidsstrijd, wat dit gebied tot het kloppende historische hart van Colombia maakt.

Maar niet alleen op cultureel-historisch vlak heeft deze bestemming veel te bieden, ook als het gaat om natuur valt er genoeg te zien en vooral ook te beleven. In Boyacá ligt het wonderschone Parque Nacional Natural El Cocuy met maar liefst vijftien pieken boven de 5000 meter. Wie van adrenalinesporten houdt, kan terecht in San Gil in Santander, een stadje dat zich niet voor niets 'La Tierra de Aventuras' noemt, het land van de avonturen.

Boyacá

In 1819 werd in de hooglanden van Boyacá gestreden om de Colombiaanse onafhankelijkheid. Simón Bolívar en zijn manschappen hadden Venezuela inmiddels bevrijd, maar het grootste deel van Nieuw-Granada was nog in Spaanse handen, en dus trok Bolívar

INFO

Internet
Boyacá: boyaca.gov.co
Santander: santander.gov.co
Norte de Santander:
nortedesantander.gov.co

Vervoer naar Boyacá, Santander en Norte de Santander

Vliegtuig naar Santander en Norte de Santander: Avianca, LATAM en VivaAir vliegen dagelijks vanuit Bogotá naar Bucaramanga (BGA, Aeropuerto Internacional Palonegro, tel. 7 69 10140, bga.aerooriente.com.co) en Cúcuta (CUC, Aeropuerto Camilo Daza, cuc.aerooriente.com.co). Easyfly vliegt direct tussen Cartagena en Cúcuta. Avianca, Easyfly en LATAM vliegen direct van Cartagena naar Bucaramana, Avianca ook vanaf Santa Marta.

Bus naar Boyacá, Santander en Norte de Santander: de regio's ten noorden van Bogotá zijn heel goed te bereiken per bus vanaf de Terminal del Norte in Bogotá. Er zijn zelfs enkele directe bussen per dag naar Villa de Leyva, of u kunt een van de vele bussen naar Tunja nemen (3 uur) en daar overstappen op het lokale busje naar Villa de Leyva. Voor Santander en Norte de Santander: vanuit Bogotá gaan er zeer regelmatig directe bussen naar San Gil (7,5 uur) en Bucaramanga (10 uur). U kunt ook per bus in Bucaramanga komen vanuit Cartagena (20 uur), Cucutá (5 uur), Medellín (8 uur) en Santa Marta (10 uur). Een busreis vanuit Bogotá naar Cúcuta duurt ongeveer 15 uur. Er zijn vliegvelden in Tunja en Paipa, maar die worden zelden gebruikt.

vanuit Venezuela het Andesgebergte in, op weg naar Bogotá. De Spanjaarden stuurden versterking naar de slecht bewaakte hoofdstad, maar Bolívar onderschepte de Spaanse troepen op 25 juli in de buurt van Paipa. In de Slag om het Vargasmoeras die volgde wist hij nipt te winnen van de Spaanse loyalistische troepen.

In Tunja versterkte Bolívar zijn leger. De Spanjaarden stuurden manschappen noordwaarts om de Puente de Boyacá (de brug over de Río Teatinos) te verdedigen en zo te voorkomen dat Bolívar door kon stomen naar Santafé de Bogotá. Maar in de beroemde Slag om Boyacá versloeg Bolívar met behulp van Francisco de Paula Santander de Spanjaarden definitief. Drie dagen later marcheerde Bolívar zonder enige weerstand Bogotá binnen. Zijn winst in de Slag om Boyacá wordt beschouwd als het cruciale moment in de onafhankelijkheidsstrijd van noordelijk Zuid-Amerika, en Boyacá staat bekend als *la tierra donde nació Colombia*: het land waar Colombia werd geboren.

Colombiaanse toeristen die Boyacá bezoeken, stoppen vaak ook even bij de monumenten die zijn opgericht ter herinnering aan de onafhankelijkheidsstrijd, zowel bij het gigantische **Monumento a los Lanceros** (gemaakt door Rodrigo Arenas Betancourt) in de buurt van Paipa als bij de reconstructie van de **Puente de Boyacá** (een teleurstellend klein bruggetje).

Villa de Leyva ▶ L 13

Het hooggelegen Villa de Leyva (2144 m) is misschien wel het mooiste koloniale dorpje van Boyacá, en volgens sommigen zelfs van heel Colombia. Niet voor niets werd het in 1954 tot nationaal monument verklaard. De Spanjaard Hernán Suárez de Villalobos stichtte Villa de Leyva in 1572 en vernoemde het naar de eerste regent van Nieuw-Granada, Andrés Díaz Venero de Leyva. De koloniale charme van het bergdorp is bewaard gebleven: de kasseienstraten, de witgeschilderde huizen met de houten balkons, de binnenplaatsen. Om zijn schoonheid en zijn ligging op zo'n drie uur rijden van Bogotá is Villa de Leyva uitgegroeid tot een populaire bestemming voor weekendjes weg. Doordeweeks is het er dan ook aanmerkelijk minder druk.

Vooral het Plaza Mayor, het centrale plein, dat geheel is bedekt met flinke kasseien, maakt indruk. Het meet maar liefst 14.000 m² en is daarmee het grootste dorpsplein in Colombia en zelfs een van de grootste in Zuid-Amerika. Eromheen staan prachtige koloniale huizen met de traditionele balkons en in het midden van het uitgestrekte plein bevindt zich slechts een simpele fontein, waar de bewoners van Villa de Leyva eeuwenlang hun water haalden.

Het idyllische plaatje wordt afgemaakt door het omringende landschap: de bergtop die herrijst achter het dorp, de bomen vol Spaans mos, de uitgestrekte bergflanken die dienstdoen als landbouwgrond ... De vallei waarin het dorp zich bevindt, lag in het mesozoicum en het krijt onder de zeespiegel. Uit die periodes zijn ontelbare fossielen gevonden, die soms zelfs zijn terug te zien in de stenen die zijn gebruikt voor muren en vloeren van huizen.

Bruidskussen

U ziet ze overal in Villa de Leyva liggen, verpakt in felgekleurde papiertjes: *besos* (of *besitos*) *de novia*, een lokale zoetigheid. Het snoepgoed is wit van kleur en doet denken aan meringue. De kusjes worden gemaakt van onder meer ei, maizena en suiker.

Museo del Carmen

Calle 14 #10-53 (Plazuela del Carmen), za, zo, feestdagen 9-17, tel. 8 732 0262, toegang 7000 peso's

Een bezoek aan dit museum, dat bestaat uit zes vertrekken rondom een lieflijke patio, is een must voor liefhebbers van religieuze kunst. Het huisvest een van de beste collecties van Colombia. U vindt er talloze kunstwerken – onder meer schilderijen, altaarstukken en houten iconen – die teruggaan tot de 16e eeuw.

Museo El Fósil

KM 4 Vía a Santa Sofía (richting Moniquirá), dagelijks 9-17, tel. 312 580 1158, toegang 8000 peso's

In 1977 vond een boer uit Moniquirá tijdens het werk op zijn land een enorme steen. Al snel besefte hij dat het niet zomaar een steen was, maar een fossiel. Na archeologische opgravingswerkzaamheden bleek het onderdeel te zijn van een bijna compleet kronosaurus-skelet uit het vroeg-krijt (de kronosaurus was een gigantisch vleesetend zeereptiel). De boeren uit de omgeving namen vervolgens het initiatief tot de oprichting van een fossielenmuseum op de plek waar de kronosaurus werd gevonden. Daar kunt u het fossiel nu in volle glorie bewonderen.

Centro de Investigaciones Paleontológicas (CIP)

KM 4 Vía a Santa Sofía (richting Moniquirá), ma, wo, do 9-12, 14-17, vrij-zo 9-16, tel. 314 219 2904, toegang 9000 peso's

Tegenover Museo El Fósil bevindt zich een archeologisch onderzoekscentrum. Hier zijn bijna vijfhonderd fossielen uit het krijt te bezichtigen: veel ammonieten, maar ook enkele spannender dieren, waaronder prehistorische zeeschildpadden. Het centrum heeft een nagebouwd opgravingsterrein waar kinderen archeoloogje kunnen spelen (toegang 5000 peso's).

Estación Astronómica Muisca (El Infiernito)

KM 6 Vereda Moniquirá, di-zo 9-17, tel. 8 770 3132, tour (in het Spaans) van 30 minuten verplicht, toegang 8000 peso's

De Muisca gebruikten astronomie als gids voor hun landbouwkalender. Veel van hun astronomische stations zijn gedurende de kolonisatie verwoest door de Spanjaarden, maar in de buurt van Villa de Leyva is een van hun zonneobservatoria bewaard gebleven. Het bestaat uit meer dan honderd in rijen opgestelde stenen zuilen; de Muisca bepaalden aan de hand van de lengte en richting van de schaduwen wanneer het tijd was om te zaaien. Het observatorium wordt ook El Infiernito genoemd (de kleine hel), en dat heeft alles te maken met de vondst van dertig grote fallische zuilen, die de Spanjaarden zo aanstootgevend vonden dat ze de plek met de hel vergeleken.

Overnachten

Charmant en centraal – **Hotel Casa Terra:** Calle 11 #6-40, tel. 311 3441033, hotelcasaterra.com. Op slechts 350 meter van het Plaza Mayor, in een stijlvol ingericht en prachtig gerenoveerd koloniaal pand met een grote buitenruimte. Fijn familiehotel – **Villa del Angel:** Calle 9 #11-52, tel. 311 281 7201, hotelvilladelangel.com. Alles is perfect in dit schone en vriendelijke familiehotel: de bedden zijn groot, de lakens fris, de douche is warm en bij het ontbijt hebt u de keuze uit meerdere opties, die ter plekke voor u worden bereid. Budget – **Hostal Renacer:** Carrera 10 #21, tel. 310 552 9079, colombianhighlands.com. Deze finca ligt op 20 minuten lopen van het Plaza Mayor, omgeven door groen. Een heerlijke plek om helemaal tot rust te komen. Eigenaar Oscar Gilède is bioloog, spreekt Engels en werkt als gids (meer informatie vindt u op de website).

Eten en drinken

In de mooie, prachtig gerestaureerde koloniale villa **Casa Quintero** (op de hoek van Carrera 9 en Calle 12, aan het Plaza Mayor) bevinden zich talloze restaurantjes, sommige met een terrasje op een van de knusse patio's. Twee vergelijkbare panden zijn **Casona La Guaca** (Carrera 9 #13-57) en **Casa de Juan de Castellanos** (Carrera 9 #13-15), hier vindt u vooral toeristische winkeltjes en cafés.

Koreaans – **Comida Coreana:** Carrera 7 #11, tel. 320 285 5755. In dit piepkleine restaurantje maakt een Koreaanse kok de lekkerste gerechten voor u klaar, geserveerd met zeewiersoep en kimchi.

Houtoven – **La Maria Bistro:** Casa Nariño, Local 2 (aan Parque Nariño), tel. 321 201 5556. Lekker eten in een knusse setting, de pizza's (en enkele andere gerechten) worden bereid in een houtoven. Ook goede vegetarische opties.

Actief

Villa de Leyva is een zeer toeristisch dorp en om die reden is er een groot aanbod aan activiteiten en georganiseerde tours, te boeken bij uw accommodatie of bij de agentschappen zelf (zie bijvoorbeeld colombianhighlands.com). Paardrijden is hier populair en dat geldt ook voor mountainbiken: u bevindt zich in de streek van Nairo Quintana, een van Colombia's succesvolste wielrenners van de laatste jaren (de kleine klimmer komt uit Cómbita, hemelsbreed slechts 23 kilometer verderop). Voor georganiseerde mountainbiketochten en fietsverhuur kunt u terecht bij **Ciclotrip** (Carrera 9 #14-101, ciclotrip.com).

Het Plaza Mayor van Villa de Leyva

Informatie en vervoer

Toeristenbureau: Carrera 9 #13-04, maza 8-12 en 14-18, zo 9-17, tel. 8 732 0232.
Bus: er vertrekken een paar keer per dag directe bussen vanuit Bogotá (Salitre of Terminal del Norte) naar de Terminal de Transporte in Villa de Leyva (op loopafstand van het centrum). Een andere optie is om op het busstation van Tunja over te stappen op een busje naar Villa de Leyva (elke 15 min, 45 min). Ook voor veel andere bestemmingen (bijvoorbeeld San Gil) moet u eerst naar Tunja. Taxi's vindt u in Villa de Leyva op het busstation.

Monguí ▶ M 13

Monguí (5000 inwoners, gelegen op 2900 m) is veel minder bekend (en dus veel minder toeristisch) dan Villa de Leyva, maar dat is volkomen onterecht. Wat koloniale schoonheid betreft zijn de twee plaatsjes zeker aan elkaar gewaagd. Monguí werd gesticht in 1601 en is een charmant dorp. U vindt er kasseien, een mooi Plaza Principal en witgeschilderde huisjes met groene accenten en rode daken. Een van de meest indrukwekkende gebouwen van Monguí is het Convento de los Franciscanos, het grote Franciscaanse klooster, gelegen aan het plein.

Het kleine Monguí is wereldberoemd (in bepaalde kringen althans) door een opmerkelijk lokaal product: de voetbal. De economie van het dorp draait voornamelijk om de productie van allerhande ballen en een aanzienlijk deel van de voetballen die worden verkocht in Colombia, wordt gemaakt in Monguí. Er is zelfs een Museo del Balón (in Calle 4, aan het Plaza Principal) waar u meer kunt leren over het ambachtelijke productieproces.

Op ballen, charmante straatjes en pleinen en het klooster na heeft Monguí weinig te bieden als het gaat om bezienswaardigheden, maar dat maakt de omgeving ruimschoots goed: het is dé toegangspoort tot de prachtige páramo van Ocetá.

Het Plaza Principal van Monguí

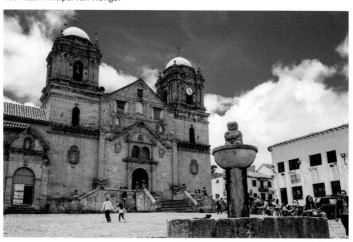

Convento de los Franciscanos, Basilica de Nuestra Señora de Monguí, en het Museo de Arte Religioso

Plaza Principal, di-vrij 10-12, 14-16.30, za, zo 9-16.30, toegang 12.000 peso's

Alle bezienswaardigheden van Monguí zijn verzameld in dit enorme Franciscaanse kloostercomplex in Romaanse stijl, dat werd gebouwd in de 17e en 18e eeuw (om precies te zijn tussen 1694 and 1760). Het complex, opgetrokken uit roodkleurig steen, omvat onder meer de basiliek van Monguí en een museum met religieuze kunst met werk van onder meer Gregorio Vásquez.

Overnachten

Aan het centrale plein – **Monguí Plaza Hotel:** Carrera 4 #4-13, tel. 321 429 4772. Charmant hotel gelegen aan het Plaza Principal, met zeer vriendelijke medewerkers en fijne, warme douches.

Pension – **Hospedaje Villa de Monguí:** Calle 5 #4-68, tel. 300 850 8189. Dit pension met comfortabele bedden ligt vlak bij het Plaza Principal. Gasten kunnen ontbijten bij een café op het plein.

Eten en drinken

Colombiaans met een mooi uitzicht – **La Casona:** Carrera 4 #3-41, tel. 311 237 9823. Dit restaurant heeft veel traditionele gerechten op de kaart staan (en geeft daar soms een creatieve draai aan) en maakt gebruik van lokale ingrediënten. De *trucha* (forel) is een aanrader. De bediening is niet altijd even snel, dus houd rekening met wachttijden.

Italiaans – **DiPisa Gourmet:** Carrera 3 (na de Puente Calicanto), tel. 321 430 3889. Goede pizza's en pasta's en fantastische crêpes. Ook een aantal vegetarische opties.

Tip

Blauwe minimeertjes

Het kan best koud zijn op hoogte, maar op zonnige dagen is de temperatuur in en rondom Villa de Leyva aangenaam genoeg voor een duik in een van de helderblauwe *pozos azules* (10 minuten rijden van Villa de Leyva, toegang 10.000 peso's). Meer informatie vindt u op pozosazules.com.co.

Café met karakter – **La Gloria Café Vintage:** Carrera 3 #1-57, tel. 320 357 6975. Het leukste café van Monguí, met kunst aan de muur, zeer vriendelijke bediening en lekkere, met veel zorg bereide drankjes en hapjes. Ze maken een heerlijke *limonada de coco*.

Actief

Monguí is de toegangspoort tot de spectaculaire páramo van Ocetá. Een aanbevolen gids is Maria van **Maria Tours** (Carrera 3A #5-56, tel. 313 479 8492). U kunt ook een gids regelen bij het toeristenbureau. Een andere goede optie is een tour boeken bij **Monguí Travels** (Calle 5 # 3-56, tel. 313 424 8207, monguitravels.com). Dat organiseert ook andere activiteiten in en rond Monguí, waaronder een mooie mountainbiketocht, rotsklimmen en een bezoek aan een ballenfabriek.

Informatie en vervoer

Toeristische informatie: Calle 5 #3-24, ma-vrij 8-12.30 en 14-18, za, zo 10-12 en 14-16.

Bus: u kunt Monguí bereiken met een busje vanuit Sogamoso (elke 20 minuten).

Hoog in het Andesgebergte – een autorit door Boyacá

In de bergen van Boyacá liggen lieflijke dorpjes met allemaal hun eigen specialiteit op culinair of ambachtelijk gebied. Met de auto kunt u in een dag een paar van die dorpjes bezoeken.

Kaart: ▶ L/M 12/13

Duur: 5 uur
Route: Paipa – Nobsa – Monguí – Laguna de Tota – Ika – Paipa
Overnachten: een goed hotel in Paipa is Hacienda El Salitre (hotelhacienda elsalitre.com). Via boekingswebsites zijn er mooie vakantiewoningen te vinden rond Paipa.

Eten en drinken: u vindt restaurants in de dorpjes, maar het is zeker ook aanbevolen om langs de weg te stoppen bij straatstalletjes die streekspecialiteiten verkopen (proef bijvoorbeeld de *merengón*!).

Van Paipa naar Nobsa

Paipa is een klein stadje van zo'n 30.000 inwoners, gelegen op 2525 meter. Er komen hier weinig toeristen en de inwoners zullen u dan ook nieuwsgierig bekijken (zeker als u blond haar hebt). Paipa staat bekend om de heilzame bronnen en er is een complex met thermale baden op 4 kilometer buiten de stad (parquetermalpaipa.com).

Vanuit Paipa is het ongeveer een half-uur rijden naar Nobsa, de eerste stop op deze route. Er wonen zo'n 6000 mensen in dit vriendelijke koloniale dorpje, dat 'de Colombiaanse wolhoofdstad' wordt genoemd omdat er mooie, handgeweven wollen producten worden gemaakt. Dit is dan ook de perfecte plek om een originele lamswollen ruana te kopen. Hoe klein het ook is, Nobsa heeft nog een specialiteit: houten meubelen. En houdt u van wijn, dan bent u hier al helemaal aan het goede adres. Colombia is niet bepaald een wijnland, maar in Nobsa bevindt zich een van de beste wijngaarden van het land. Marqués de Puntalarga produceert pinot noir en riesling (geopend van 9-20, meer informatie op marquesdepuntalarga.com).

Van Nobsa naar Monguí

Afhankelijk van het verkeer (en eventuele wegwerkzaamheden) rijdt u in een halfuur tot drie kwartier van Nobsa naar Monguí. Meer informatie over dit prachtige plaatsje (en tips voor restaurants) vindt u op blz. 110. Hebt u de tijd, dan is het zeker een aanrader om een of twee nachten in Monguí te verblijven en de páramo van Ocetá te bezoeken.

Door naar Laguna de Tota

Vanaf Monguí is het zo'n anderhalf uur rijden naar Laguna de Tota, het grootste natuurlijke meer van Colombia. Het oppervlak bedraagt meer dan 55 km² en op sommige plekken is het wel 58 meter diep. Een populaire plek aan het meer is Playa Blanca, het witte zandstrand aan de westelijke oever. Zoals zoveel meren in dit gebied was ook het Totameer een heilige plek voor de Muisca. En mocht het een beetje naar ui ruiken: in de omgeving van het meer worden vooral uien geteeld. Rondom het meer, en vooral aan de westoever, bevinden zich hotels en cabaña's.

Van het meer terug naar Paipa, via Iza en het monument

Vanaf het meer is het ongeveer 40 minuten rijden naar Iza, gesticht in 1556. Dit is een authentiek Colombiaans bergdorp met vlak erbuiten een thermaal bad, Piscina Erika. Vervolg de weg naar Paipa via Firavitoba (dus niet via Sogamoso). Op ongeveer een uur van Iza komt u langs het gigantische Monumento a Los Lanceros (zie blz. 107).

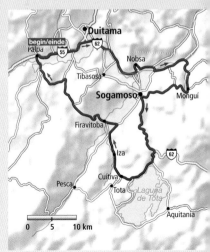

Parque Nacional Natural El Cocuy ▶ N 11/12

De Sierra Nevada del Cocuy ligt in het hoogste deel van de Cordillera Oriental, de oostelijke bergketen van de Colombiaanse Andes. Het Parque Nacional Natural el Cocuy is dan ook een van de spectaculairste natuurgebieden van Colombia. Het beslaat een uitgestrekt berggebied vol gletsjers, meren, watervallen en met maar liefst 22 bergtoppen, waarvan er vijftien hoger zijn dan 5000 meter (en dus besneeuwd). De hoogste, de Ritacuba Blanco, reikt tot 5410 meter.

De beste tijd om dit park te bezoeken, is tussen december en eind februari, wanneer de kans op goed weer het grootst is. Een groot deel van het park is echter afgesloten voor toeristen en bezoek is aan strenge regels gebonden. Dat heeft vooral te maken met de eisen van de inheemse U'wa, die in dit gebied wonen. Om besmetting van hun drinkwater te voorkomen is het verboden om de sneeuw aan te raken en daarom blijven alle bergtoppen buiten bereik. Na onderhandelingen met de U'wa werd ook een populaire wandelroute door het oostelijk deel van het park definitief gesloten, en overnachten in het park is niet langer toegestaan (u kunt nog wel verblijven op boerderijen en in hutten).

Op dit moment zijn drie wandelroutes (*senderos*) in het westelijk deel van het park nog toegankelijk.

Sendero Ritacuba

5 km, het beste bereikbaar vanuit Güicán. Voert tot aan de rand van de gletsjer van de Pico Ritacuba Blanco.

Sendero Laguna Grande

9,4 km, het beste bereikbaar vanuit El Cocuy. Voert van La Cuchumba naar de rand van de gletsjer van Pico Cóncavo.

Sendero Lagunillas-Púlpito

4,5 km, het beste bereikbaar vanuit El Cocuy. Voert van cabañas Sisuma langs Hotelito naar de rand van de gletsjer van de Pico Púlpito del Diablo.

U kunt een (verplichte) gids huren via de **Asociación de Guías de Güicán y Cocuy** (Aseguicoc): tel. 314 252 8977, aseguicoc@gmail.com. Boekt u liever een georganiseerde (meerdaagse) tour door het park, dan kunt u terecht bij Rodrigo Arias van **Colombia Trek**: tel. 320 339 3839, colombiatrek.com. Hij spreekt ook Engels.

Wilt u een van de wandelingen maken, dan moet u zich een dag van tevoren registreren en verplicht een noodhulpverzekering afsluiten bij een van de volgende kantoren:

Kantoor in El Cocuy: Calle 5 #4-22, tel. 098 789 0359, ecoturismococuy@ parquesnacionales.gov.co, geopend ma-zo 7-11.45 en 13-16.45.

Kantoor in Güicán: Transversal 4A #6-60, tel. 098 7897280, geopend ma-zo 7-11.45 en 13-16.45.

Parque Nacional Natural El Cocuy

Overnachten

Voor toegang tot het park kun u het beste verblijven in El Cocuy of Güicán, en het is aan te raden om daar minstens één nacht van tevoren te slapen, zodat u kunt wennen aan de hoogte.

El Cocuy is de leukste plek voor een overnachting, het is een mooi koloniaal dorpje en er zijn een paar restaurants. Güicán is minder idyllisch, maar ligt dichter bij het park én er heeft een religieus wonder plaatsgevonden, dat de inheemse U'wa ertoe bewoog zich te bekeren tot het christendom (zie kader rechts). U kunt er een wandeling maken naar El Peñón de los Muertos (het begin van het pad bevindt zich aan het einde van Carrera 4, het is ongeveer 2 uur lopen naar de top).

El Cocuy

Charmant – **Hotel San Gabriel:** Calle 8 #2-55, tel. 320 984 3629. Mooi onderhouden koloniaal pand op een goedc locatie. Schoon en vriendelijk.

Vriendelijke gastvrouw – **Hostal El Caminante:** Carrera 4 #7-30, tel. 311 885 4263. Marta zorgt ervoor dat haar gasten niets tekort komen en heeft veel goede tips voor de wandelroutes.

Güicán

Simpel maar goed – **Hotel Casa del Colibri:** Calle 2 #5-19, tel. 312 505 2017, hotelcasadelcolibri.com. Ruime kamers in een koloniaal pand met een fijne binnenplaats vol groen. Er is ook een restaurant.

Haciënda en cabaña's

U kunt er ook voor kiezen te overnachten aan de rand van het park. Een aantal goede opties:

Hacienda La Esperanza: boerderij op drie uur lopen van Güicán, een goede uitvalsbasis voor de Sendero Laguna Grande, tel. 320 328 1674, haciendalaesperanza@gmail.com.
Kabañas Kanwara: aan de noordzijde van het park, vijf uur lopen van Güicán, tel. 311 237 2660, kabanaskanwara@gmail.com.

Informatie en vervoer

Toeristische informatie El Cocuy: Carrera 4 #8-36, dagelijks 9-12 en 12-17.
Bus: er gaan zes bussen per dag naar El Cocuy en Güicán vanuit Bogotá (14 uur) en Tunja (11 uur). Tussen El Cocuy en Güicán rijdt drie keer per dag een bus.

Het mirakel van Güicán

De Spaanse conquistadores troffen nogal wat weerstand van de U'wa toen zij eind 17e eeuw hun leefgebied binnendrongen en trachtten dit inheemse volk tot het christendom te bekeren. Toen U'wa-leider Güicány besefte dat hij de strijd tegen de Spanjaarden niet zou winnen, leidde hij zijn mensen naar een klif, waar ze vanaf sprongen – ze verkozen de dood boven een leven als ondergeschikten van de Spanjaarden. De klif wordt nu El Peñón de los Muertos genoemd, de rots van de doden. De vrouw van Güicány, Cuchumba, sprong niet omdat zij zwanger was. Samen met de andere overlevenden vluchtte zij en verstopte zich in een grot. Daar verscheen op 26 februari 1756 de maagd Maria op een doek. Ze had een donkere huid en inheemse trekken, net als de U'wa. Deze wonderlijk verschenen Virgen Morenita bewoog de U'wa ertoe zich alsnog te bekeren tot het Christendom. De Virgen Morenita bevindt zich nu in de Iglesia de la Nuestra Señora de la Candelaria aan het Parque Principal.

Santander

Het departement Santander ligt in de Cordillera Oriental en is daarom gezegend met een spectaculair landschap vol bergen, diepe kliffen, snelstromende rivieren en watervallen. Dit maakt het gebied bij uitstek geschikt voor avontuurlijke buitensporten en het stadje San Gil noemt zich dan ook de 'avontuurhoofdstad' van Colombia. Veel bomen in deze regio zijn 'behangen' met Spaans mos, dat in het Spaans *barba de viejo* (oudemannenbaard) wordt genoemd, en inderdaad doet het mos denken aan grijze baarden.

Voordat de Spanjaarden het gebied koloniseerden was Santander het terrein van verschillende inheemse volken, waaronder de Muisca, de Chitareros en de Guanes. Zij verbouwden op terrassen in de bergen onder meer mais, bonen, cassave, katoen (voor kleding), tabak, tomaten, ananas en guave en hadden een irrigatiesysteem ontwikkeld. Ze gebruikten ovens om keramiek te maken; om dat ambacht staat Santander nog altijd bekend.

Spaans mos

De hoofdstad van Santander is Bucaramanga, een levendige stad waar zo'n 500.000 mensen wonen. Ook een van de mooiste koloniale stadjes van Colombia, Barichara, bevindt zich in dit departement.

San Gil ▶ L 11

Wie van avontuurlijke sporten houdt, is in San Gil op zijn of haar plek. Door de ligging in het bergachtige gebied vol steile kliffen en rivieren is dit dé plek in Colombia om te raften, tokkelen, abseilen, paragliden of bungeejumpen. Daarnaast heeft San Gil een mooi natuurreservaat, Parque El Gallineral, dat een sprookjesachtig tintje heeft door de vele bomen vol Spaans mos.

San Gil is vooral aantrekkelijk door het spektakel dat de omliggende natuur te bieden heeft. De stad zelf zou nooit een schoonheidsprijs winnen, maar de vriendelijke inwoners maken het gebrek aan charme meer dan goed.

Parque El Gallineral

Carrera 11 (Malecón) tegenover Calle 6, dagelijks 8-18 (toegang tot 17), tel. 7 723 7342, toegang (met/zonder zwembad) 6000/10.000 peso's
Dit park van vier hectare ten zuiden van de stad bevindt zich op een eilandje tussen de Río Fonce en de Quebrada Curití en wordt daarom ook wel Bella Isla genoemd. Er zijn verschillende wandelpaden door de bossen en mooie overdekte bruggen over de vele stroompjes. Het park is een goede plek om eekhoorns, iguana's, vogels en vlinders te spotten. U kunt een verfrissende duik nemen in een van de twee zwembaden.

Cascadas de Juan Curi

KM22 op de weg naar Charalá, geopend 7.30-16.30, halte 'Las Cascadas', toegang rond de 10.000 peso's

De imposante, 180 m-hoge Juan Curi-waterval ligt circa een halfuur van San Gil en is een mooie bestemming voor een dagtochtje. Voor toegang tot de wandelpaden naar de waterval (een mooie wandeling door de jungle van ongeveer een kilometer) meldt u zich bij een van de twee boerderijen, Donde Efigenia of Parque Ecológico de Juan Curi (lascascadasdejuancuri.com). U kunt zwemmen in het meertje onder aan de waterval. Parque Ecológico de Juan Curi biedt naast toegang tot het wandelpad ook diverse activiteiten aan, zoals abseilen (van 80 of 130 meter) en paardrijden.

Overnachten

Fijn boetiekhotel – **Meraki Boutique Hostel:** Carrera 13 #12-103, tel. 315 837 3529: Klein, smaakvol ingericht hotel met schone kamers en zeer comfortabele bedden. Sommige kamers hebben een mooi uitzicht over de stad en de omliggende bergen.

Centraal gelegen – **Hostal La Casona de Don Juan:** Carrera 10 #10-80, tel. 316 487 7064, lacasonadonjuan.com. Vlak bij het centrale plein van San Gil ligt dit vriendelijke hostel met fijne gemeenschappelijke ruimtes en naast een slaapzaal ook een paar tweepersoonskamers, al dan niet met eigen badkamer. Eigenaar Juan en zijn medewerkers zullen er alles aan doen om uw verblijf op rolletjes te laten verlopen.

Hostel – **Traveler Hostel:** Carrera 8 #14-62, tel. 302 206 4223, travelerhostel.com. Het fijnste hostel van San Gil, met een goede sfeer, vriendelijke en behulpzame mensen en een uitgebreid aanbod aan avontuurlijke activiteiten, waaronder raften en bungeejumpen.

De beste adresjes voor een adrenalinekick

Abseilen
Páramo Santander Extremo: tel. 7 725 8944, paramosantanderextremo.com.

Bungeejumpen
Colombia Bungee Jumping: KM2 vía San Gil-Charalá, tel. 300 770 9700, bungee.co.

Canyoning
Ecolombia Experience: hoek Carrera 11 en Calle 8, tel. 314 468 2456, sangildeportesextremos.com.
San Gil Extremo: Calle 7 #10-26 (3e verdieping), tel. 7 724 8028, sangilextremo.com.co.

Caving
Páramo Santander Extremo: tel. 7 725 8944, paramosantanderextremo.com.

Gua-iti Aventura (in Curití): tel. 312 421 7948, guaitiaventurasinlimite. business.site.

Mountainbiken
Colombian Bike Junkies: KM1 vía San Gil-Charalá, tel. 316 327 6101, colombianbikejunkies.com.

Paragliden
Nativox: Carrera 11 #7-14, tel. 7 723 9999 / 315 842 2337.

Raften en kajakken
Aventura Total: Calle 7 #10-27, tel. 7 723 8888, aventuratotal.com.co.
Colombia Rafting Expeditions: Carrera 10 #8-27, tel. 311 291 2870, colombiarafting.com.

Eten en drinken

Mexicaans en Noord-Amerikaans – **Gringo Mike's:** Calle 12 #8-35, tel. 7 724 1695, gringomikes.net. Zoals de naam al doet vermoeden, serveert dit restaurant gringo-gerechten, maar wel zeer smaakvolle – de hamburgers zijn een aanrader, en er is ook genoeg keus voor vegetariërs. Bewaar ruimte voor het enorme, versgebakken chocolate-chipcookie met vanille-ijs.

Italiaanse pizza – **Cafe Europa:** Carrera 8 #11-06, tel. 310 417 1634. Pizzaliefhebbers die het zwaar hebben in Colombia kunnen hun hart ophalen in dit piepkleine, knusse restaurantje dat fantastische pizza's (en tiramisu!) serveert.

Grote porties – **Meson del arriero:** Calle 12 #8-39, tel. 5 7724 3954. Dit kleine restaurantje (naast Gringo Mike's) in San Gil is een goede keus voor wie gerechten uit de Colombiaanse keuken wil proeven (grote porties voor een kleine prijs).

Informatie en vervoer

Toeristische informatie: Carrera 11 tussen Calle 6 en 7, dag. 9-13 en 14-17.
Website: sangil.com.co
Bus: San Gil heeft twee busstations, een groot Terminal de Transporte buiten de stad en een kleinere ('Terminalito') in het centrum. Er rijden regelmatig bussen tussen de twee terminals. Bussen naar Bucaramanga, Bogotá en Tunja vertrekken van de grote Terminal de Transporte; bussen naar Barichara, Curití en Charalá van de Terminalito.

Parque Nacional del Chicamocha ▶ M 11

KM54 vía Bucaramanga-San Gil, wo-vrij 10-18, za, zo 9-19, tel. 7 678 5000, parquenacionaldelchicamocha.com, toegang vanaf 25.000 peso's

Tussen San Gil en Barichara ligt de 227 kilometer lange Cañón del Chicamocha, een diep ravijn dat is uitgesleten door de Río Chicamocha – op het diepste punt bedraagt de afgrond maar liefst twee kilometer. Deze prachtige plek vol indrukwekkend natuurschoon is de moeite van een bezoekje waard, maar daarvoor hoeft u niet per se het Parque Nacional del Chicamocha te bezoeken. Anders dan de naam doet vermoeden is dit 'nationale park' namelijk meer een pretpark dan een natuurpark. Vindt u het leuk het ravijn al tokkelend te bewonderen, of vanuit een *extreme swing* of kabelbaan van ruim zes kilometer, dan is dit park wél een aanrader. Er zijn ook een paar uitkijkpunten in het park, maar u vindt er bijvoorbeeld geen wandelroutes.

Wilt u wel het uitzicht, maar niet de adrenaline, dan kunt u ook gewoon wat drinken of eten bij het restaurant naast de ingang en vandaar het ravijn bewonderen.

Barichara ✳ ▶ L 11

Barichara werd in 1705 gesticht door de Spanjaarden en in 1978 uitgeroepen tot nationaal erfgoed. Het is een ontzettend mooi en sfeervol koloniaal stadje (7000 inwoners) dat dankzij die status als nationaal erfgoed in uitstekende staat verkeert.

Barichara is deels opgetrokken uit 'piedra Barichara', de oker- tot roodkleurige steen die in de omgeving wordt gefabriceerd, wat de huizen en straten een bijzonder warme gloed geeft, zeker in de namiddag. De witgeschilderde muren en rode daken maken het plaatje perfect af – niet voor niets zijn hier verschillende films en *telenovelas* (soapseries) opgenomen.

Barichara ligt op 1336 meter hoogte en heeft een zeer aangenaam, gematigd klimaat. De zon schijnt er veel en het regent er zelden. Daarbij is de omgeving rijk aan flora en fauna en indrukwekkende landschappen; het uitzicht op de omliggende Andestoppen en de vallei beneden, waar de Rió Suárez diep in het dal stroomt, is adembenemend. U kunt ervan genieten vanaf verschillende uitkijkpunten langs Calle 1 en Calle 1A.

Catedral de la Inmaculada Concepción

Carrera 7 en Calle 5 (aan het plein), tel. 7 726 7159, dagelijks 7-18.30
Deze indrukwekkende 18e-eeuwse kathedraal, gelegen aan het lommerrijke Parque Principal van Barichara, is volledig opgetrokken uit goudkleurig zandsteen. Bij zonsondergang krijgt de kerk een dieporanje gloed. Het interieur is eenvoudig: de stenen zijn zichtbaar, net als de constructie van het houten dak, wat maakt dat het gouden altaar en de blauwe koepel alle aandacht trekken.

Capilla de Santa Bárbara

Carrera 11 en Calle 6
Wie vanaf het plein de steil omhoog lopende Calle 6 in wandelt, ziet aan het einde van de straat de Capilla de Santa Bárbara liggen, een mooi klein kerkje dat dateert uit de 18e eeuw. Het kerkje is alleen open voor trouwerijen en exposities, dus om het te kunnen bezichtigen

Een van de vele mooie straatjes in Barichara

moet u wat geluk hebben. Heeft u dat, dan kunt u het mooi beschilderde houten altaar bewonderen dat de hele achterwand beslaat.

Fundación San Lorenzo

Carrera 5 #2-88, ma-za 7.30-13, 15-17.30, zo 10-13, tel. 7 726 7234, fundacionsanlorenzo.wordpress. com, toegang 4000 peso's

In dit kleine fabriekje maken alleenstaande moeders biologisch papier van *fique*-planten – het proces duurt vier maanden. Voor een klein bedrag krijgt u een rondleiding en mag u proberen zelf een vel te maken. Er is ook een winkeltje waar de producten (zoals lampen, fotolijsten en opschrijfboekjes) verkocht worden.

Overnachten

Luxe – **Casa Barichara Boutique:** Calle 5 #10-70, tel. 350 786 6140, casabarichara. com. Dit mooie hotel heeft een zwembad (met een prachtig uitzicht op de

bergen), lichte, ruime, schone kamers en serveert een heerlijk ontbijt.
In een historisch pand – **La Mansión de Virginia:** Calle 8 #7-26, tel. 315 625 4017, lamansiondevirginia.com. Sfeervol koloniaal pand met ruime kamers en een mooie patio, vlak bij het centrale plein.
Met terras – **Tinto Hostel:** Carrera 4 #5-39, tel. 7 726 7725, tintohostel.com. Fijn hostel met een creatieve touch in een groot huis; naast slaapzalen zijn er ook een paar tweepersoonskamers. Er is een terras met uitzicht over Barichara.

Eten en drinken

Mediterraans – El Carambolo: Carrera 1 #6-39, tel 313 210 1257, elcarambolo.com. Echt fine dining is het misschien niet, maar El Carambolo komt in de buurt. De veelal Mediterrane gerechten van de kleine kaart worden geserveerd op een terras met prachtig uitzicht.
Vegetarisch en gezond – **Shambalá:** Carrera 7 #6-20, tel. 302 464 9207. Dit

Capilla de Santa Bárbara, Barichara

restaurant is niet alleen een verademing voor de vegetariër, maar ook de vlees- en visliefhebber kan hier lekker eten. De ceviche is een aanrader, net als de smaakvolle linzensalade.

Brood en zoetigheden – **Panaderia Central:** Carrera 6 #5-82 (aan het plein), tel. 320 383 3200. Deze bakker verkoopt lekker brood, allerhande zoete broodjes, koekjes en gebakjes en goede koffie.

Actief

Voor een mooie wandeling die in Barichara begint en eindigt in Guane, zie de ontdekkingsreis op blz. 122.

Informatie en vervoer

Toeristische informatie: Carrera 5 en Calle 9, ma-vrij 8-16, za, zo 7-18
Website: barichara-santander.gov.co
Bus: u kunt Barichara bereiken met de bus vanaf de Terminalito van San Gil (30 min, 5200 peso's), de bushalte van Barichara bevindt zich op het centrale plein. Wilt u vanuit Barichara naar San Gil, dan kunt u een buskaartje kopen bij het kantoor van Cotrasangil aan het plein (Carrera 6 #5-74).

Bucaramanga ▶ L 10

Bucaramanga, sinds 1886 de hoofdstad van het departement Santander, heeft zo'n half miljoen inwoners en is daarmee de negende stad van Colombia. Bucaramanga werd gesticht in 1622, maar de oorspronkelijke koloniale architectuur is amper bewaard gebleven: 'Buca' is een moderne stad vol hoogbouw. En ook vol groen, niet voor niets is zijn bijnaam 'Ciudad de los Parques', de Stad van de Parken. Dat gecombineerd met het feit dat het een echte studentenstad

is, en dus ook in de avonden vol leven, maakt het een aangename plek om te verblijven. Door de ligging op 959 meter hoogte is het er het hele jaar door warm, meestal tussen de 20 en 28°C. Vlak bij Bucaramanga, en net iets hoger in de bergen, ligt het mooie koloniale dorpje Girón.

Het moderne stadscentrum van Buca is Parque de Santander, maar de oorspronkelijke ontmoetingsplaats (in koloniale tijden) was Parque García Rovira. Aan dit palmenrijke plein liggen het regeringsgebouw van Santander en het kantoor van de burgemeester, de geel-witte Iglesia de San Laureano en, op de hoek met Calle 35, de oudste kerk van de stad, de Capilla de los Dolores (uit 1750).

Museo Casa de Bolívar

Calle 37 #12-15, ma-vrij 8-12, 14-18, za 8-12, tel. 7 630 4258, ▷ blz. 125

Tip

Girón ▶ L 10

Op slechts negen kilometer van Bucaramanga (tussen de stad en het vliegveld in Palonegro) ligt het koloniale stadje San Juan de Girón, kortweg Girón. Het werd gesticht in 1631 en heeft in tegenstelling tot Bucaramanga de koloniale charme behouden; in 1963 kreeg Girón de status van nationaal monument. Smalle kasseiwegen, een riviertje dat langs Calle 29 loopt (met vele bruggetjes erover), paardenkarren, witgeschilderde huisjes met rode daken en zwarte deuren... Het is een leuke plek om een paar uurtjes rond te struinen. Er rijden regelmatig (stads)bussen vanuit Bucaramanga naar Girón; een taxi kost rond de 15.000 peso's.
Website: giron-santander.gov.co

Eeuwenoud wandelpad – de Camino Real van Barichara naar Guane

Deze prachtige wandeling van Barichara naar Guane is een aangename manier om kennis te maken met de flora en fauna van Santander.

Kaart: ▶ L 11
Duur: 1,5 tot 2 uur
Beginpunt: Calle 1A, Carrera 10

Vervoer: busjes vanuit Guane naar Barichara vertrekken vanaf het centrale plein (12 bussen per dag tot 17 uur, 20 min, 2400 peso's), vraag bij het winkeltje wanneer de volgende bus gaat
Afstand: 9 kilometer (bergaf)
Eten en drinken: de lokale specialiteit van Guane is *leche de cabra*, geitenmelk

Vertrek uit Barichara

Het beginpunt van deze wandeling bevindt zich tegenover het zandkleurige monument voor Simón Bolívar en is goed aangegeven.

De Camino Real van Barichara naar Guane maakt deel uit van een netwerk van stenen wandelpaden door Santander, aangelegd door de Duitse 19e-eeuwse ingenieur, handelaar en avonturier Georg (Geo) von Lengkerke (1827-1882). Von Lengkerke kwam in 1852 aan in Colombia. De legende wil dat hij op de vlucht was voor de Duitse autoriteiten omdat hij in een duel om een vrouw zijn rivaal had vermoord (uiteraard met een sabel). Eenmaal in Colombia vestigde Von Lengkerke zich in Santander en begon een handeltje in kinaplanten, die kinine bevatten, in die tijd een populair medicinaal (koortsremmend) middel. Daarnaast legde hij zich toe op de ontwikkeling van Santander door middel van de aanleg van wegen en bruggen. Don Gco groeide uit tot een grootgrondbezitter met een reputatie op het gebied van rokkenjagen die nog groter was dan zijn 12.000 hectare land. De voorspoed hield echter niet aan, kinine werd minder populair, zijn kolonisatieproject in de Magdalenavallei mislukte en Don Gco stierf uiteindelijk op 55-jarige leeftijd in zijn villa in Zapatoca. Hij was inmiddels echter wel een volksheld, en in 1977 baseerde de Colombiaanse schrijver Pedro Gómez Valderrama het hoofdpersonage van zijn roman *La otra raya del tigre* op Von Lengkerke. En nog elke dag wandelen tientallen mensen over zijn prachtige paden door Santander.

De wandeling naar Guane begint met een steile afdaling van ongeveer tien minuten. Eenmaal beneden steekt u de weg over en vervolgt u het pad dat licht naar beneden loopt, langs een stenen muurtje. Op de kruising gaat u rechtdoor (de letters 'GN' op de rots

staan voor Guane). Na ongeveer tien minuten steekt u opnieuw de weg over, aan de andere kant loopt het pad kort omhoog, daarna zijn er geen kruispunten meer.

Vogels kijken

De wandelweg naar Guane is relatief kort, maar het uitzicht verandert meerdere malen en zal u geen moment vervelen. Bovendien is de wandeling een perfect moment om vogels te spotten, want er komen in deze streek honderden soorten vogels voor, en langs de route van de Camino Real kunnen ze redelijk ongestoord hun gang gaan. Hebt u interesse in vogels, trek dan dus ruim extra tijd uit voor de wandeling en neem een verrekijker mee. Enkele soorten die u hier kunt waarnemen: kolibri's, spechten, trogons, papegaaien,

tinamoes, toekans, valken en gieren, tirannen (waaronder de rode tiran) en de prachtige hooglandmotmot.

Guane in zicht

Wanneer u ongeveer een halfuur onderweg bent, ziet u aan uw rechterhand Chez Lilia. Als u al toe bent aan een pauze, kunt u hier wat drinken en naar de wc. Zo niet, dan vervolgt u de weg en vindt u ongeveer een halfuur verderop nog een boerderij met een winkeltje. Hier worden ijsjes verkocht en er is een uitkijkpunt met uitzicht over de vallei. Zo'n tien minuten na deze boerderij ziet u Guane voor het eerst liggen, in het dal. Het is dan nog zo'n tien minuten dalen tot u er aankomt. Het plein bevindt zich rechts van u, u kunt de eerste of de tweede straat nemen. Guane is een slaperig dorpje. Het plein wordt gedomineerd door de Iglesia Santa Lucía, die is gebouwd in 1720 en een opvallende open klokkentoren heeft. Verpreid over het plein liggen verschillende rotsen met fossielen erin. Liefhebbers van fossielen kunnen in Guane sowieso hun hart ophalen: er liggen er meer dan tienduizend op u te wachten in het kleine **Museo Arquelógico y Paleontológico** (op het plein, dagelijks 9-12 en 14-18, toegang 2500 peso's). Het museum heeft ook een mummie (700 jaar oud) en (kunst)voorwerpen van de Guane, die in precolumbiaanse tijden in deze streek leefden (en de eersten waren die het pad van Barichara naar Guane uitsleten).

Aankomst in Guane

academiadehistoriadesantander.org, toegang 5000 peso's

Dit mooie koloniale pand heeft twee patio's en negen zalen, deels ingericht met koloniaal meubilair. Er liggen historische voorwerpen uitgestald (zoals wapens en documenten, maar ook pannen...) en de vierde (en interessantste) zaal is gewijd aan de Guane, het volk dat in dit gebied leefde van 500 tot 1500, tot de Spaanse kolonisatie. Naast een verzameling keramiek van de Guanes zijn er ook drie mummies te bezichtigen. In 1828 verbleef Simón Bolívar zeventig dagen in dit huis, vandaar de naam.

Museo de Arte Moderno (MAMB)

Calle 37 #26-16, di-vrij 9-12, 14.30-19, za 10-18, tel. 7 645 0483, museodearte modernodebucaramanga.com, toegang gratis

Dit museum voor moderne kunst heeft regelmatig wisselende exposities en toont vooral werk van lokale kunstenaars.

Overnachten

Luxe met zwembad – **Hotel Dann Carlton Bucaramanga:** Calle 47 #28-43, tel. 7 697 3266, hotelesdann.com. De Dann Carlton-hotels staan garant voor luxe en service tegen een redelijke prijs. De vestiging in Bucaramanga heeft een zwembad op het dakterras – zeer welkom in een warme stad.

Klein boetiekhotel – **Casa Mendoza:** Calle 53 #31-140, tel. 310 254 6763, casamendozahotel.com. Smaakvol ingericht familiehotel met een mooi dakterras op een goede locatie.

Modern – **TRYP:** Carrera 38 #48-66, tel. 7 643 3030, wyndhamhotels.com. Modern hotel met een bar-restaurant en behulpzame receptionisten.

Groot dakterras – **Kasa Guane:** Calle 11 #26-50, tel. 7 657 6960, kasaguane.com. Dit hostel ligt in de universiteitswijk in het westen van Buca en heeft een groot dakterras (met bar). Het werkt samen met de lokale stichting **Goles por la paz** ('doelpunten voor vrede', zie golesporlapaz.org), een sociaal project gericht op kinderen en voetbal – vrijwilligers zijn altijd welkom!

Eten en drinken

Spaans – **Cortés:** Carrera 37 #42-16, tel.310 261 0161, g3co.co. Cortés serveert prachtige, smaakvolle, Spaans/Mediterraans/Colombiaanse gerechten – de tonijntartaar met avocado is een aanrader.

Populair – **La Toscana:** Avenida El Jardin Casa 1A, tel. 313 350 3076, toscanarestaurante.com. Populair restaurant en met reden: het eten is zeker niet authentiek Italiaans, maar wel betaalbaar en lekker.

Winkelen

De specialiteit van Bucaramanga: leer, en in het bijzonder schoenen. In de wijk San Francisco, rond Carrera 21 en 22 en Calle 19 tot 34, bevinden zich veel leerwinkels: dé plek om een leren tas of een paar nieuwe schoenen te scoren.

Actief

Paragliden is populair in Bucaramanga, niet alleen om de uitstekende condities, maar vooral ook om het prachtige uitzicht op de omgeving. Een aanbevolen organisatie is **Colombia Paragliding:** KM2 vía Mesa de Ruitoque, Floridablanca, tel. 312 432 6266, info@colombiaparagliding.com, colombiaparagliding.com.

Informatie en vervoer

Toeristische informatie: op de hoek van Carrera 35A en Calle 49 (in het Centro Comercial Cabecera Etapa IV), dagelijks 10-19.

Taxi: voor een taxirit binnen het centrum betaalt u rond de 6000 peso's.

Vliegveld: Aeropuerto Internacional Palonegro (BGA) ligt 25 kilometer ten westen van Bucaramanga (op een hoog plateau met prachtig uitzicht). Directe vluchten naar Bogotá, Medellín, Cali, Cartagena en Santa Marta. Een taxi naar het vliegveld kost rond de 35.000 peso's; een colectivo naar Parque Santander (Calle 35 #20-23) 12.000 peso's.

Bus: de Terminal de Transporte (tel. 7 637 1000, terminalbucaramanga.com) ligt 4 kilometer ten zuiden van de stad. U betaalt rond de 10.000 peso's voor een taxi naar het centrum; 2100 peso's als u met de bus gaat. Er vertrekken regelmatig bussen naar Barranquilla, Bogotá, Cartagena, Cúcuta, Medellín, San Gil, Santa Marta en Tunja.

Norte de Santander

Op de grens met Venezuela – en op de plek waar de Cordillera Oriental eindigt en overgaat in de laaglanden van Los Llanos – ligt het departement Norte de Santander. Het heeft van alles wat: hoge bergtoppen, hete vlaktes, een hectische stad en idyllische dorpjes. De drukke hoofdstad San José de Cúcuta (700.000 inwoners), gelegen op de landsgrens, is een van de grotere steden van Colombia.

Pamplona ▶ M 10

Tussen heet Bucaramanga en nog heter Cúcuta in ligt, op 2340 meter hoogte, het frisse bergstadje Pamplona: de gemiddelde dagtemperatuur ligt hier rond de 18°C. Pamplona heeft zo'n 59.000 inwoners en is een studentenstad met veel hippe bars en restaurantjes (vooral rond Plazuela Almeyda). Het werd in 1549 gesticht als Nueva

De basiliek op het centrale plein van Girón

Pamplona del Valle del Espíritu Santo en vernoemd naar het Pamplona dat in hedendaags Baskenland ligt. Een deel van het koloniale centrum werd in 1644 en 1875 verwoest door aardbevingen, maar de echte schade werd pas toegebracht in de jaren 90, toen veel oude huizen moesten plaatsmaken voor moderne gebouwen. Vandaag de dag is het centrum van Pamplona dan ook een mix van koloniaal en modern.

Het centrale plein is vernoemd naar María Águeda del Sagrado Corazón Gallardo Guerrero de Villamizar (het plein heet gelukkig gewoon Parque Águeda Gallardo). Op 4 juli 1810 beroofde de 59-jarige Doña Agueda de gouverneur van het Nieuw Koninkrijk Granada van zijn scepter en brak die in tweeën, om zo haar steun te betuigen aan de onafhankelijkheidsstrijders. Naar aanleiding daarvan gaf Bolívar Pamplona de eervolle bijnaam Ciudad Patriota, patriottistische stad. Doña Agueda wordt beschouwd als de enige heldin van de Colombiaanse onafhankelijkheid (maar het is zomaar mogelijk dat andere heroïsche vrouwen simpelweg niet in de geschiedenisboeken zijn opgenomen).

Museo de Arte Moderno Ramírez Villamizar

Calle 5 #5-75, di-za 9-12, 14-17, tel. 7 568 2999, toegang 1000 peso's
Dit museum voor moderne kunst bevindt zich in een pand uit 1549 dat in 1975 tot nationaal monument werd verklaard. Het is een koloniaal architectonisch hoogstandje en alleen daarom al een bezoekje waard (er is een fresco uit de 17e eeuw). Het overgrote deel van de tentoongestelde werken is van de lokale kunstenaar Eduardo Ramírez Villamizar (1922-2004), die veel abstracte schilderijen maakte, maar ook beelden van hout en metaal met geometrische vormen. Ook de as van de kunstenaar bevindt zich in dit museum.

Museo Casa Colonial

Calle 6 #2-56, ma-vrij 8-12, 14-18, tel. 7 568 2043, www.ictpamplona.gov.co, toegang gratis
Dit museum bevindt zich in een van de oudste koloniale panden van Pamplona en toont een ratjetoe aan archeologische vondsten en historische voorwerpen, van fossielen tot speren, van precolumbiaans keramiek tot strijkijzers.

Overnachten, eten en drinken

Hotel met goed restaurant – **El Solar:** Calle 5 #8-10, tel. 7 568 2010. El Solar heeft het beste restaurant van Pamplona. Vooral de ruime kamers op de bovenverdieping zijn een aanrader; ze zijn voorzien van een badkamer, keuken en balkon en zeer comfortabel.
Boetiekhotel –**1549 Hostal:** Calle 8B #5-84, tel. 7 568 0451, 1549hostal.com. Familiehotel met bar en tien (enigszins kleine) kamers in een mooi koloniaal huis.

Dikbilmieren

Dé culinaire specialiteit (of misschien eerder rariteit) van Santander: gefrituurde *hormigas culonas*, dikbilmieren. Voor de Guanes waren deze grote bladsnijdersmieren een belangrijke bron van proteïne en nog altijd wordt geloofd dat de dikke billen van de vrouwelijke mieren (vol eitjes) een positieve uitwerking hebben op de vruchtbaarheid van mán en vrouw; ze zijn dan ook een geliefd huwelijksgeschenk in Santander. De mieren worden (levend) gefrituurd of geroosterd, met wat zout, en verkocht in plastic zakjes als knapperige snacks. De beste maanden om ze te proeven zijn april en mei; dan zijn de mieren op hun verst.

Lekkere vlees- en visgerechten – **La Casona:** Calle 6 #7-58, tel. 7 568 3555, restaurantelacasonadepamplona.com. Klein restaurant met goed eten, vooral de visgerechten zijn een aanrader.

Informatie en vervoer

Toeristische informatie: hoek van Calle 5, Carrera 6, ma-vrij 8-12 en 14-17 **Bus:** de Terminal de Transporte bevindt zich op 750 meter van het plein. Bussen tussen Bucaramanga (4 uur) en Cúcuta (2 uur) stoppen in Pamplona. Ook een aantal bussen per dag naar Bogotá en Santa Marta/Barranquilla.

Playa de Belén ▶ L 8

La Playa de Belén ('het strand van Bethlehem') is een piepklein slaperig dorpje in het noorden van Norte de Santander. Het ligt niet op de toeristische route, maar voor wie van Bucaramanga of San Gil richting Mompós, de Caribische kust of La Guajira reist, is een tussenstop in La Playa de Belén zeker de moeite van de omweg waard. Niet in de laatste plaats om een bezoek te brengen aan de vlakbij gelegen **Área Natural Única Los Estoraques**, een beschermd natuurgebied vol bizarre rotsformaties die nog het meest aan zuilen doen denken. La Playa de Belén zelf bestaat uit slechts drie, maar wel mooie straten, met perfect onderhouden en subtiel gedecoreerde koloniale huisjes. De kans is groot dat u hier de enige toerist bent.

Het park is deels afgesloten voor publiek, maar dat geldt niet voor het gedeelte dat aan La Playa grenst (loop Carrera 3 uit tot de straat overgaat in een onverharde weg, dan is het nog ongeveer 400 meter tot waar het park begint). Een gids is niet verplicht, maar wel aan te raden, al was het maar in verband met de slangen. Veel inwoners van La Playa zijn bereid u tegen een vergoeding of een fooi rond te leiden. Wilt u een dagtocht maken, dan is Alvaro een goede gids (tel. 350 845 5368, 70.000 peso's).

Het is zo'n drie kwartier lopen naar Los Pinos, een pijnbosje vanwaar u een mooi uitzicht hebt op het dorp en het park. Als u vanaf het eind van Calle 4 zo'n 15 minuten omhoog klimt, komt u bij een ander mooi uitzichtpunt, de Mirador Santa Cruz.

Overnachten, eten en drinken

Net buiten het dorpje ligt **Finca Hotel Casa Real** (Vereda Rosa Blanca, tel. 318 278 4486), een fijne, ontspannen plek om te verblijven. Vanaf de finca, waar onder meer aardappelen en paprika's worden verbouwd in de biologische moestuin, hebt u een mooi uitzicht op Los Estoraques.

Op de weg naar Casa Real zit het beste restaurant van La Playa de Belén, **El Portal** (Carrera 1), waar u voor 8000 peso's een *menú del día* kunt eten. Wilt u in het dorp zelf overnachten, dan kan dat bij **Posada Marmacrisli** (Calle 2 #5-65, tel. 310 679 3300).

Informatie en vervoer

Vanuit het noorden: stap in Aguachica over op een bus naar Ocaña, vandaar is het nog ongeveer drie kwartier met de bus naar La Playa. Vanuit het zuiden: er gaat een directe bus van Bucaramanga naar Ocaña (6 uur).

Luchtfoto van Los Estoraques

De Caribische kust

Hoogtepunten ✳

Cartagena de Indias: slenter door de lieflijke straatjes van deze stad vol geschiedenis. Zie blz. 133.

Op ontdekkingsreis

De historische pleinen van Cartagena: een wandeling door het oude centrum van deze romantische stad, van plein naar plein. Zie blz. 140.

Op avontuur in Parque Tayrona: verken dit prachtige nationale park aan de Caribische Zee middels een (meerdaagse) wandeltocht. Zie blz. 158.

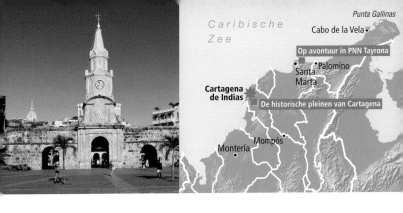

Punta Gallinas
Cabo de la Vela
Caribische Zee
Op avontuur in PNN Tayrona
Santa Marta · Palomino
Cartagena de Indias
De historische pleinen van Cartagena
Montería · Mompós

Cultuur en bezienswaardigheden

Museo del Oro Tairona in Santa Marta: een van de beste musea in Caribisch Colombia. Een bezoek aan dit museum is een must als u naar Ciudad Perdida gaat. Zie blz. 152.

Koffietour in Minca: op deze haciënda in Minca wordt al sinds 1892 koffie verbouwd. Zie blz. 155.

Carnaval in Barranquilla: wie in februari door Colombia reist en van uitbundige feestjes houdt, kan Barranquilla maar beter in het reisschema opnemen. Zie blz. 32 en blz. 146.

Actief

De vijfdaagse voettocht naar Ciudad Perdida: loop door de dichte jungle van de Sierra Nevada de Santa Marta naar deze verlaten stad van de Tayrona. Zie blz. 156.

Sfeervol genieten

Club de Pesca: dineer bij dit luxe visrestaurant in de jachthaven van Cartagena de Indias. Zie blz. 139.

Aité Eco Hotel in Palomino: kom helemaal tot rust in dit tropische paradijsje. Zie blz. 252.

Uitgaan

Café del Mar: drink cocktails op de eeuwenoude stadsmuur van Cartagena. Zie blz. 143.

Salsa in Barranquilla: bij La Troja is het elke avond carnaval (of in elk geval feest). Zie blz. 147.

Bruisende steden en tropische stranden

De tropisch hete Caribische noordkust van Colombia heeft ontzettend veel te bieden. Te beginnen met Cartagena de Indias, de mooiste stad van het land en een van de best bewaard gebleven koloniale steden van Zuid-Amerika. Wandelend door de straten van Cartagena waant u zich in een filmdecor: de mooie huizen, de houten balkons, de felgekleurde en zoet ruikende bloemen die van bijna al die balkons naar beneden hangen ... En dan zijn er nog de brede, eeuwenoude stadsmuren die het oude centrum omringen en ooit moesten beschermen tegen boekaniers. Achter de stevige grijze muren bevinden zich de stranden en de Caribische Zee. Het is onmogelijk om de schoonheid van Cartagena recht te doen met woorden, maar misschien is er één woord dat de lading enigszins dekt: de stad is sprookjesachtig. Een paar honderd kilometer ten zuiden van de kust ligt nog een mooi koloni-

INFO

Vervoer

Cartagena de Indias, Bolívar
Vliegtuig: Aeropuerto Internacional Rafael Núñez (CTG, aeropuertocartagena.com.co), 4 km ten noordoosten van het centrum. Directe vluchten: Bogotá, Bucaramanga, Cali, Medellín, Pereira en San Andrés. KLM vliegt drie keer per week vanuit Amsterdam naar Cartagena.
Bus: Terminal de Transporte (terminaldecartagena.com), 13 km ten westen van het centrum. Bestemmingen: Barranquilla (2 uur), Bogotá (20 uur), Mompós (7 uur), Riohacha (7 uur) en Santa Marta (4 uur).

Barranquilla, Atlántico
Vliegtuig: Aeropuerto Internacional Ernesto Cortissoz (BAQ, aeropuertobaq.com). Directe vluchten: Bogotá, Bucaramanga, Medellín, Pereira en San Andrés.
Bus: Terminal de Transporte, 9 km ten zuiden van het centrum. Bestemmingen: Bogotá (17 uur), Cartagena (2 uur), Medellín (14 uur), Mompós (7 uur), Santa Marta (2 uur).

Santa Marta, Magdalena
Vliegtuig: Aeropuerto Internacional Simón Bolívar (SMR, smr.aerooriente.com.co). Directe vluchten: Bogotá, Bucaramanga, Medellín en Pereira.
Bus: Terminal de Transporte, 6 km ten zuidoosten van de stad. Bestemmingen: Barranquilla (2 uur), Bogotá (17 uur), Bucaramanga (10 uur), Cartagena (4 uur), Medellín (15 uur), Mompós (6 uur), Riohacha (3 uur).

Riohacha, La Guajira
Vliegtuig: Aeropuerto Almirante Padilla (RCH, rch.aerooriente.com.co), 3 km ten zuiden van het centrum. Directe vlucht vanuit Bogotá (Avianca, VivaAir).
Bus: Terminal de Transporte (Calle 15 #11-38), aan de rand van het centrum. Bestemmingen: Bogotá (18 uur), Bucaramanga (12 uur), Santa Marta (3 uur).

Deur-tot-deurvervoer tussen Cartagena, Santa Marta en Palomino (en enkele andere bestemmingen): MarSol (transportesmarsol.net).

aal stadje: Mompós, een van de oudste nederzettingen van Colombia, gelegen aan de Río Magdalena. Naast Cartagena en Mompós zijn er nog twee steden die het noorden kleur verlenen: Barranquilla, wereldberoemd om het carnaval, en Santa Marta.

Ook aan natuurschoon heeft het noorden van Colombia geen gebrek. Een bezoek aan het Parque Nacional Natural Tayrona, waar de jungle en het azuurblauwe water van de Caribische Zee elkaar treffen op de kustlijn, vormt een hoogtepunt van elke reis naar Colombia. Maar niet alleen is de kust prachtig, in het noorden liggen ook de hoogste bergen van het land, in de Sierra Nevada de Santa Marta. Op slechts 42 kilometer van de Caribische kust vindt u hier een besneeuwde bergtop met een hoogte van 5700 meter.

Santa Marta vormt de ideale uitvalsbasis voor een reis naar Ciudad Perdida, de precolumbiaanse Verloren Stad midden in de jungle, die u tijdens een vier- of vijfdaagse trektocht kunt bereiken. Of voor een tripje naar de spectaculaire zandvlaktes en duinen van het afgelegen en onderontwikkelde Guajira-schiereiland in het noordelijkste puntje van Colombia.

Cartagena de Indias ✳ ▶ G 4

Cartagena vormde het decor voor Gabriel García Márquez' meesterwerk *Liefde in tijden van cholera*, en wie door het romantische koloniale centrum loopt, begrijpt meteen waarom de stad schrijvers en kunstenaars inspireert. Hoewel Cartagena in het laatste decennium een zeer populaire toeristische bestemming is geworden en dat de stad zeker tekent, is het óók nog altijd de karaktervolle en enigszins rauwe havenstad die het altijd is geweest.

Straatje in Cartagena

Cartagena is de hoofdstad van het departement Bolívar en heeft ruim een miljoen inwoners. De stad werd in 1533 gesticht door de Spaanse conquistador Pedro de Heredia in een gebied dat de inheemse bevolking Kalamarí noemde. De naam Cartagena de Indias, die nog altijd wordt gebruikt, diende in koloniale tijden om onderscheid te maken met de Spaanse stad Cartagena waarnaar de Colombiaanse havenstad is vernoemd.

Al sinds zijn stichting is Cartagena door zijn strategische ligging een van de belangrijkste steden van Colombia. De schepen uit Spanje meerden hier aan

Tropische temperaturen

Het weer in Cartagena is het hele jaar door ongeveer hetzelfde, met temperaturen tussen de 24 en 32°C. In oktober valt er meer regen dan in andere maanden; januari, februari en maart zijn het droogst.

Cartagena de Indias

Bezienswaardigheden

1. Iglesia de Santo Domingo
2. Museo Histórico de Cartagena de Indias
3. Plaza de Bolívar
4. Catedral Santa Catalina de Alejandría
5. Museo del Oro Zenú
6. Museo Naval del Caribe
7. Iglesia y Santuario Museo de San Pedro Claver
8. Museo de Arte Moderno
9. Plaza de la Aduana
10. Plaza de los Coches
11. Puerta del Reloj
12. Parque Fernández de Madrid
13. Plaza de San Diego
14. Las Bóvedas
15. Casa Museo Rafael Núñez
16. Plaza de la Santísima Trinidad
17. Plaza del Pozo

Overnachten

1. San Pedro Hotel Spa
2. Casa Córdoba Estrella
3. Casa Pizarro
4. Casa Venita
5. Maloka Boutique Hostel
6. La Buleka Hostel

Eten en drinken

1. Gran Inka Gastrobar
2. Club de Pesca
3. Doña Lola
4. Di Silvio Trattoria
5. La Mulata
6. Colombitalia
7. Café de la Trinidad

Winkelen

1. St. Dom
2. Lucy Jewelry
3. Marktje met souvenirs
4. Portál de los Dulces

Actief

1. Diving Planet

Uitgaan

1. Café del Mar
2. Alquímico
3. Donde Fidel
4. Mister Babilla

en verscheepten via de haven goederen uit het vasteland van de koloniën in Midden- en Zuid-Amerika. In de 16e en 17e eeuw overwinterde de Spaanse zilvervloot (*La Flota de Indias*) jaarlijks in Cartagena de Indias.

Al die handel in waardevolle goederen maakte de stad echter ook tot een geliefd doel voor boekaniers. Als gevolg van de Engels-Spaanse Oorlog, een conflict dat losbrandde in 1585, werd Cartagena in 1586 geplunderd door de Engelse kaper sir Francis Drake en zijn manschappen. Ze hielden de stad ruim twee maanden in hun greep en vertrokken met scheepsladingen rijkdommen.

Na het vertrek van Drake begonnen de Spanjaarden met de bouw van de stadsmuren en verdedigingswerken, die vandaag de dag nog te bezichtigen zijn. Die bouw kon worden voltooid door het grote aantal slaven dat de Spanjaarden invoerden. De verdedigingswerken konden echter niet voorkomen dat Cartagena in 1697 opnieuw werd geplunderd, deze keer door de Franse admiraal en boekanier Jean Baptiste du Casse.

In 1741 boekten de Spanjaarden met hulp van lokale milities echter een historische zege in Cartagena: zij boden weerstand aan een imposant leger van de Engelse admiraal Edward Vernon, die met maar liefst tweeduizend kanonnen was gekomen om de stad te veroveren. Er zat voor Vernon niets anders op dan op de vlucht te slaan.

In 1650 werd het Canal Dique geopend, dat Cartagena verbond met de Río Magdalena en dus met het Colombiaanse binnenland. Dit luidde jaren van economische voorspoed in voor de havenstad, totdat het kanaal dichtslibte in 1821. Cartagena raakte in verval, en toen de stad in 1848-1849 werd geteisterd door een cholera-uitbraak, overleden naar schatting 4000 van de 18.000 inwoners.

Toen Cartagena begin 20e eeuw via een spoorlijn weer werd verbonden met het binnenland en de handel en export vanuit de haven weer toenamen, begon de stad weer op te klimmen uit het dal. Maar het is het toerisme geweest dat er sinds begin jaren 90 voor heeft gezorgd dat het historische centrum van Cartagena weer glanst als weleer.

Iglesia de Santo Domingo **1**

Plaza de Santo Domingo, di-za 9-19, zo 12-18, tel. 5 655 1916, toegang gratis

Toen Pedro de Heredia Kalamarí verkende, verkeerde hij in het gezelschap van een aantal Dominicaanse geestelijken, en al snel na de stichting van Cartagena de Indias werd gesproken over de bouw van een klooster. De werkzaamheden aan het Convento de Santo Domingo begonnen in 1549, maar door veel tegenslagen – waaronder een brand – werd het klooster pas in 1630 (grotendeels) voltooid. Ondanks alles mag de Iglesia de Santo Domingo aanspraak maken op de eervolle titel van oudste kerk van Cartagena. Binnen kunt u een barok altaar en de Cristo de la Expiración bewonderen, een 17e-eeuws houten Christusbeeld dat een belangrijke rol speelde tijdens een pokkenepidemie in 1754: na negen dagen bidden tot het beeld kon de epidemie worden gestopt.

Museo Histórico de Cartagena de Indias 2

Carrera 3 #33-46 (aan het Plaza de Bolívar), ma-za 9-18, zo 10-16, tel. 5 664 4570, muhca.gov.co, toegang 21.000 peso's

Dit historisch museum van Cartagena bevindt zich in het enorme Palacio de la Inquisición, in koloniale tijden het hoofdkwartier van de Inquisitie. Een deel van het museum is gewijd aan de praktijken van de Inquisitie en hun martel- en executiemethodes, er staat onder meer een guillotine. Op de bovenverdieping is een tentoonstelling die de geschiedenis van de stad vertelt. De informatie in het museum is alleen in het Spaans.

Catedral Santa Catalina de Alejandría 4

Calle de los Santos de Piedra (Carrera 4) #34-55 (ten noordoosten van het Plaza de Bolívar), ma-za 10.30-11.30, 12.30-19.30, zo 9-11.30, 12.30-18, tel. 5 664 5308, toegang gratis

Op de plek van deze sierlijke gele kathedraal (met rode accenten) stond tot 1577 een wat bescheidener exemplaar van stro en riet. De nieuwe kerk werd ontworpen door Simón González en hij liet zich daarbij inspireren door basilieken in Andalusië en op de Canarische Eilanden. Het duurde even voordat de bouwsteigers konden worden verwijderd, want in 1586 raakte de kathedraal (nog altijd in aanbouw) zwaar beschadigd tijdens de aanval van sir Francis Drake – in 1612 was de kathedraal eindelijk klaar. De elegante toren – een duidelijk herkenningspunt in Cartagena – werd begin 20e eeuw gerenoveerd (en opgeleukt) door de Franse architect Gastón Lelarge.

De *palenqueras* van Cartagena

Rond 1604 ontsnapten enkele slaven uit Cartagena en stichtten zo'n 50 kilometer ten zuidoosten van de stad een nederzetting, San Basilio de Palenque; ze wisten zich verborgen te houden in de bossen. De *palenqueros* probeerden slaven die per schip aankwamen in Cartagena te bevrijden – niet zelden met succes. De vrouwen communiceerden de route naar het dorp via patronen in de vlechtjes in hun haar. In 1691 deed de Spaanse Kroon de palenqueros een voorstel: als ze geen nieuwe slaven meer bevrijdden, kregen ze in ruil daarvoor hun vrijheid. Zo werden de inwoners van San Basilio de Palenque de eerste bevrijde slaven in Zuid-Amerika. In de gemeenschap ontstond een nieuwe creoolse taal, het Palenquero, gebaseerd op het Spaans en enkele Afrikaanse talen. De nakomelingen van de marrons wonen nog altijd in San Basilio de Palenque, en de zwarte vrouwen die u met fruitmanden en in jurken in de kleuren van de Colombiaanse of Cartageense vlag door de straten ziet lopen, zijn palenqueras. Zij zullen poseren voor uw foto, maar verwachten daarvoor wel een fooi (en als ze met z'n drieën poseren zijn dat dus drie fooien ...). Het fruit in de schalen die de vrouwen op hun hoofd dragen is te koop.

Museo del Oro Zenú [5]

Carrera 4 #33-26 (aan het Plaza de Bolívar), ma-vrij 9-17, za 9-13, tel. 5 660 0778, banrepcultural.org, toegang gratis

Van 1500 v.Chr. tot de Spaanse verovering werd het uitgestrekte moerassige gebied ten zuiden van Cartagena (tot aan het noorden van Antioquia) bewoond door de Zenú (ook Sinú). Net als veel andere precolumbiaanse culturen maakten zij prachtig, soms ongelooflijk verfijnd goudwerk. Dit kleine museum toont een collectie (kunst)voorwerpen van de Zenú en enkele andere precolumbiaanse culturen. Het is niet vergelijkbaar met het imponerende Museo del Oro in Bogotá, maar desalniettemin een fijne plek om eventjes aan de hitte te ontsnappen.

Museo Naval del Caribe [6]

Calle San Juan de Dios #3-62 (Plaza Santa Teresa), dagelijks 10-17, tel. 5 664 2440, museonavaldelcaribe.com, toegang 16.000 peso's

De ligging aan zee is bepalend geweest voor de geschiedenis van Cartagena. De grote zaal op de begane grond is gewijd aan de historie van de stad vanaf de stichting en met name aan de vele aanvallen die Cartagena te verduren kreeg – piraten en boekaniers spelen een hoofdrol. Er is ook aandacht voor de cholera-uitbraak van 1948-1949.

De zaal op de eerste verdieping staat in het teken van de geschiedenis van de Colombiaanse marine. U kunt een kijkje nemen in een nogal luidruchtige nagebouwde onderzeeër, op de brug van een oorlogsschip en in een boot van de kustwacht.

Alle informatie is in het Spaans (en niet zelden in schier onleesbare lettertypes), maar er valt (vooral ook voor kinderen) genoeg te zien en beleven. Bij de ingang kunt u eventueel een Engelssprekende gids inhuren (30.000 peso's).

Iglesia y Santuario Museo de San Pedro Claver [7]

Carrera 4 #30-01 (Plaza San Pedro Claver), ma-vrij 8-18, za, zo 8-17, tel. 5 664 7314, sanpedroclaver.co, toegang 14.000 peso's

De Spaanse jezuïet Pedro Claver kwam in 1615 aan in Cartagena met een missie om de vele West-Afrikaanse slaven in de stad te evangeliseren. Hij schrok van de omstandigheden waaronder de slaven leefden en trok zich hun lot aan. De monnik begon met het verplegen van zieke en gewonde slaven, wat hem bij de elite tot een controversiële, ongeliefde figuur maakte. In 1622 verklaarde Pedro Claver zich '*esclavo de los esclavos*', slaaf van de slaven.

De zalen op de begane grond tonen precolumbiaanse keramiek en religieuze kunst uit de 17e, 18e en 19e eeuw. Op de tussenverdieping kunt u de cel van San Pedro Claver bezichtigen, het slaapvertrek van de slaven en de ruimte waar Claver overleed, en schilderijen die scènes uit zijn leven verbeelden. Op de tweede verdieping bevindt zich een wisselende expositie met werk van hedendaagse kunstenaars van Afrikaanse afkomst. Via de lommerrijke binnenplaats (met immens hoge bomen waarin zelfs eekhoorns wonen) hebt u toegang tot de Iglesia de San Pedro Claver. De botten van de heilige liggen opgebaard onder het door Vittorio de Montarsolo ontworpen altaar.

Museo de Arte Moderno [8]

Calle 30 #4-08 (Plaza San Pedro Claver), ma-vrij 9-12, 13-19, za 9-13, zo 16-21, mamcartagena.org, toegang 10.000 peso's

Het hoogtepunt van de collectie is het werk van Enrique Grau (1920-2004), die tevens een van de oprichters was van dit museum. Hij is lokaal vooral geliefd om hoe hij de schoonheid en het pittige karakter van de *cartageneras*, de vrouwen

Een vrouw verkoopt groenten en fruit in de wijk San Diego

van Cartagena, wist te treffen in zijn werk. Graus surrealistische drieluik *Tríptico de Cartagena de Indias* behoort tot de vaste collectie van het museum.

De rest van de collectie bestaat uit werk van andere Colombiaanse en Latijns-Amerikaanse kunstenaars van 1950 tot heden, onder wie Ignacio Gómez Jaramillo en Alejandro Obregón.

Casa Museo Rafael Núñez 15

Real de Cabrero #41-89, di-vrij 9-17, za, zo 10-16, tel. 5 664 5305, toegang gratis

Net buiten de muren ligt dit mooie wit-groene huis van oud-president, jurist en dichter Rafael Núñez (1825-1894), die niet alleen de tekst van het Colombiaanse volkslied schreef, maar ook mede-auteur was van de grondwet (die gold van 1886 tot 1991).

Castillo San Felipe de Barajas

Avenida Antonio Arevalo (Carrera 17), ma-zo 8-18, tel. 5 642 1293, fortificacionescartagena.com, toegang 25.000 peso's

Ten oosten van Cartagena – en duidelijk zichtbaar vanuit de stad – bevindt zich dit grootste en belangrijkste Spaanse verdedigingsfort, gebouwd in 1657. Er is weinig informatie in het fort zelf, een audiogids is daarom aan te raden.

Stadswandeling door het oude centrum

Voor een wandeling langs de historische pleinen van Cartagena, zie de ontdekkingsreis op blz. 140.

Overnachten

Veel hotels in het luxere segment bevinden zich in Bocagrande, buiten het historisch centrum, dicht bij het strand. Vooral Colombiaanse toeristen overnachten graag in deze moderne wijk vol wolkenkrabbers (door de locals ook wel 'la Miami de Colombia' genoemd), maar helaas heeft Cartagena in recente jaren een reputatie opgebouwd op het gebied van prostitutie, en dat is vooral 's avonds zichtbaar in Bocagrande.

In het knusse historische centrum zijn genoeg opties om te overnachten (in de wijken El Centro en San Diego), en dan is er nog Getsemaní ten zuidoosten van het centrum (vijf minuten lopen van de Puerta del Reloj): minder gepolijst en daarom minstens zo leuk.

Spahotel – **San Pedro Hotel Spa** 1: Calle San Pedro Mártir #10-85, tel. 5 664 5800, sanpedrohotelspa.com.co. In dit prachtige hotel waant u zich gegarandeerd een koning(in).

Pure luxe – **Casa Córdoba Estrella** 2: Calle de la Estrella #4-27, tel. 5 664 4661. Dit hotel in koloniale stijl heeft een aangenaam zwembad op het dakterras (met zeezicht!).

Sfeervol ingericht – **Casa Pizarro** 3: Calle del Pozo #25-56, tel. 5 643 6867, hotelcasapizarro.com. Vijftien kamers en een zwembad; vraag naar kamer 7.

Gezellig – **Casa Venita** 4: Calle San Antonio #25-37, tel. 5 679 7773. Vriendelijk hotel in een rustige straat (tenzij er ergens rumba is natuurlijk!).

Hostel in San Diego – **Maloka Boutique Hostel** 5: Calle de la Cruz #9-111, tel. 5 644 7550. Dit leuke boetiekhostel heeft naast slaapzalen ook een paar fijne tweepersoonskamers.

Hostel in Getsemaní – **La Buleka Hostel** 6: Calle San Antonio #25-121, tel. 5 678 4831, labulekahostel.com. Vriendelijk en kleurrijk hostel met een aangenaam dakterras (met bar).

Eten en drinken

Peruviaans – **Gran Inka Gastrobar** 1: Calle del Candilejo #32-62, tel. 320 996 0496, graninka.com. Toprestaurant in Cartagena met overheerlijk Peruviaans eten en zeer attente bediening.

In de jachthaven – **Club de Pesca** 2: Manga, Fuerte de San Sebastián del Pastelillo, clubdepesca.com. Een begrip in Cartagena, met name om de locatie. De tafeltjes van dit luxe visrestaurant staan bij een fort, praktisch aan het water, en bieden uitzicht op de jachthaven.

Bijzonder smaakvol – **Doña Lola** 3: Calle del Guerrero #29-108, tel. 314 441 2245, casalola.com/dona-lola. Dit restaurant hoort bij het naastgelegen Hotel Casa Lola, maar is ook toegankelijk voor wie elders overnacht. Laat u niet afschrikken door de enigszins stijve entourage. Op de kaart staan prachtige, verse gerechten en Doña Lola is een uitstekende plek om te genieten van de smaakvolle Caribische keuken.

Pizza en pasta – **Di Silvio Trattoria** 4: Calle de la Sierpe 9A-08, tel. 5 660 2205, disilviotrattoria.com. Italiaans eten (goede pasta's, pizza's met dunne bodem) in een sfeervol pand in Getsemaní.

Jamaicaans – **La Mulata** 5: Calle Quero #9-58, tel. 301 4933871. Hip restaurant met heerlijk Caribisch eten.

Arepa's – **Colombitalia** 6: Carrera 10 #30-01, tel. 304 657 5291. Uitstekende plek om een traditionele, goedgevulde arepa te proeven. ▷ blz. 143

Tip

Portál de los Dulces 4

Zoetekauwen kunnen in Cartagena terecht bij Portál de los Dulces onder de bogen op het Plaza de los Coches: een lange rij marktkraampjes die traditionele snoepjes verkopen. De *dulces* kosten 1000 peso's per stuk en vooral de *cocodas* (gemaakt van kokos, soms met nog een ingrediënt) zijn een zoet feestje. Voor wie van zuur houdt, zijn er tamarindeballetjes en kunt of wilt u niet kiezen, dan krijgt u voor 10.000 peso's een schaaltje met van alles wat.

De historische pleinen van Cartagena

Het oude centrum van Cartagena heeft talloze pleintjes met elk een eigen verhaal. Deze wandeling leidt u langs die pleintjes – een leuke manier om de geschiedenis van de stad te leren kennen.

Kaart: ▶ G 4. De nummers in deze tekst verwijzen naar de plattegrond op blz. 137.

Duur: 2 uur
Startpunt: Puerta del Reloj
Eindpunt: Plaza del Pozo (Getsemaní)
Informatie: het is heet in Cartagena, zeker op onbewolkte dagen; hoofddeksel, zonnebrandcrème en voldoende water en ijsjes zijn aanbevolen.
Eten en drinken: op het eindstation, Plaza del Pozo, zit pizzeria/café Basilica, een goede plek om te lunchen.

Van de Puerta del Reloj naar Plaza de la Aduana

De wandeling begint bij de oude stadspoort van Cartagena, de **Puerta del Reloj** ⓫, een populaire ontmoetingsplaats. Nadat de Engelse boekanier Sir Francis Drake Cartagena aanviel in 1586, begon Spanje met de bouw van verdedigingswerken rondom de stad, waaronder een stevige stadsmuur. De toegangspoort van Cartagena heeft altijd op deze plek gestaan. In 1631 werd de Puerta del Puente (Brugpoort) hier gebouwd. Over de Cano de San Anastasio, het zeewater dat Getsemaní scheidde van het eiland Kalamarí, lag toen nog een ophaalbrug (gebouwd in 1540). Als de stad werd bedreigd door aanvallen van piraten en boekaniers, kon de brug worden opgehaald en de poort gesloten.

De Puerta del Puente werd deels verwoest tijdens de beruchte aanval van de Franse boekanier Bernard Desjean, Baron de Pointis, in 1697. Tijdens herstelwerkzaamheden in 1704 werd de barokke omlijsting aan de poort toegevoegd, met de vier zuilen. De doorgangen aan weerszijden deden oorspronkelijk dienst als opslagplaatsen voor voedsel en ammunitie. De toren waarnaar de poort nu is vernoemd, werd toegevoegd in 1874; de Zwitserse klok dateert uit 1937.

Het plein aan de binnenzijde van de poort heet vandaag de dag **Plaza de los Coches** (Koetsenplein) ⓾, maar zo heeft het niet altijd geheten. Al aan het begin van de 16e eeuw gebruikte Spanje slaven uit West-Afrika, die door Portugese slavenhandelaren naar Cartagena werden gebracht. Dit plein heette in die periode het Plaza de los Esclavos (Slavenplein), omdat hier de slavenmarkt plaatsvond. Eeuwenlang zijn er op deze plek in Cartagena Afrikaanse slaven verhandeld, in totaal waarschijnlijk meer dan 1,1 miljoen, en daar kwam pas een einde aan met het verbod op slavernij in 1853 (in Nederland duurde het nog tot 1863 voordat slavernij werd afgeschaft).

Mocht u zin hebben in iets zoets: aan de overkant van het plein, onder de bogen, vindt u in het **Portál de los Dulces** ④ heel veel snoepverkopers (zie blz. 139).

Wanneer u langs de stadsmuur naar links loopt, komt u na ongeveer 100 meter uit op het **Plaza de la Aduana** ⑨ (Douaneplein). Alle goederen die in de haven van Cartagena binnenkwamen, werden in het douanegebouw (het langgerekte witte gebouw aan de linkerkant van het plein) geïnspecteerd door de Koninklijke Douane.

Van Plaza de la Aduana naar Plaza San Pedro Claver

Loop langs de Casa de la Aduana Calle 31 in richting Plaza San Pedro Claver. Onderweg en op het plein ziet u de vrolijke smeedijzeren beelden van kunstenaar Eduardo Carmona, die het dagelijks leven in Cartagena verbeelden. Vier figuren die een potje domino spelen, een barbier, een schoenenpoetser, een figuur met een handkar ...

Op het plein zelf staat een standbeeld van San Pedro Claver met Andrés Sacabuche. De Spaanse jezuïet Pedro Claver kwam in 1615 aan in Cartagena en schrok van de omstandigheden waarin de slaven leefden. Samen met de andere jezuïeten van de in 1603 gestichte school probeerde hij de leefomstandigheden van de slaven te verbeteren (en ze te bekeren tot het christendom). In 1622 verklaarde San Pedro zichzelf '*Esclavo de los esclavos por siempre*', slaaf van de slaven voor altijd. Hij leefde samen met enkele Afrikanen die hem hielpen bij zijn dagelijks werk en die dienstdeden als tolk. De Angolees Andrés Sacabuche was een van hen.

U kunt het klooster en de vertrekken waarin San Pedro en de slaven leefden bezoeken, en ook het vertrek waarin hij stierf. De resten van San Pedro bevinden zich in de kerk **7**, goed zichtbaar onder het altaar.

Van Plaza San Pedro Claver via Plaza de Bolívar naar Plaza Santo Domingo

Loop via de Calle San Pedro (die overgaat in de Calle del Landrinal) naar het schaduwrijke **Plaza de Bolívar 3**. Aan de westzijde van het plein ziet u het Palacio de la Inquisición, waarin nu het **Museo Histórico de Cartagena de Indias 2** is gevestigd. De prachtige buitenkant van het gebouw staat in schril contrast met wat zich hier ten tijde van de Spaanse Inquisitie heeft afgespeeld. In het museum kunt u de martelwerktuigen bezichtigen die de Inquisitie gebruikte om bekentenissen te ontfutselen aan vermeende ketters (waaronder Portugese joden die naar Cartagena kwamen om handel te drijven en inheemsen die werden verdacht van het gebruik van zwarte magie). Het huidige gebouw dateert van na 1770, maar sinds 1610 zijn op deze plek naar verluidt meer dan achthonderd niet-katholieken ter dood veroordeeld.

Loop de straat links van het Palacio in (Calle de la Inquisición). Ziet u de stekelige dakpannen aan de hoeken van de daken? Die dienden ooit om heksen op afstand te houden ... Neem de eerste rechts (Carrera 3). Op het volgende kruispunt staat u tegenover een zeer geliefde inwoonster van Cartagena: de dikke Gertrudis van Botero. Zij ligt uitdagend op haar zij, recht tegenover de Iglesia de Santo Domingo **1**.

Van Gertrudis via Las Bóvedas naar Plaza de San Diego

Als u Carrera 3 vervolgt, komt u uiteindelijk bij de stadsmuur uit. Ga hier rechts en volg de weg langs (of over) de muur (Playa del Tejadillo) tot u uiteindelijk uitkomt bij **Las Bóvedas 14** en de Baluarte de Santa Catalina. Aan het einde van de bogen kunt u omhoog lopen om het uitzicht vanaf de muur te bewonderen. (Boven aan de helling zit een 'uitstulping', als de deur open is, kunt u hier door een lage, naar urine stinkende gang door de stadsmuur naar het strand lopen – neus dicht en snel doorlopen is het devies, het gangetje is net kort genoeg om niet te hoeven ademhalen.)

Van Las Bóvedas is het een korte wandeling naar het **Plaza de San Diego 13**. De wijk San Diego heette ooit Barrio de los Jagüeyes, de Vijverbuurt, omdat bijna elk huis een eigen waterreservoir had. Rondom het vierkante plein zitten verschillende bars en terrasjes.

Van Plaza de San Diego naar Getsemaní

Ten zuiden van Plaza de San Diego ligt het groene **Parque Fernández de Madrid 12**. Loop via Carrera 7 (Calle Seguna de Badillo) terug naar de Torre del Reloj. Aan de andere kant van de stadspoort ligt de Camellón de los Mártires (Middenberm van de Martelaars), een breed voetpad tussen twee wegen dat de gevallen helden van de onafhankelijkheidsstrijd eert. Aan de overkant begint Getsemaní, de oudste wijk van Cartagena. Sla voor het vervallen Teatro Colón linksaf, en dan rechtsaf de Calle de la Sierpe in. Dit straatje leidt via een bocht (en langs prachtige muurschilderingen) naar het **Plaza de la Santísima Trinidad 16**, vernoemd naar de gelijknamige kerk uit 1643. Op het plein staat een standbeeld van Pedro Romero, een sleutelfiguur in de onafhankelijksheidsstrijd – de beweging begon hier in Getsemaní.

De straat links van de kerk leidt naar het kleine **Plaza del Pozo 17**, een pleintje waar (zoals de naam al doet vermoeden) een waterput op staat.

Aan het plein – **Café de la Trinidad** 7: Caza de Pollo (Plaza de la Trinidad). Dit café, gelegen aan het bruisende centrale plein van Getsemaní, serveert uitstekende koffie, *jugos* en *pub food*.

Winkelen

Cartagena staat bekend om de vele chique boetieks waar u kleding en accessoires (waaronder sieraden) van lokale en internationale ontwerpers vindt. Een van de mooiste winkels is **St. Dom** 1 (Calle Santo Domingo #33-70, stdom.co). Vlak bij St. Dom zit een van de beste sieradenzaken van Cartagena, tevens een goede plek om sieraden met smaragden te kopen: **Lucy Jewelry** 2 (Calle Santo Domingo #3-19, lucyjewelry.co). Wilt u winkelen met een wat kleiner budget, dan kunt u terecht bij de winkels in de Calle de la Moneda (Calle 36). Bij **Las Bóvedas** 14 kunt u uiteraard terecht voor souvenirs, maar er zijn of veel plekken in Cartagena kleine marktjes met *artesanías*, bijvoorbeeld in het smalle straatje tussen **Plazoleta Joe Arroyo** en **Calle 35** 3.

Actief

Stadswandeling – **Beyond Colombia** verzorgt dagelijks om 10 en 16 uur een gratis stadswandeling van twee uur door het centrum van Cartagena (de gids verwacht een fooi van rond de 30.000 peso's). Er zijn tours in het Engels en in het Spaans. Het bedrijf verzorgt ook een *food tour* en een rondleiding door Getsemaní. Meer informatie en aanmelden op beyondcolombia.com. Duiken – **Diving Planet** 1: Calle Estanco del Aguardiente #5-09, tel. 320 230 1515, divingplanet.org. Kitesurfen – **Cartagena Kitesurf School** 2: Carrera 3 en Calle Ricaurte #31-38, tel. 300 461 9947, kitesurfcartagena.com.

Uitgaan

Hebt u zin in een stijlvolle avond uit met ongekend uitzicht, dan kunt u terecht bij **Café del Mar** 1 (Baluarte de Santo Domingo, cafedelmarcartagena.com.co) of op het dakterras van **Alquímico** 2 (Calle del Colegio #34-24, alquimico.com). Rondom Plaza de las Coches zitten veel clubs die met name salsa en vallenato draaien, waaronder **Donde Fidel** 3 (boven de linkerhoek van Portál de Los Dulces op het Plaza de los Coches, tel. 314 526 1892).

Jonger en hipper publiek trekt naar de vele bars en clubs in Getsemaní, bijvoorbeeld **Mister Babilla** 4 (Avenida del Arsenal #8B-137, misterbabilla.com), een grote club met meerdere verdiepingen waar verschillende soorten muziek worden gedraaid.

Informatie en vervoer

Toeristische informatie: bij de Puerta del Reloj (op het Plaza de la Paz), ma-zo 9-12 en 13-18, zo 9-17.
Vliegtuig: het vliegveld, Aeropuerto Internacional Rafael Núñez (CTG, aeropuertocartagena.com.co), ligt 4 kilometer ten noordoosten van het centrum. Een taxi naar het centrum van Getsemaní kost rond de 15.000 peso's, u kunt een taxibonnetje halen bij de officiële taxistandplaats op het vliegveld.
Bus: het busstation, het Terminal de Transporte (terminaldecartagena.com), ligt 13 kilometer ten westen van het centrum. Bestemmingen: Barranquilla (2 uur), Bogotá (20 uur), Mompós (7 uur), Riohacha (7 uur) en Santa Marta (4 uur). **Binnen Cartagena:** eenmaal in Cartagena zult u vooral lopen.

TOUR
MANI
CULTURE
4:00PM
OINT:
TRINIDAD
04-5742412

Favoriet

Streetart in Getsemaní

In Getsemaní, de oudste wijk van
Cartagena, vindt u prachtige muurschilderingen, die altijd een boodschap
hebben en die in heel veel gevallen
de lokale cultuur representeren. De
schilderingen hiernaast verbeelden
een inheemse vrouw en een champeta-
danseres, op het eerste oog tegen-
gestelden, maar zij zijn beide symbo-
lisch voor zowel de geschiedenis als de
hedendaage cultuur van Cartagena.

Islas del Rosario ▶ G 5

In de Caribische Zee, zo'n 35 kilometer ten zuidwesten van Cartagena, liggen bijna dertig eilandjes, de meeste in privébezit. De archipel heet de Islas del Rosario en sommige van deze eilanden kunt u bezoeken met boottochtjes vanuit Cartagena, die bijna altijd eerst Playa Blanca aandoen (op het schiereiland Barú) en daarna Isla Grande.

Playa Blanca ziet er op de foto's prachtig uit, maar de realiteit is minder idyllisch. Er gaan inmiddels zoveel toeristen naar het spierwitte strand met de azuurblauwe zee dat de strandbedden nog net niet óp elkaar worden gestapeld. Wie snorkelt, ziet meer benen dan vissen en de kans is groot dat u gedurende de dag vooral bezig bent met het afwimpelen van verkopers van toeristische prullaria ('almost free!'). Een bezoek wordt al aangenamer als u er overnacht, dan hebt u het strand voor uzelf als de dagjesmensen zijn vertrokken en in de ochtend. U kunt in een hangmat op het strand slapen, of voor wat meer luxe kiezen, bijvoorbeeld bij **Hotel Calamari Barú** (tel. 310 297 0049). Een andere mogelijkheid is om geen dagtocht te maken, maar te overnachten bij een van de resorts op Isla Grande (bijvoorbeeld bij **Secreto**, zie secreto.com.co) en uw vervoer naar het eiland via uw accommodatie te regelen.

Tip

Boek op tijd!

Wilt u carnaval vieren in Barranquilla? Regel dan voordat u uw outfit en masker aanschaft uw accommodatie – hostels en hotels zijn vaak maanden van tevoren volgeboekt. Raadpleeg carnavaldebarranquilla.org voor actuele informatie.

Barranquilla ▶ H 3

Barranquilla, de vierde stad van Colombia, trekt maar weinig toeristen, behalve natuurlijk tijdens het jaarlijkse carnaval (zie blz. 32). De havenstad met zo'n twee miljoen *quilleros* is de hoofdstad van het departement Atlántico en ligt aan de monding van de Río Magdalena, wat het tot een belangrijke exporthaven maakt. Het is een levendige, wat chaotische, industriële stad met een paar musea en een aantal goede (vis)restaurants.

De 'grot' van de intellectuelen

Carrera 43 #59-03, tel. 7 340 9813, fundacionlacueva.org
Vanaf 1949 verzamelde zich in Barranquilla een groep journalisten, schrijvers, filosofen en kunstenaars, onder wie Gabriel García Márquez, Alejandro Obregón, Álvaro Cepeda Samudio, Alfonso Fuenmayor en Germán Vargas. Deze productieve groep intellectuelen kwam bekend te staan als de Grupo de Barranquilla. Hun ontmoetingsplek (vanaf 1954) was café La Cueva (ze werden ook wel de Grupo de la Cueva genoemd). La Cueva ging dicht in 1969, maar is in 2002 heropend als cultureel centrum, met een bar en restaurant. Op woensdag is er vaak live jazzmuziek en de stichting die het café beheert, organiseert culturele evenementen.

Museo del Caribe

Calle 36 #46-66, dagelijks 9-17 (1e ma van de maand gesloten), tel. 5 372 0581, culturacaribe.org, toegang 14.000 peso's
Museum gewijd aan de Caribische cultuur, met speciale aandacht voor Gabriel García Márquez en (veelal multimediale) tentoonstellingen over onder meer dans, inheemse volken en de Caribische flora en fauna. Alle informatie is in het Spaans.

Overnachten

In het historische centrum van Barranquilla loopt overdag veel politie rond, maar 's avonds is het niet zo veilig. Het is daarom aangenamer om in de wijk El Prado te verblijven, zo'n 2,5 kilometer ten noordwesten van het centrum.

Historische charme – **Hotel El Prado:** Carrera 54 #70-10, tel. 5 330 1530, hotelelpradobarranquilla.com. Dit enorme hotel werd gebouwd tussen 1927 en 1930 en barst van de vroeg 20e-eeuwse charme – u waant zich op een filmset. Het ligt rondom een groot zwembad met palmbomen (en een bar) en heeft meerdere restaurants.

Populair hostel – **The Meeting Point Hostel:** Carrera 61 #68-100, tel. 304 343 4299, themeetingpointhostel.com. Dit gezellige hostel, gerund door de Italiaanse Giacomo, is al jaren een favoriet bij backpackers.

Eten en drinken

Barranquilla ligt aan zowel de Río Magdalena als de Caribische Zee en is dé plek om vis te eten. In de wijk Las Flores in het uiterste noorden van de stad zitten langs de kade van de Río Magdalena (Calle 106) verschillende restaurants die de vangst van de dag serveren.

Fusion – **Mistura:** Carrera 52 #76-126, tel. 5 337 4304, misturarestaurante.com. De inspiratie voor de gerechten van dit restaurant komt van over de hele wereld, maar wat ze met elkaar gemeen hebben is dat ze allemaal vers én lekker zijn (vooral de ceviches).

Libanees – **Sarab:** Carrera 52 #85-51, tel. 300 815 1895. Aan het eind van de 19e eeuw kwamen veel Libanezen en Syriërs naar Barranquilla, dus de stad heeft een Arabisch tintje. Dit restaurant is een uitstekende plek om van de Midden-Oosterse keuken te genieten.

Vrolijk ingericht – **Pescayé:** Carrera 59 #70-13, tel. 317 660 0552, pescaye.com. Sfeervol en vrolijk ingericht restaurant met een kleine kaart. De specialiteit: Caribische visgerechten.

Uitgaan

Salsabar – **La Troja:** Carrera 44 #72-263, tel. 315 640 6064, latroja.org. Al sinds 1967 vinden jong en oud, arm en rijk, *quilleros* en toeristen elkaar bij deze populaire salsabar.

Overnachten in een authentiek Caribisch dorpje ▶ H 3

De Nederlandse Inten en haar Colombiaanse man Jeovanny verhuisden in 2002 van Galapa (zo'n 15 kilometer van Barranquilla) naar Paluato, 7 kilometer verderop. Ze schrokken van de armoede in Paluato en het nabijgelegen Guaimaral en besloten kleine hulpacties op te zetten. Hieruit vloeide in 2009 de stichting Mi Casa en Ipauratu voort (toen Paluato nog een inheemse nederzetting was heette het Ipauratu). De stichting heeft verschillende projecten voor kinderen, in de ochtend voor *niños especiales* (gehandicapte kinderen en kinderen met leerproblemen) en in de middag in een wijkcentrum dat is opgericht om kinderen van de straat te houden. De stichting is altijd op zoek naar vrijwilligers die met de kinderen willen werken (bijvoorbeeld Engelse les geven of activiteiten organiseren). Sinds kort is er op het terrein ook een hostel, Los tulipanes, de ideale plek voor wie de gebaande toeristische paden durft te verlaten en authentiek Caribisch Colombia wil ervaren.

Los Tulipanes: Calle 4 #4-71, Paluato, tel. 300 814 6070. Meer informatie over de stichting vindt u op ipauratu.org.

Mompós ▶ J 6

Santa Cruz de Mompox, beter bekend als Mompós of Mompox, is een wonderschoon en tropisch heet koloniaal stadje aan de Magdalenarivier, omgeven door water, in het laagland tussen de Sierra Nevada de Santa Marta en de Sierra de San Lucas. In 1995 kwam de stad op de UNESCO Werelderfgoedlijst te staan en wie Mompós bezoekt, begrijpt direct waarom: het lijkt onaangetast door de tijd. Sinds koloniale tijden zijn er maar een paar straten bijgekomen; in het centrum wonen zo'n 10.000 mensen. In de avonden, als het wat is afgekoeld en de stad tot leven komt, zetten de *momposinos* hun schommelstoelen voor de deur om vandaar het leven te aanschouwen.

Mompós werd in 1540 gesticht door Alonso de Heredia, de broer van Pedro de Heredia, die Cartagena stichtte. Door de strategische ligging aan de Magdalenarivier – in koloniale tijden de belangrijkste route van de Caribische kust

Het kerkhof van Mompós

naar het binnenland – groeide Mompós uit tot een belangrijk handelscentrum. Omdat het op ruim 200 kilometer van de Caribische kust ligt, was het voor de Spanjaarden bovendien een relatief veilige plaats om hun rijkdommen op te slaan – de kans op plunderingen door piraten was in Cartagena en Santa Marta vele malen groter. De grote voorraad goud die in Mompós lag opgeslagen trok de beste edelsmeden van over de hele wereld aan. Als gevolg daarvan is de stad tot op de dag van vandaag een belangrijk centrum voor zilver- en goudwerk, en in het bijzonder sieraden van filigrein.

In 1810 was Mompós de eerste plaats in Colombia die de onafhankelijkheid van Spanje uitriep en vanaf dat moment werd de Spaanse naam Mompox vervangen door Mompós. Het was een belangrijke militaire standplaats gedurende de onafhankelijkheidsstrijd en Simón Bolívar verbleef er regelmatig; hij verzamelde er zijn leger in 1812 en bevrijdde vervolgens Caracas. Een beroemde uitspraak van El Libertador ziet u op veel plekken in Mompós terug: '*Si a Caracas debo la vida, a Mompox debo la gloria*': aan Caracas dank ik mijn leven, maar aan Mompos dank ik mijn glorie. Op de Calle de la Albarrada, de weg langs de rivieroever, staat ongeveer ter hoogte van Calle 17A de Piedra de Bolívar, een steen waarop alle data staan vermeld waarop Bolívar in Mompós verbleef.

Aan het eind van de 19e eeuw raakte de route over de Magdalenarivier langs Mompós in ongebruik omdat die dichtslibde en begon de scheepvaart een andere route te gebruiken. Mompós raakte steeds meer geïsoleerd van de rest van Colombia, wat verklaart waarom de originele architectuur van het stadje zo goed bewaard is gebleven, en gespeend van moderne invloeden. In het gebied rondom Mompós – en eigenlijk overal in het zompige, maar grasrijke Caribische laagland – bevinden zich veel *ganaderías*, veehouderijen (met name vleesrunderen).

Mompós is een geweldige plek om rond te struinen en de koloniale architectuur te bewonderen. U kunt er zes koloniale kerken bezichtigen en vele villa's en huizen en er is een prachtig kerkhof, het Cementerio Municipal (Calle 18 en Carrera 4). Door het tropische klimaat barst het in Mompós bovendien van natuurlijk leven: vele soorten vogels, maar ook de kans dat u rode brulapen ziet, zelfs in de stad, is groot.

Iglesia de Santa Bárbara

Carrera 1 en Calle 14, toegang toren 2000 peso's

Deze barokke gele kerk met vrolijke rode daken bevindt zich aan het Plaza Santa Bárbara, een groot plein aan de rivierkade. De kerk met het simpele houten interieur stamt uit 1613 en is een van de mooiste gebouwen van Mompós, vooral door het opmerkelijke achthoekige torentje uit 1795 (met pittoresk balkon). U kunt het torentje beklimmen voor een mooi uitzicht over de stad.

Overige kerken

De Iglesia de Santa Bárbara is de mooiste kerk van Mompós, maar ook de overige kerken zijn een kort bezoekje waard (al zijn ze niet altijd open). Op het Plaza de la Concepción, het historische centrale plein, bevindt zich de grootste kerk, de **Iglesia de la Inmaculada Concepción**, gebouwd op de plek waar Alonso de Heredia bij de stichting van de stad in 1540 een kapel oprichtte.

Ten noorden van het plein, op het Plaza de San Francisco, staat de donkerrode **Iglesia de San Francisco** (Calle 20, Callejón de San Francisco) uit 1580, er vlakbij de **Iglesia de San Juan de Dios**. De wit-gele **Iglesia Santo Domingo** vindt u op het Plaza de Santo Domingo

ten westen van het centrale plein. Ten zuiden van het plein bevindt zich de **Iglesia de San Agustín**, die werd opgericht in 1606 en die sinds 2012 de Basílica Menor del Santísimo Cristo Milagroso heet.

Het **Museo de Arte Religioso** (Calle Real del Medio #17-07) is meestal dicht, maar mocht u de deur open treffen, dan kunt u voor 5000 peso's een kleine (en niet heel indrukwekkende) collectie religieuze kunst bezichtigen, en zilveren en gouden sieraden.

Overnachten

Aan de rivierkade – **La Casa Amarilla:** Carrera 1 #13-59, tel. 5 685 6326, lacasaamarillampos.com. Tien kamers in een mooi koloniaal gebouw met een patio vol planten en bloemen en informatieve en behulpzame receptionisten. Een aangenaam verblijf in Mompós is hier gegarandeerd.

Voordelig – **Hostal La Casa del Viajero:** Calle 10 #1-65, tel. 320 406 4530, lacasadelviajeromompox.com. Vriendelijk hostel op een goede locatie met een slaapzaal en een aantal simpele tweepersoonskamers.

Varen over de Magdalenarivier

Mompós zien liggen vanaf het water is onvergetelijk en het is dan ook zeker aan te raden een boottocht over de Río Magdalena te maken – tevens een uitstekende manier om vogels, iguana's en apen te spotten! **Valerosa Tours** (tel. 312 618 8435) vertrekt om 15 uur van de kade en u krijgt de kans een duik te nemen in een meer, Ciénaga de Pjinon. U keert terug rond zonsondergang.

Eten en drinken

Mompós heeft een aantal lokale specialiteiten: *queso de capa*, een 'opgerold' kaasje van koemelk dat een beetje aan mozzarella doet denken, en de Vino-mompox, vruchtenwijn (onder meer te koop bij **Vinomompox** op Carrera 2). Op Plaza Santo Domingo staan 's avonds eetstalletjes.

Houtoven – **El Fuerte:** Carrera 1 #12-163 (vlak bij de Iglesia de Santa Bárbara), tel. 314 564 0566. Bij dit leuke restaurant komen de lekkerste pizza's uit de houtoven. Sommige gerechten hebben een Oostenrijks tintje, met dank aan eigenaar Walter. Er is een fijn terras.

Caribisch – **Ambrosia Restaurante:** Calle 19 #1A-59 (Parque de la Libertad), tel. 310 627 6825. De beste plek in Mompós voor Caribische specialiteiten (met name vis) en verfrissende (vruchten)drankjes.

Lunch – **Cafe 1700:** Carrera 1 #15-55 Local 1, tel. 322 347 9385. Fijn café met goede koffie, vruchtensappen en verschillende lunchopties, zoals broodjes en salades.

Dé voetbalstad van Colombia

Voetbal is vandaag de dag in heel Colombia een uiterst belangrijke bijzaak, maar het eerste potje voetbal in Colombia ooit werd gespeeld op het strand van Santa Marta, door Engelse matrozen wier schip in de haven lag aangemeerd. Het spel sloeg aan en werd al snel onderdeel van de cultuur van de stad. Het is dan ook geen toeval dat Santa Marta een paar belangrijke Colombiaanse voetballers heeft voortgebracht, onder wie de legendarische Carlos Valderrama (legendarisch niet alleen om zijn spel maar ook om zijn haar) en, recenter, Radamel Falcao.

Informatie, evenementen en vervoer

Evenementen: Mompós staat bekend om twee grote jaarlijkse evenementen: de grootse viering van Semana Santa (rond Pasen) en het Festival de Jazz begin oktober. Gedurende Semana Santa zijn er verschillende processies en op woensdagavond wordt het kerkhof verlicht met kaarsjes. Semana Santa duurt in Mompós doorgaans langer dan in de rest van de wereld, want de Heilige Week wordt voorafgegaan door een 'Kleine Heilige Week', ofwel Semana Santica, met processies voor en door kinderen.

Vervoer naar Mompós: omdat Mompós door water wordt omgeven, is het niet bepaald makkelijk te bereiken, al worden er bruggen gebouwd die een bezoek makkelijker moeten maken. Eind 2019 opende het Aeropuerto San Bernardo (MMP) op 2 kilometer van Mompós, maar vanaf wanneer er op Mompós gevlogen kan worden en met welke maatschappij(en) was op het moment van schrijven niet bekend (u kunt een poging wagen op satena.com).

Er gaan dagelijks enkele directe bussen naar Mompós vanuit Cartagena (6,5 uur) en Bogotá (minimaal 14 uur). Neemt u geen directe bus, dan reist u als u uit het noorden of westen komt naar Magangué, waar u een taxi neemt naar de haven, op een ferry of boot (*chalupa*) naar Bodega stapt (een tochtje over de Magdalenarivier), om daar vervolgens een taxi of colectivo naar Mompós te nemen (45 min). Vanuit Santa Marta of Valledupar kunt u reizen via Bosconia, Santa Ana en Talaigua Nuevo, om daar op de ferry naar Mompós te stappen (15 minuten).

U kunt er uiteraard ook voor kiezen met een georganiseerde tour te gaan, bijvoorbeeld vanuit Cartagena de Indias of Santa Marta.

De baai van Santa Marta

Santa Marta ▶ J 3

Santa Marta, gesticht op 29 juli 1525, is de oudste stad van Colombia, maar staat in de schaduw van zijn glansrijke jongere zusje Cartagena de Indias. Niet zo gek, want Santa Marta kreeg eigenlijk al vanaf zijn stichting geen enkele kans. De eerste jaren woedde er een gewelddadige strijd tussen de Spanjaarden en de oorspronkelijke bewoners van het gebied, de Tayrona, die pas in 1600 definitief werden verslagen. En als gevolg van de oorlogen die Spanje voerde tegen Engeland en Frankrijk werd de havenstad in de eerste 300 jaar van zijn bestaan meer dan veertig keer aangevallen door boekaniers, piraten en ander gespuis, met als gevolg dat de stad amper groeide.

De verdedigingswerken werden gebouwd, vernietigd, opnieuw gebouwd, en weer vernietigd ... De situatie was zo wanhopig dat in de 18e eeuw werd besloten over te gaan op de strategie van 'verdediging door weerloosheid': de stad zag af van de bouw van verdedigingswerken in de hoop dat potentiële aanvallers zouden geloven dat er in Santa Marta niets te halen viel. Toen de Spaanse kroon besloot de schepen uit Panama voortaan in Cartagena te laten aanmeren, raakte de stad nog verder in verval.

Pas na 1840 verbeterde de economische positie van de stad als gevolg van de stijgende productie van bananen en tabak, die in 1899 nog eens extra werd gestimuleerd met de aanleg van spoorwegen door de Amerikaanse United Fruit Company. Nog altijd is de haven van Santa Marta belangrijk voor de export van producten, nu vooral steenkool en palmolie.

Vandaag de dag heeft Santa Marta (of Samaria, zoals de inwoners het liefkozend noemen) nog altijd een rauw randje: het is een stad van contrasten. Hij ligt aan een mooie baai met een zandstrand en een malecón vol palmen, en u zult kinderen in het water zien spelen, maar vanaf het strand ziet u ook de kranen van de industriehaven verderop. En de recente gentrificatie van het historische centrum heeft de contrasten tussen arm en rijk schrijnend zichtbaar gemaakt. Opgeknapte koloniale panden met hippe restaurants grenzen er aan vervallen huizen, en tussen de toeristen en beter bedeelde inwoners door lopen bedelende mannen, vrouwen en kinderen in vodden en op blote voeten ('*tengo hambre*', zullen ze tegen u zeggen, 'ik heb honger'). Armoede en dakloosheid zijn zichtbare problemen in deze stad.

Museo del Oro Tairona

Carrera 2 en Calle 14 (aan het Parque Simón Bolívar), di-za 9-17, zo 10-15, tel. 5 421 0251, proyectos.banrepcultural.org/museo-del-oro-tairona, toegang gratis

In de benedenzalen van dit mooie museum (met uitstekende informatie in zowel het Spaans als het Engels) vindt u precolumbiaans keramiek en goud, voornamelijk van de Nahuange (200-900) en de Tayrona (900-1600) die in dit gebied leefden.

Op de bovenverdieping bevindt zich een interessante expositie over de hedendaagse inheemse volkeren in het Magdalenagebied. Er zijn ook expo-

sities over Simón Bolívar, die in 1830 zijn laatste levensdagen in Santa Marta doorbracht, en over de geschiedenis van Santa Marta en in het bijzonder die van het gebouw waarin het museum zich bevindt. Dat deed onder meer dienst als Casa de la Aduana (douanekantoor) en als kantoor van de United Fruit Company. Dit museum is zonder twijfel een van de beste in het Caribisch gebied, zo niet het beste, en een bezoek meer dan waard (neem wel muggenspray mee).

Quinta de San Pedro Alejandrino

Avenida Libertador (Via Mamatoco), dagelijks 9-16.30, tel. 5 433 1021, museobolivariano.org.co, toegang 22.000 peso's

Nadat Simón Bolívar gedesillusioneerd was afgetreden als eerste president van Gran Colombia en had toegezegd zichzelf te zullen verbannen naar Europa, ging hij vanuit Bogotá op weg naar Cartagena om vanuit daar naar Europa te kunnen reizen. Hij strandde echter in Santa Marta, waar hij door de Spanjaard Joaquín de Mier werd uitgenodigd op zijn haciënda te verblijven, de Quinta de San Pedro Alejandrino op een voormalige suikerrietplantage. Op 17 december 1830 overleed de 47-jarige Bolívar daar aan tuberculose.

Ook voor wie niet bijzonder geïnteresseerd is in het bed waarin Bolívar overleed, of de stoel waarin hij tijdens zijn verblijf zat, is een bezoek aan de haciënda de moeite waard. Het oudste deel van het gebouw dateert uit 1608, maar het meeste werd in de 18e eeuw bijgebouwd, en in de kamers staan originele meubelstukken, waaronder een bad van Italiaans marmer. Daarnaast is er een museum gewijd aan Bolívar, het Museo Bolivariano, informatie over de productie van suiker (de plantage had een eigen molen en distilleerderij) en een botanische tuin van 22 hectare.

Witte brouwsels

Er wordt nogal wat verkocht op straat en u kunt in de grote potten die op karren door de Caribische straten worden geduwd twee wat lobbige witte dranken aantreffen. Het eerste brouwsel is *avena*, populair in heel Colombia: een havermoutsmoothie, vaak met kaneel en kruidnagel, en (uiteraard) met heel veel suiker of *panela*. Het tweede witte brouwsel vindt u vooral aan de Caribische kust: de *peto costeño* (vergelijkbaar met *mazamorra* uit Antioquia). *Peto* wordt gemaakt van gedroogde witte mais, water, melk, kaneel en *panela*, en soms een Caribisch vleugje kokos.

Om de Quinta de San Pedro Alejandrino te bereiken kunt u op de malecón op een bus naar Mamatoco stappen (1800 peso's, ongeveer 20 min), vraag de chauffeur om u bij de Quinta af te zetten. Een taxi kost tussen de 8000 en 10.000 peso's (maak een prijsafspraak met de chauffeur).

Overnachten

De meeste Colombiaanse toeristen verblijven in El Rodadero, zo'n 12 kilometer ten zuiden van het centrum. U vindt er (luxe)hotels en resorts, een strand waar u kunt zwemmen en bars en clubs. Vanuit El Rodadero is het zo'n 20 minuten naar het historische centrum van Santa Marta (bus 1800 peso's, taxi 12.000 peso's). Een prima plek voor een strandvakantie, maar El Rodadero mist de charme (en het rauwe randje) van het oude centrum.

Chic – **Don Pepe:** Calle 16 #1C-92, tel. 5 4210215, hotelboutiquedonpepe.com. Charmant boetiekhotel met twaalf kamers en een heel goed restaurant.

Luxe – **Casa Carolina:** Calle 12 #3-40, tel. 5 423 3354, hotelcasacarolina.com. Modern ingerichte kamers in een historisch pand. Met zwembad, spa, dakterras en restaurant.

Goed gelegen – **Casa Verde:** Calle 18 #4-70, tel. 5 431 4122, casaverdesantamarta.com. Fantastisch klein hotel in een gebouw uit 1920, gelegen op een uitstekende locatie in het historische centrum, dicht bij veel goede restaurantjes.

Budget – **Fátima Hostel:** Calle 18 #5-66, tel. 321 755 9049, fatimahostels.com. Goed hostel op een paar minuten lopen van het bruisende centrum (maar in een rustige straat), met een bar én twee jacuzzi's op het dakterras. Gratis ontbijt. De receptionisten zijn bijzonder vriendelijk en behulpzaam en er zijn ook een paar tweepersoonskamers.

Eten en drinken

In het centrum zitten in Calle 19 en rond het Parque de los Novios talloze restaurants in alle prijsklassen.

Grieks – **Ouzo:** Carrera 3 #19-29 (Parque de los Novios), tel. 5 423 0658, ouzosantamarta.com. Op de kaart van dit restaurant staan gerechten uit Italië, Spanje en, zoals de naam al doet vermoeden, Griekenland. De gyros (Ouzo Gyro) is om je vingers bij af te likken.

In de haven – **Caribbean Team:** Carrera 1 #22-93, Local 5 en 6, tel. 301 330 7788. Het terras van dit restaurantje ligt tussen de baai en de jachthaven in. Het muziek staat op flink volume en op de kaart staan cocktails, hotdogs en hamburgers (ook een vegetarische), en een fantastische *limonada de coco*.

Indiaas – **Maharadja India:** Carrera 4 #14-34, tel. 315 246 9105. Authentiek Indiaas eten is niet zo makkelijk te vinden in Colombia, maar bij dit restaurant kunt u uw hart ophalen. Verwen uzelf met een *thali vegetariano* of *thali de pollo*... U zult er geen spijt van krijgen.

Alleenstaande moeders

De *costeño*-cultuur is een machocultuur en dat is duidelijk merkbaar, zeker voor alleenreizende vrouwen. Sommige *costeños* schromen niet om wildvreemde vrouwen op straat toe te roepen dat ze mooi zijn of ze na te fluiten; het gebeurt hier vaker dan in de rest van Colombia. Gewoon negeren en niet in de ogen kijken, is het advies – tenzij de interesse wederzijds is uiteraard. Helaas heeft het ontmaagden van meisjes een zekere status onder de machomannen; ze scheppen graag tegen elkaar op over hoeveel vrouwen ze hebben ontmaagd. Het gevolg is dat er in het Caribische kustgebied relatief veel alleenstaande tienermoeders zijn.

Lunch – **Lulo:** Carrera 3 #16-34, tel. 5 423 2725. Een uitstekende plek om te lunchen, u hebt de keuze uit allerhande goedgevulde salades, arepa's, wraps, broodjes en pitabroodjes.

Hamburgers – **SMR Burger House:** Calle 18 #2-55, tel. 5 431 5340. De beste hamburgers in het centrum van Santa Marta eet u bij dit kleine, pretentieloze tentje.

Fijn café – **Ikaro Café:** Calle 19 #3-60, tel. 5 430 5585, ikarocafe.com. Groene planten aan de muur, *daybeds*, biologische koffie en een uitgebreid ontbijt- en lunchmenu met veel vega-opties.

Actief

Duiken – **Santa Marta Dive & Adventure:** Calle 17 #2-43, tel. 5 422 6370, santamartadiveandadventure.com.co.

Informatie en vervoer

Vliegveld: Santa Marta's Aeropuerto Simón Bolívar (SMR) is het mooist gelegen vliegveld van Colombia, u landt zo ongeveer op het strand. Avianca, LATAM en Viva Air vliegen op Santa Marta, er zijn directe vluchten naar Bogotá, Medellín, Bucaramanga en Pereira. Het vliegveld ligt 13 kilometer ten zuiden van de stad; een taxi kost rond de 25.000-30.000 peso's (maak een prijsafspraak, taxi's hier hebben geen meters). Er gaan ook busjes naar het centrum (1800 peso's, 40 min).

Bus: het Terminal de Transporte (Calle 41 #32-17) ligt 4 kilometer ten zuidoosten van het centrum, een taxi kost zo'n 6000-7000 peso's. Bussen naar Barranquilla, Bogotá, Bucaramanga, Cartagena, Medellín en Riohacha.

Bus naar Tayrona (7000 peso's) en Palomino (10.000 peso's): vertrekpunt is de hoek van Carrera 9 en Calle 11 (bij de Mercado Publico), de bussen vertrekken regelmatig.

Deur-tot-deurvervoer naar Barranquilla, Cartagena of Palomino: MarSol (transportesmarsol.net) heeft een handige deur-tot-deurservice, uw accommodatie kan dit voor u boeken.

Minca ▶ K 3

Op slechts 42 kilometer van de Caribische Zee bevinden zich enkele van de hoogste besneeuwde bergtoppen van Colombia, in de Sierra Nevada de Santa Marta. Ongeveer 20 kilometer ten zuidoosten van Santa Marta, in de uitlopers van deze Sierra Nevada, ligt op 660 meter hoogte het kleine plaatsje Minca. In de laatste jaren is dit dorpje van 1200 inwoners tussen de (biologische) koffieplantages uitgegroeid tot een populaire (eco)toeristische bestemming. Het heeft een aangenaam klimaat, een aantal watervallen en zwemplaatsen, talloze exotische vogelsoorten en prachtige uitzichten over omringende bergen, dalen en nevelwouden.

Als u Minca voor een dag bezoekt, kunt u ervoor kiezen de omgeving te voet te verkennen, of een dealtje sluiten met een *mototaxi*-chauffeur om u de hoogtepunten te laten zien.

Overnachten, eten en drinken

In Minca zelf is niet zoveel te beleven; de meeste accommodaties bevinden zich op redelijke afstand van het dorpje en verzorgen daarom zelf maaltijden.

Heuveltop – **Casa Loma:** 10 min lopen, tel. 313 808 6134, casalomaminca.com. Vanuit dit houten huis op een heuveltop hebt u een prachtig uitzicht op de omgeving en er is een restaurant dat fantastisch (vegetarisch)

Nevelwouden bij Minca

eten serveert. U kunt kiezen uit een hangmat, slaapzaal of tweepersoonskamer. Er zijn dagelijks yogalessen.

Ecolodge – Mundo Nuevo: een uur lopen van het dorp, *mototaxi* 20.000 peso's, tel. 300 360 4212, mundonuevo. com.co. Mundo Nuevo begon als biologische boerderij maar u kunt er nu ook slapen, in hangmat, slaapzaal of tweepersoonskamer. Mundo Nuevo streeft naar duurzaamheid en een zelfvoorzienend bestaan, met eigen eten, water en energiebronnen. De kans dat u hier nooit meer weg wilt, is aanzienlijk.

Bakkerij – La Miga: Carrera 66, naast de Banco de Bogotá, tel. 322 500 8939. Franse bakkerij. De chocoladebroodjes zijn een aanrader, net als de hummus, en het zuurdesembrood, en ... nou ja, alles eigenlijk.

Actief

Abseilen Las Cascadas de Marinka – **River Adventure Tours:** tel. 312 359 5090. Ook meerdaagse wandeltochten naar Cerro Kennedy.

Koffietour – La Victoria 1892: lavictoria-coffee.com, zo'n twee uur lopen van Minca, voor een *mototaxi* betaalt u 20.000 peso's. Tour 10.000 peso's.

Tour rond Minca en vogelen – Fidel Travels: tel. 321 589 3678.

Tour rond Minca, vogelen en koffietour Jungle Joe: tel. 317 308 5270, junglejoeminca.com.

Waterval met meertje – Pozo Azul, 40 minuten lopen van Minca. Toegang gratis.

Watervallen met meertjes – Las Cascadas de Marinka, een uur lopen van Minca. Toegang 4000 peso's.

Informatie en vervoer

Colectivo of minibus: vanuit Santa Marta, op de hoek van Carrera 9 en Calle 12 (bij de Mercado Publico), zo'n 45 min, vertrek als de colectivo/bus vol is), 10.000 peso's.

Ciudad Perdida ▶ K 3

Voordat de Spaanse conquistadores voet aan wal zetten in Santa Marta, leefden de Tayrona-indianen in het gebied, niet alleen in de kuststreken, maar ook in de Sierra Nevada de Santa Marta. Daar, diep in de bergen, op hemelsbreed zo'n 45 kilometer van Santa Marta, hadden zij in 660 een stad gesticht die zij Teyuna noemden, en die in de loop der eeuwen uitgroeide tot een belangrijk politiek en economisch centrum. Op het moment dat de Spanjaarden arriveerden en ten strijde trokken tegen de inheemse bevolking, leefden er naar schatting zo'n 2000 tot 4000 mensen in deze hoofdstad van de Tayrona, maar ergens tussen 1550 en 1650 was daar niemand meer van over. De Tayrona waren uitgemoord en de verlaten stad werd vergeten, tot *quaqueros* (grafrovers) begin jaren 70 in de jungle de ruïnes terugvonden. Zelfs nadat de regering in 1976 troepen en archeologen het gebied in stuurde braken er regelmatig gewelddadige gevechten uit tussen grafrovers die zochten naar het goud van de Tayrona, wat het gebied de bijnaam Infierno Verde opleverde, de Groene Hel.

De mystieke Ciudad Perdida (Verloren Stad) op 1300 meter hoogte bestaat uit honderden ronde stenen terrassen, die ooit de fundering vormden voor de houten huizen waarin de Tayrona leefden. De verschillende delen van de stad zijn met elkaar verbonden door voetpaden en stenen stapstenen. Het grootste deel van de stad ligt nog onder de grond.

Ciudad Perdida is alleen te voet te bereiken, middels een prachtige, vier- of vijfdaagse tocht van 40 kilometer door ongerepte jungle, die begint in El Mamey (u bent verplicht met een georganiseerde tour mee te gaan). Als u voor de vijfdaagse tour kiest, wandelt u de eerste dagen zo'n vier a vijf uur per dag – door bergachtig gebied in de jungle, dus met veel klimmen en dalen. Onderweg komt u langs verschillende rivieren waarin u kunt zwemmen, passeert u dorpjes van de inheemse, in het wit geklede Kogi-indianen en aan het eind van de derde of aan het begin van

Parque Nacional Natural Tayrona

de vierde dag (afhankelijk van uw tourorganisatie) doemen daar de terrassen van de Verloren Stad op in de jungle. Als u Ciudad Perdida op de vierde dag bereikt, loopt u op de terugweg tot acht of negen uur per dag – u moet dus redelijk fit zijn om deze wandeltocht te kunnen maken.

Een maand per jaar, meestal in september, is Ciudad Perdida niet toegankelijk voor publiek, maar uitsluitend voor autoriteiten en inheemse volken.

Tourorganisaties

U kunt de wandeltocht naar Ciudad Perdida doen in vier, vijf of zes dagen. De prijs is officieel vastgesteld en als het goed is overal hetzelfde, onafhankelijk van het aantal dagen (begin 2020 bedroeg de officiële prijs 1.150.000 peso's). Dit is inclusief vervoer naar El Mamey, eten en drinken, accommodatie (bedden, soms hangmatten), reisverzekering en toegang tot Ciudad Perdida.

Er waren op moment van schrijven vijf tourorganisaties die tochten naar Ciudad Perdida mochten aanbieden: **Turcol** (turcol.co), **Expotur** (expotur-eco.com), **Magic Tour** (magictourcolombia.com), **Baquianos** (baquianos.com) en **Wiwa Tour** (wiwatour.com). Expotur (Carrera 3 #17-27, Santa Marta, tel. 5 430 7161) is een goede keus aangezien hun gidsen onder goede voorwaarden werken en zij doorgaans vroeg vertrekken, en dus ook op tijd aankomen op de overnachtingsplekken (voor het gaat schemeren).

Parque Nacional Natural Tayrona ✳ ▶ K 3

Op de weg tussen Santa Marta en Riohacha bevinden zich twee ingangen: Calabazo en El Zaíno, dagelijks

tussen 8 en 17 (eenmaal binnen kunt u blijven zolang u wilt), het park is een maand per jaar gesloten (meestal jan of feb), toegang laag-/hoogseizoen 53.500/63.5000, verplichte ongevallenverzekering 4000 peso's
Parque Tayrona beslaat een jungleachtig gebied langs de kust van meer dan 12.000 hectare land en 3000 hectare zee. Een bezoek aan het magische natuurgebied is een hoogtepunt van elke reis naar Colombia. Via goed onderhouden wandelpaden door de jungle loopt u naar en langs de stranden. U treft er wit zand, kokospalmen, enorme grijze rotsblokken en de verfrissende, azuurblauwe Caribische Zee.

Midden in het park bevindt zich El Pueblito, de ruïnes van een voormalige nederzetting van de Tayrona. Op heldere dagen ziet u achter de jungle de hoge toppen van de Sierra Nevada de Santa Marta opdoemen.

Het kan druk zijn in Parque Tayrona, dus het is aan te raden uw kaartje vooraf te kopen op parquetayrona.com.co (neem uw paspoort mee naar het loket). Er zijn verschillende restaurants en cafés in het park en campings waar u kunt overnachten, in een hangmat of tent. Neem water mee, dat is duur in het park. U mag geen alcohol en glas meenemen, de kans is groot dat uw tas bij binnenkomst wordt gecontroleerd.

Zie de ontdekkingsreis op blz. 158 voor een mooie wandelroute en meer informatie.

Informatie en vervoer

Er rijden elk halfuur busjes tussen Santa Marta en Palomino die op verzoek stoppen bij zowel Calabazo als El Zaíno. Vertrek Santa Marta: hoek Carrera 9 en Calle 11, 7000 peso's. Vertrek Palomino: hoofdweg (steek uw hand op), 6000 peso's.

Op avontuur in Parque Tayrona

Parque Tayrona aan de Caribische kust is een van de mooiste natuurgebieden van Colombia. Deze tweedaagse wandeltocht leidt u langs de hoogtepunten.

Kaart: ▶ K 3
Duur wandeltocht: 2-2,5 uur op dag 1, 4 tot 5 uur op dag 2
Vervoer: zie blz. 157

Overnachten: Camping Cabo de San Juan (cabosanjuantayrona.com). Voor een extra nacht is Ecohabs een aanrader (ecohabsantamarta.com/ecohabs-tayrona), in Cañaveral.
Eten en drinken: er zijn restaurants in Arrecifes en Cabo de San Juan.
Meenemen: contanten, muggenspray, zonnebrandcrème en (als u in een hangmat slaapt) een trui voor 's nachts.

Dag 1: Van El Zaíno via Arrecifes naar Cabo de San Juan del Guia

Nadat u bij El Zaíno de toegang tot het park hebt betaald, hebt u de keuze om te lopen naar Cañaveral (2,5 km, ongeveer 30 min) of het redelijk saaie geasfalteerde stuk af te leggen in een minibusje (3000 peso's). Bij Cañaveral houdt het asfalt op en kunt u alleen te voet verder (of te paard, maar de paarden verkeren niet allemaal in even goede conditie, dus u kunt beter uw eigen benen gebruiken).

Bij Cañaveral begint het pad naar Arrecifes ('sendero Arrecifes'), een wandeling van 45 minuten tot een uur. U loopt door de jungle, klimmend en dalend, soms over houten loopbruggen en trappen, naar het strand van Arrecifes (waar u niet kunt zwemmen, een bord waarschuwt dat er meer dan honderd mensen zijn verdronken).

Vanaf Arrecifes loopt het pad verder over het strand, langs enorme rotsblokken en door dichte begroeiing, en daarna weer de jungle in. Via een modderig breed pad tussen kokospalmen door en een mooi palmenbos komt u na ongeveer veertig minuten uit op het idyllische Playa Arenilla, waar het veilig is om te zwemmen. Zo'n vijf tot tien minuten verderop bevindt zich La Piscina, nog een mooi strand waar u ook een verfrissende duik kunt nemen.

Vanaf La Piscina is het nog zo'n twintig minuten wandelen naar Cabo de San Juan del Guia, twee prachtige baaitjes met azuurblauwe zee, waar u de camping vindt waar u kunt overnachten (in een lodge, die u van tevoren reserveert via de website, of in een tent of hangmat, die u niet kunt reserveren).

Dag 2: Van Cabo de San Juan via El Pueblito naar Calabazo

Vanaf Cabo de San Juan is het zo'n 2,5 uur klimmen (soms over rotsen, het is zeker geen makkelijk wandelingetje)

naar El Pueblito, de ruïnes van een nederzetting van de Tayrona, Chairama genaamd. Hier bevinden zich enkele stenen terrassen en overgroeide trappen en hedendaagse Kogi-hutten (maak geen foto's van de Kogi zonder eerst toestemming te vragen).

Vanaf El Pueblito is het nog zo'n twee uur lopen door de jungle naar de Calabazo-ingang. Omdat deze ingang veel minder wordt gebruikt dan de ingang bij El Zaíno, komt u hier veel minder mensen tegen. Vanaf de ingang is het nog een korte wandeling naar de doorgaande weg, waar u op een bus naar Santa Marta of Palomino kunt stappen.

Vindt u de wandeling naar El Pueblito wat te veel van het goede, dan kunt u er uiteraard ook voor kiezen om op de tweede dag dezelfde route weer terug te lopen naar de El Zaíno-ingang.

Alternatieve route (extra nacht)

Als u een extra nacht in Parque Tayrona wilt verblijven, kunt u de route andersom lopen: beginnen in Calabazo, de eerste nacht overnachten in Cabo de San Juan en de volgende dag van Cabo de San Juan naar de camping in Arrecifes wandelen, of nog een klein stukje verder naar het luxere Ecohabs in Cañaveral. Houd er wel rekening mee dat de wandeling van Calabazo naar Cabo de San Juan (zo'n 4,5 uur) redelijk pittig is, zeker in de hitte.

La Guajira

In het uiterste noorden van Colombia, en dus van Zuid-Amerika, ligt het departement La Guajira, dat in het zuiden grenst aan Venezuela. Het grootste deel van La Guajira beslaat een schiereiland van zo'n 200 kilometer lang en 75 kilometer breed – het uiterste puntje bevindt zich op slechts 130 kilometer van Aruba. Vlak na Palomino verandert de vegetatie drastisch en maken dichtbegroeide jungle en bananenplantages plaats voor uitgestrekte zandvlaktes en cactussen. Het schiereiland ligt in de regenschaduw van de Sierra Nevada de Santa Marta, wat de droogte verklaart.

La Guajira is rijk aan natuurlijke (grond)stoffen: er loopt een spoorlijn door het gebied waarover immense hoeveelheden steenkool worden afgevoerd en het grootste deel van het zout in Colombia komt van de zoutvelden van Manaure. Van die rijkdom ziet de lokale bevolking echter weinig terug. Er liep ooit een rivier over het eiland, maar het water daarvan wordt gebruikt voor de steenkolenmijn; de bedding is nu droog, de bruggen staan doelloos in de zandvlaktes. Water wordt per vrachtwagen naar La Guajira gebracht.

In de woestijn van La Guajira wonen de armste mensen van Colombia, de inheemse wayuu, een semi-nomadisch volk dat zoveel weerstand bood aan de Spaanse kolonisten dat ze nog altijd in het gebied leven. Ze wonen in *rancherías*, kleine nederzettingen, en leven van de visvangst, hun geiten en hun haakwerk. De kleurrijke *mochila wayuu* of *susu*, hun traditionele tas, is een populair souvenir (zie blz. 163). De wayuukinderen versperren soms de wegen voor toeristen door een touw over de weg te spannen, ze laten het zakken in ruil voor water of eten.

Het landschap van La Guajira is onvergetelijk. Het eindeloze, uitgestrekte niets, de blauwe zee naast het gouden zand, de zandduinen – alsof u aan het einde van de wereld bent geraakt. Maar erg paradijselijk is het niet. Er heerst grote armoede en er is een schrijnend afvalprobleem.

Palomino ▶ L 3

Palomino ligt in het departement La Guajira maar hoort gevoelsmatig nog bij Magdalena. In het afgelopen decennium is Palomino – ooit een slaperig tropisch dorpje waar af en toe een auto doorheen reed met op een kwartier lopen van de weg een strand vol palmen – uitgegroeid tot een backpackerhotspot vol hostels en restaurants, en er wordt nog altijd druk bijgebouwd. Er zijn dus veel voorzieningen, maar het heeft de oorspronkelijke charme wel wat verloren. In verband met de sterke stromingen kunt u hier niet in zee zwemmen.

Overnachten

Paradijsje – **Aité Eco Hotel:** 2 km na Palomino, tel. 321 782 1300, aite.com.co. Dit boetiekhotel ligt net buiten het dorp (15 min lopen over het strand) in een klein paradijsje. Niet de goedkoopste optie in Palomino, wel de fijnste.

Groot zwembad – **Tiki Hut:** tel. 314 794 2970, tikihutpalomino.co. Dit hostel vlak bij het strand heeft drie slaapzalen en zeven tweepersoonscabaña's. Het ligt aan het eind van de weg naar het strand en heeft een groot zwembad en een bar-restaurant.

Vervoer

Bussen naar Palomino vertrekken van de Marcado Publico in Santa Marta, op de hoek van Carrera 9 en Calle 11 (1,5 uur, 10.000 peso's, via Parque Tayrona). Vanuit Cartagena of Santa Marta kunt u ook met MarSol reizen, een deur-tot-deurservice (marsol.com.co).

Riohacha ▶ M 2

Riohacha, de hoofdstad van het departement La Guajira, heeft een mooie en leuke malecón, waar wayuuvrouwen hun mochila's verkopen en u verschillende visrestaurants en bars vindt. Wilt u naar Cabo de la Vela en Punta Gallinas, dan kunt u (in verband met de lange rit over onverharde wegen) het beste vanuit Riohacha vertrekken. Het **Taroa Lifestyle Hotel** is het beste hotel van Riohacha (Calle 1 #4-77, tel. 5 729 1122, taroahotel.com). Een uitstekende budgetoptie is het **Bona Vida Hostel La Quinta** (Calle 5 #8-20, tel. 314 637 0786, bonavidahostel.com), dat ook een ruim aanbod aan tours heeft. Overige aanbevolen tourorganisaties:
Expotur: Carrera 5 #3A-02, tel. 5 728 8232, expotur-eco.com.
Kaí Ecotravel: Calle 5 #7-24, tel. 5 729 2936, kaiecotravel.com.

Uribía, Manaure, Cabo de la Vela en Punta Gallinas ▶ M-O 1/2

De meeste tours tonen u **Uribía**, de vervuilde 'Inheemse Hoofdstad van Colombia' – vooral een plek om provisie in te slaan en te pinnen. Ook bezoekt u de **Salinas van Manaure**, zoutvlakten die er mooi uitzien, maar waar mensen werken tegen magere loontjes onder slechte omstandigheden. Natuurschoon vindt u bij **Cabo de la Vela** (het uitzicht vanaf de Pilón de Azúcar, de zonsondergang bij El Faro, zwemmen bij Ojo del Agua ...) en de gigantische zandduinen van **Punta Gallinas** in het afgelegen uiterste noorden van Colombia. U kunt hier van de duinen glijden, zo de zee in.

Informatie en vervoer

Toeristische informatie: Calle 1 (malecón) #4-42, tel. 5 728 2046.
Bus: de Terminal de Transporte bevindt zich op Calle 15 #11-38. Een taxi naar het centrum kost 6000 peso's. Er gaan bussen naar Bogotá, Bucaramanga, Santa Marta en Valledupar.

De 120 meter hoge Pilón de Azúcar en Playa de Pilón, Cabo de la Vela

Favoriet

De *susu* of *mochila wayuu*

De traditionele tas van de wayuuvrouwen, de kleurrijke gehaakte *susu*,
is uitgegroeid tot een populair souvenir. Elke tas is uniek en handgemaakt
en de patronen en kleuren vertellen
een verhaal. De beste plek om een susu
te kopen is natuurlijk La Guajira (bijvoorbeeld in Cabo de la Vela), waar
u het geld direct overhandigt aan de
vrouw die uw tas heeft gemaakt. De
prijzen zijn afhankelijk van de maat:
de kleinste *mochila* kost rond de 15.000
peso's en op het schiereiland betaalt u
voor een grote tas zo'n 50.000 peso's,
iets meer als de mochila van één draad
is gehaakt. Gezien de omstandigheden
waaronder de wayuu leven, is afdingen
hier niet erg chic. Op de malecón van
Riohacha betaalt u doorgaans minder
(40.000 peso's voor een grote tas).
De wollen schoudertassen met witte,
bruine en zwarte patronen worden gemaakt door de Arhuaco (of Ika) uit de
Sierra de Nevada de Santa Marta. De
mochila arhuaca vindt u vooral in Santa
Marta; omdat ze van wol zijn gemaakt
zijn ze doorgaans duurder dan susu's.

San Andrés en Providencia

Hoogtepunten ✴

Providencia: een groen en heuvelachtig Caribisch eiland omringd door zee in vele tinten blauw. Zie blz. 176.

Op ontdekkingsreis

Zon, zee, strand en palmen: verken San Andrés per *motocarro* of mountainbike. Zie blz. 174.

Een Caribische fietstocht: een fietstocht langs de mooiste plekjes van Providencia. Zie blz. 178.

Zon, zee strand en palmen

Een Caribische fietstocht

Bezienswaardigheden

First Baptist Church: dit kerkje boven op de heuvel representeert een belangrijk deel van de geschiedenis van San Andrés. Zie blz. 169.

De botanische tuin van San Andrés: een tropisch paradijs met een fantastisch uitkijkpunt. Zie blz. 169.

Actief

Kajakken: verken de mangrovebossen op San Andrés in een transparante kajak. Zie blz. 170.

Duiken: in de warme Caribische Zee rondom San Andrés liggen prachtige koraalriffen en de omstandigheden zijn het grootste deel van het jaar uitstekend. U vindt een lijst met aanbevolen duikscholen op blz. 171.

Snorkelen bij Crab Cay: rondom dit piepkleine eilandje voor de oostkust van Providencia kunt u geweldig snorkelen. Zie blz. 177.

Sfeervol genieten

Big V Raizal Home: verblijf bij een gezellige Raizalfamilie en leer meer over de Raizalcultuur. Zie blz. 172.

Divino Niño Jesus: bij dit restaurant op het strand van Southwest Bay kunt u heerlijk eten. Zie blz. 181.

Uitgaan

Kella Reggae Bar: deze reggaebar aan zee biedt een authentieke Caribische uitgaanservaring op San Andrés. Zie blz. 173.

Twee paradijselijke eilanden

Witte stranden, azuurblauwe zee en palmbomen ... Wie droomt er niet van? Op de Colombiaanse eilanden San Andrés en Providencia kunt u die droom laten uitkomen. Beide eilanden liggen in de Caribische Zee, dichter bij Nicaragua dan bij Colombia. Ze vormen een uitstekende locatie om te snorkelen of duiken in de prachtige koraalriffen, voor een ontspannen fietstochtje, om een boek te lezen op het strand of om cocktails te drinken bij zonsondergang. Dit is het minst Colombiaanse stukje Colombia, met een geheel eigen cultuur, religie en taal – de bewoners van San Andrés en Providencia, de Raizal, voelen zich nauwelijks met Colombia verbonden.

Voor zover bekend waren de eerste bewoners van Providencia Nederlandse kolonisten die er eind 16e eeuw voet aan wal zetten. In 1631 werden zij

INFO

Taal: Engels, Spaans en creools

Website: sanandres.gov.co

Toeristenkaart
Wie San Andrés en Providencia bezoekt, moet op het vliegveld van vertrek een Tourist Card (*Tarjeta de turismo*) kopen (112.500 peso's) en invullen, een soort immigratieformulier. Hiermee kunt u per jaar maximaal vier maanden op de eilanden verblijven.

Heenreis en vervoer San Andrés
Vliegtuig: Avianca, LATAM, Viva Colombia en Wingo vliegen dagelijks op San Andrés (Aeropuerto Internacional Gustavo Rojas Pinilla) vanaf verschillende luchthavens op het vasteland (Bogotá, Medellín, Cali, Barranquilla, Cartagena).
Vervoer vanaf het vliegveld: op het vliegveld kunt u een taxi nemen naar uw bestemming in San Andrés Town (15.000 peso's, maak een prijsafspraak met de chauffeur). Aangezien het vliegveld maar 1,5 km buiten San Andrés Town ligt, kunt u ook lopen (15 minuten).

Op San Andrés: een leuke manier om het eiland te verkennen is per golfkarretje (*mula*, *motocarro*, of *carrito*) of fiets (zie blz. 174). Er gaan ook bussen (2550 peso's per rit).

Heenreis en vervoer Providencia
Vliegtuig: Satena (satena.com) en Searca (searca.com.co) vliegen tussen San Andrés en Providencia (Aeropuerto El Embrujo), boeken via Satena.
Catamaran: als het weer het toelaat vaart er een catamaran (zonder zeil) op en neer tussen San Andrés Town (Muelle Toninos) en Santa Isabel op Providencia. De vaartocht duurt zo'n 3,5 uur en kan onstuimig zijn; u krijgt pillen tegen zeeziekte. De boot vertrekt om 8 uur uit San Andrés Town en om 14.30 uit Providencia. Voor meer informatie: conocemosnavegando.com of tel. 318 347 2336.
Op Providencia: het eiland heeft één weg die rondloopt en de kustlijn volgt. Het is handig om een scooter of golfkarretje te huren (bijvoorbeeld bij Providencia Tours in Aguadulce, tel. 314 310 1326). Er zijn twee pinautomaten op het eiland, allebei in Santa Isabel.

uit hun paradijs verdreven door de Engelsen, die het eiland koloniseerden en er – met gebruik van Afrikaanse slaven uit Jamaica – tabak en katoen gingen verbouwen. De Raizal zijn nakomelingen van de Engelse kolonisten en de Jamaicaanse slaven. Zij spreken een unieke taal, het San Andrés-Providencia-creools, een mix van Engels, Spaans en een aantal Afrikaanse talen. Het protestantisme is de grootste religie op San Andrés en Providencia.

Wegens de strategische ligging van de eilanden in de Caribische Zee vormden ze in het verleden een populaire uitvalsbasis voor piraten. De Spanjaarden gebruikten de havens van Cartagena, Portobelo (nu Panama), Veracruz (Mexico) en Havana (Cuba) voor hun scheepskonvooien, dus hun schepen konden vanuit Providencia makkelijk worden overvallen. Welshman sir Henry Morgan, een van de succesvolste buccaniers van de 17e eeuw, had zijn thuisbasis in Fort Warwick op Santa Catalina (een klein eilandje ten noorden van Providencia) en hij had nog drie bases op Providencia zelf. Morgan overviel Santa Marta, Riohacha en Portobelo in 1970 en een jaar later verwoestte hij Panama-Stad en martelde en vermoordde een groot deel van de bevolking. De legende wil dat de schatten van Captain Morgan nog altijd op Providencia begraven liggen ...

Nadat Colombia in 1810 onafhankelijk werd, streed het jarenlang met Nicaragua om San Andrés en Providencia. In 1928 werd in een verdrag bepaald dat de eilanden bij Colombia hoorden.

Nadat slavernij werd verboden in 1853, namen de Raizal San Andrés en Providencia over. De katoenplantages werden vervangen door kokosnootplantages, die er vandaag de dag niet meer zijn omdat een ziekte de bomen verwoestte. Lange tijd bleef de unieke Anglo-Caribische cultuur van de Raizal onaangetast, maar dat veranderde toen er in de jaren 50 een luchtverbinding kwam tussen San Andrés en het vasteland van Colombia en de regering in 1953 besloot er een belastingvrije zone van te maken. Toeristen, winkels voor die toeristen en reusachtige all-inclusivehotels veranderden het aangezicht van het Caribische eiland ingrijpend. Om de Raizalcultuur te beschermen, kwamen er begin jaren 90 restricties op immigratie. Vandaag de dag bestaat een derde van de bevolking van San Andrés uit Raizal en wordt er naast San Andrés-Providencia-creools ook veel Spaans gesproken. Omdat Providencia alleen via San Andrés is te bereiken (met een relatief dure vlucht of een misselijkmakend boottochtje) en niet vanaf het vasteland, heeft het eiland zijn oorspronkelijke karakter nog veel meer weten te behouden en is het (vooralsnog) minder toeristisch.

San Andrés ▶ C 1

Het langgerekte eiland San Andrés – volgens sommigen heeft het de vorm van een zeepaardje – is 12 kilometer lang en 3 kilometer breed en heeft een oppervlakte van 26 km² (ter vergelijking: de oppervlakte van Schiermonnikoog bedraagt 44 km²). San Andrés is dichtbevolkt: er wonen naar schatting zo'n 68.000 mensen. Er loopt een weg rond het eiland, de Avenida

De beste tijd om te gaan

November, december en januari zijn de natste maanden op San Andrés en Providencia. In februari, maart en april valt de minste regen. De drukste periodes (met de hoogste prijzen) zijn Semana Santa (de paasvakantie), juli en augustus en december en januari.

Cirvunvalar, met een totale lengte van 30 kilometer. Het grootste plaatsje is San Andrés Town in het noorden van het eiland. Een schoonheidsprijs zal het stadje met de vele grote hotels, bars, clubs en taxfreeshops nooit winnen, maar het is een levendige toeristenstad die de toegangspoort vormt tot idyllischer plekjes op het eiland.

San Andrés heeft twee helden die niets met elkaar te maken hebben, maar die beide een moderne representant vormen van een deel van de historie van het eiland: de Jamaicaanse reggae-artiest Bob Marley en Captain Jack Sparrow, de zeeheld uit de *Pirates of the Caribbean*-films. Hun beeltenissen komt u overal op het eiland tegen.

San Andrés is een ideaal vakantie-eiland, niet alleen door de ontspannen sfeer, het is ook de perfecte plek voor boottochtjes over de Caribische Zee en om te duiken. Het eiland ligt op een enorm barrièrerif, het zicht is (bijna altijd en bijna overal) goed en het zeewater het hele jaar door warm.

Centro Cultural

Avenida Colón 2-74, San Andrés Town, ma-vrij 8.30-18, za 9-13, tel. 8 512 3698, banrepcultural.org/san-andres, toegang gratis
Klein cultureel centrum in San Andrés Town, geopend door de Banco de la República. Het huisvest een bibliotheek, een tentoonstelling over de geschiedenis van het eiland en werk van lokale kunstenaars. Er zijn soms ook concerten en lezingen.

Johnny Cay Natural Regional Park

Dagelijks 9-17, toegang 5000 peso's, boten vertrekken 's ochtends van San Andrés Beach (Playa de Spratt Bight) tussen 8.30 en 10.30, laatste boten keren terug rond 15.30 (laagseizoen) of 16.30 (hoogseizoen), overtocht (retour) 10.000 (colectivo) tot 30.000 (privéboot) peso's p.p.
Johnny Cay (Cay spreekt u uit als het Engelse *key*) is een koraaleilandje van vier hectare dat anderhalve kilome-

San Andrés Beach en Johnny Cay

ter ten noorden van San Andrés Town ligt. Het is een populaire dagbestemming aangezien de mooiste stranden van San Andrés zich op dit met kokospalmen bedekte stukje land bevinden. Johnny Cay heeft alles: hagelwitte stranden, zee in alle kleuren blauw, (on)officiële) obers die desgewenst eten en coco loco-cocktails bezorgen en ongeveer vijfhonderd iguana's (een leguanensoort, ze kunnen zo'n anderhalve meter lang worden).

Een kleine kanttekening: hoe aantrekkelijk het helderblauwe water er ook uitziet, dit is niet de beste plek om te zwemmen, de stroming kan gevaarlijk zijn. Nog een kanttekening: in het hoogseizoen is het ontzettend druk op het piepkleine eilandje. Officieel mogen er maximaal 800 mensen tegelijkertijd op het eiland zijn (en maximaal 1500 per dag), maar dat aantal wordt nog wel eens overschreden.

Cueva de Morgan en Pueblito Isleño

KM7 (Avenida Cirvunvalar), dagelijks van 8.30-17.45, toegang 17.000 peso's voor Cueva de Morgan en 17.000 peso's voor Pueblito Isleño

De Cueva de Morgan en het Pueblito Isleño zijn twee onbeschaamd toeristische attracties. Op het terrein bevinden zich een grot waar sir Henry Morgan zijn buit bewaard zou hebben en een niet erg mooie replica van zijn boot, het Museo del Coco met enkele gigantische kokosnoten en een Museo del Pirata (aanrader voor Johnny Depp-liefhebbers). Pueblito Isleño is een nagebouwd traditioneel Raizaldorp dat een inkijkje verschaft in de tradities en gebruiken van de Raizalcultuur.

The Hill

Het Raizaldorpje The Hill (Spaanse naam La Loma) is een van de plekken op San Andrés waar nog iets te vinden is van de Caribische sfeer en huizen uit pre-toeristische tijden. In La Loma staat de eerste kerk die op het eiland werd gebouwd, de **First Baptist Church** (Primera Iglesia Bautista), een Baptistenkerk uit 1847. Vanuit de toren kunt u uitkijken over het hele eiland en op zondag zingt hier een fantastisch gospelkoor.

Jardín Botánico

Avenida Loma Barrack (de ingang bevindt zich schuin tegenover de ingang van Hotel Sol Caribe Campo), tel. 8 513 3390, di-za 9-12, 12-17, zo 10-12, 14-17, toegang 10.000 peso's

Aan de Avenida Loma Barrack, de weg die van de oostkust naar The Hill loopt, ligt de schaduwrijke botanische tuin van de Universidad Nacional de Colombia. Er worden rondleidingen gegeven, soms ook in het Engels, die u meer informatie geven over de lokale cultuur en het gebruik van medicinale planten. De tuin heeft een 12 meter hoge uitkijktoren die prachtige uitzichten biedt over het eiland.

El Hoyo Soplador

Op het zuidelijkste puntje van San Andrés ligt de Hoyo Soplador ('het

Calypsomuziek

U kunt er niet omheen op San Andrés en Providencia: calypsomuziek. Deze Afro-Caribische volksmuziek komt oorspronkelijk uit Trinidad en Tobago, maar heeft zich over het hele Caribisch gebied verspreid, is zeer geliefd en wordt beschouwd als een belangrijk onderdeel van de cultuur. De lokale artiesten zingen uiteraard in San Andrés-Providencia-creools. Een bekende groep van San Andrés is de Orange Hill Mento y Calypso Music Group (er staan liedjes op YouTube).

spuitgat'). Het is een kleine geiser; als getij en wind op een bepaalde manier samenwerken, wordt zeewater hier tot wel 20 meter de lucht in gespoten door een natuurlijk gat in het koraal. Omliggende bars en souvenirwinkels hebben zich de attractie toegeëigend en zullen u in ruil voor toegang een cocktail of souvenir proberen te verkopen. De Hoyo Soplador is niet in privébezit, dus ze kunnen u de toegang niet ontzeggen als u niets koopt (maar u zult uiteraard ook geen vrienden maken).

Snorkelen

Hieronder vindt u een aantal plekken waar u op eigen gelegenheid naartoe kunt (met de bus of boot), maar er zijn ook veel tourorganisaties in San Andrés Town die snorkeltrips organiseren. Een kleine selectie:
Crucero Riviel: Avenida Newball, tel. 8 512 8840. Organiseert dagtochten naar

---

Tip

Kajakken door de mangrovebossen

Ten zuiden van San Andrés Town ligt het Old Point Regional Mangrove Park, een mangrovebos aan de kustlijn. Tourorganisator Ecofiwi Turismo Ecológico organiseert kajaktrips (2 uur, 90.000 peso's) door dit mangrovebos, met doorzichtige kajaks. U stopt ook om te snorkelen en het onderwaterleven rond de mangroven te bewoneren. Het kajaktripje is een unieke, intens rustgevende ervaring.
Ecofiwi Turismo Ecológico: via San Luis, Sector de Mango Tree, San Andrés Town, tel. 316 567 4988. Wilt u met al uw lichaamsdelen intact terugkeren, neem dan muggenspray mee.

Acuario en Johnny Cay (30.000 peso's) en andere snorkelplekken en stranden.
San Andrés Diving & Fishing: Muelle Portofino, hoek Carrera 1 en Avenida Colombia, tel. 316 240 2182. Populaire tour naar drie snorkelplekken en de mogelijkheid om te zwemmen met pijlstaartroggen (75.000 peso's).

Haynes Cay en El Acuario
Boottocht (retour) 15.000 peso's
Haynes Cay is een piepklein eilandje (zonder stranden) ten oosten van San Andrés, met een aantal restaurants en veel iguana's. De zee rondom Haynes Cay is een snorkelparadijs en vlakbij ligt de zandbank El Acuario, die ook omgeven is door ondiep, helder en kalm water. Veel mensen komen hier om mantaroggen te spotten. Het kan op de mini-eilandjes en in de zee eromheen heel druk zijn, vooral in het weekend en in augustus.

San Luis
In dit plaatsje aan de westkust van San Andrés kunt u (als de zee er niet te ruw is) snorkelen vanaf het strand.

Bij het Sunset Hotel
U moet het soms even goed timen met de branding, maar vanaf de rotsen tegenover het Sunset Hotel (zie blz. 172) kunt u het water in om te snorkelen.

West View (Piscina Natural)
KM11 (Avenida Cirvunvalar), dagelijks geopend 9-18, tel. 8 513 0341, bus naar 'El Cove/Loma', toegang 5000 peso's
West View is een baaitje met diep en helder water op een stuk kustlijn in privébezit. Bij aankomst krijgt u brood waarmee u de tropische visjes kunt lokken (ze eten uit uw hand).
Het snorkelen is niet heel spectaculair, maar het water is kalm en helder. U kunt snorkels huren, maar het is van-

wege de kwaliteit van de huursnorkels beter om een eigen mee te nemen. Er is ook een restaurant.

La Piscinita (Piscina Natural)

KM13 (Avenida Cirvunvalar), ma-za 9-17, bus naar 'El Cove/Loma', snorkelhuur 15.000 peso's, toegang 5000 peso's

Vergelijkbaar met West View, ook La Piscinita is privé-eigendom, en ook hier krijgt u brood om de vissen te voeren. Het zicht is uitstekend, de vissen zijn niet heel uitzonderlijk.

Duiken

Er zijn een paar dubieuze duikscholen op San Andrés, hieronder staat een lijst met bedrijven met een goede reputatie. Voor twee duiken betaalt u doorgaans tussen de 150.000 en 180.000 peso's (vaak exclusief uitrusting). Wilt u uw duikbrevet (PADI Open Water) ha-len, dan betaalt u tussen de 850.000 en 950.000 peso's.

Aanbevolen duikscholen, San Andrés:

Banda Dive Shop: Hotel Lord Pierre, Avenida Colombia, tel. 8 513 1080, bandadiveshop.com.

Blue Life: Hotel Sunrise, Avenida Newball #4-169, tel. 8 512 5318, bluelife.com.

Karibik Diver: Avenida Newball #1-248, tel. 8 512 0101, karibik-diver.com.

San Andrés Divers: Hotel Blue Cove, KM10 (Avenida Cirvunvalar), tel. 312 448 7230, sanandresdivers.com.

Scuba San Andrés: Hotel Playa Tranquilo, KM8,5 (Avenida Circunvalar), tel. 311 257 5511, scubasanandres.com.co.

Overnachten

Veruit de meeste hotels en hostels bevinden zich in San Andrés Town. De prijzen liggen hoger dan op het vasteland van Colombia. Colombiaanse toeristen kiezen tijdens hun vakanties

Zeekajakken door de mangroven bij San Andrés

vaak voor all-inclusivehotels en -resorts, dus in dat segment zijn er zeer veel mogelijkheden (zie decameron.com).

San Andrés Town

Luxe aan het strand – **Hotel Casablanca:** Avenida Colombia 3-59, tel. 8 512 4115, hotelcasablancasanandres.com. Groot en chic hotel direct aan het strand.

Centraal gelegen – **Aqualina Inn:** Avenida los Libertadores, Local 2, tel 8 512 4592, aqualinainn.com. Groot en modern hotel midden in San Andrés Town, op 10 minuten lopen van het strand. Uitstekende prijs-kwaliteitverhouding.

Studio's – **Villa San Miguel:** Avenida Colombia Punta Hansa, tel. 315 319 1743, villasanmiguelsanandres.com. Schone, modern ingerichte studio's op een centrale locatie.

Klein hostel – **Blue Almond Hostel:** Los Almendros, Manzana 4, Casa 3, tel. 8 513 0831, bluealmondhostel.com. Gezellig hostel op 15 minuten lopen van San Andrés Town.

Specialiteiten van San Andrés

Een typisch gerecht van het eiland is *rondón*. In een grote pot met kokosmelk en kruiden en specerijen worden boven een vuurtje vis, cassave, aardappel, *caracol* (zeeslak), broodvrucht, varkensstaart en dumplings gaar gestoofd met wat rode ui en knoflook. Laat u niet misleiden door het enigszins saaie uiterlijk van dit gerecht (door de kokosmelk krijgen alle ingrediënten dezelfde grijzige kleur), het is bijzonder smaakvol. Wat de vis betreft: lokale vissers kunnen niet genoeg vangen om aan de vraag van de vele toeristen te doen, dus veel van de vis die op het eiland op de menukaarten staat, is niet vers, maar geïmporteerd. De zeevruchten die wel lokaal worden gevangen: inktvis, krab, rode poon en garnalen.

De rest van het eiland

Boetiekhotel – **Casa las Palmas:** Sector Elsy Bar 5-64, tel. 315 750 0263, casalaspalmashotelboutique.com. Gelegen aan de zuidkant van het eiland, met tropische tuinen en een zwembad.

Aan zee – **Sunset Hotel:** KM13 (Avenida Circunvalar), tel. 318 523 2286, sunsethotel.com.co. Vredig gelegen hotel met zwembad, ontzettend vriendelijk personeel en goed eten. U kunt snorkelen tegenover het hotel.

Westkust – **Miraflores Boutique Hotel:** KM10.7 (Avenida Circunvalar). Rustig gelegen hotel, mooie plekjes om te zwemmen of iets te drinken.

Bij een Raizalfamilie – **Big V Raizal Home:** Ground Road, San Luis, tel. 311 459 5055. Wie niet alleen het toeristische San Andrés wil leren kennen maar ook de lokale cultuur, kan terecht bij Big V. Tip: eet 's avonds mee, Rosa kookt het lekkerste eten van heel Colombia.

Eten en drinken

Het kraanwater op San Andrés kunt u helaas niet drinken, flessen water zijn overal verkrijgbaar.

Luxe – **La Regatta:** Avenida Newball, tel. 8 512 0437, restaurantelaregatta.com. Het beste restaurant van San Andrés, en daar zijn de prijzen ook naar. De kaart staat vol met de lekkerste visgerechten en het restaurant ligt in de haven, dus met een beetje geluk kunt u van uw ceviche of *langostinos* genieten aan een tafeltje aan het water. Reserveren aanbevolen.

Op het strand – **The Grog:** Rocky Cay Beach (naast Hotel Coco-plum), tel. 311 232 3247. Restaurant met tafeltjes op een van de mooiste stranden van het eiland en heerlijk eten.

Vis – **Cooperativa de Pescadores:** Avenida Colombia (achter het vliegveld), tel. 8 512 2774. Lokale vissers begonnen dit grote openluchtrestaurant in 1975 en het is nog steeds een fantastische plek om verse vis- en schaaldieren te eten.

Uitgaan

Er zijn heel veel bars en clubs in San Andrés Town. Voor wie 's avonds ontspannen een cocktail wil drinken, is **Banzai** (Avenida Newball, Local 199) een aanrader. Dansen (salsa, reggaeton) kan het best bij de populaire discotheek **Blue Deep** (Hotel Sunrise, Avenida Newball 4-169, toegang 20.000 peso's). Op de stranden vindt u verschillende bars, vaak simpele hutjes met een bladerdak en houten bankjes. Een populaire plek (bij zowel locals als toeristen) is **Kella Reggae Bar** in San Luis.

Evenementen en vervoer

Paardenraces – Zaterdagse paardenraces zijn populair op San Andrés en Providencia – het hele eiland loopt uit om ernaar te kijken (onder het genot van weddenschappen, harde muziek en veel bier; u hoeft uw hoedje niet op te zetten). Verwacht niet te veel: er zijn niet zoveel paarden op het eiland ...

Caribisch muziekfestival – **Green Moon Festival:** jaarlijks muziekfestival op San Andrés, in mei, met lokale muziek.

Basketbal – Het basketbalteam van San Andrés is vrij goed; vraag bij uw accommodatie of er wedstrijden zijn en woon er samen met de locals een bij.

Vervoer: er rijden busjes over de Avenida Circunvalar, beide kanten op. Busjes met 'Loma' achter de voorruit gaan via The Hill (2550 peso's).

Rundón op het vuur

Zon, zee, strand en palmen – een verkenningsrit over San Andrés

De meeste toeristen op San Andrés verplaatsen zich per scooter of per *motocarro* of *mula*, een soort golfkarretje. Ze zijn er voor twee personen, voor vier tot vijf personen en voor hele families. U kunt er ook voor kiezen deze ontdekkingsreis per mountainbike af te leggen: op La Loma (de flinke heuvel in het midden) na is het eiland vlak en fietsen kan er heel aangenaam zijn.

Startpunt: Plazoleta Coral Palace **1**, Carrera 1 en Calle 6
Lengte: 29,5 km
Duur: wilt u deze tocht op uw gemak maken en pauzes inlassen om te zwemmen of musea te bezoeken, trek er dan een hele dag voor uit.

Via La Loma naar de westkust

Als u vanaf het Plazoleta Coral Palace Calle 6 inrijdt en daarna direct links afslaat, komt u uit op de Avenida 20 de Julio. Deze gaat over in de Avenida Loma Barrack. Net over de top van de heuvel treft u rechts van de weg de witte First Baptist Church  met het rode dak, die dateert uit 1840. Vanuit de klokkentoren hebt u een prachtig uitzicht over het eiland en de azuurblauwe zee.

Vervolg de weg totdat u links een klein zijweggetje treft dat redelijk stijl naar beneden loopt. Dit brengt u bij de Laguna Big Pond ❸, een meertje in het midden van het eiland. Vervolg de weg (de via Big Pond) tot u op Cove Road komt. Slaat u hier linksaf en neemt u vervolgens de eerste rechts, dan komt u langs La Cueva de Morgan (zie blz. 169) en uiteindelijk op de Avenida Circunvalar langs de westkust.

Vanaf hier is het 5 kilometer rijden langs de prachtige kustlijn naar La Piscinita Natural ❹, waar u een verfrissende duik kunt nemen en kunt snorkelen. 3,5 kilometer verderop bevindt zich El Hoyo Soplador ❺ (zie blz. 169). Hier zijn veel bars en restaurants waar u even kunt bijkomen.

Via de oostkust en San Luis terug naar San Andrés Town

De weg terug naar San Andrés Town loopt via de oostkust van het eiland. Vanaf El Hoyo Soplador is het 5,5 kilometer naar het dorpje San Luis ❻. Langs de oostkust vindt u veel strandjes en mooie plekken voor een verfrissende duik.

Vlak na San Luis gaat er een grote weg naar links, die enigszins omhoog loopt. Na ongeveer 400 meter bevindt zich aan de linkerkant van deze weg de ingang van de Jardín Botánico ❼.

De laatste stop op de route is Rocky Cay Beach ❽, een heel mooi strandje dat aan het zicht wordt onttrokken door begroeiing en twee grote resorts, Decameron Mar Azul en Hotel Cocoplum Beach. Volg de bordjes met 'Playa Rocky Cay' om op het strand te komen (of doe alsof u een hotelgast bent en loop door een van de resorts). Bij laagtij kunt u vanaf Rocky Cay Beach naar het eilandje Rocky Cay waden.

Mocht u nog tijd en energie overhebben, bezoek dan het tussen Rocky Cay Beach en San Andrés Town gelegen Old Point Mangrove Park ❾. Bij Ecofiwi Turismo Ecológico (zie blz. 170) kunt u kajaks huren om dit mangrovebos te verkennen.

Providencia ✳ ▶ C 1

Reist u af naar San Andrés, dan zou het zonde zijn als u niet ook Providencia (Old Providence) bezoekt. Het eiland ligt 90 kilometer ten noorden van San Andrés en omdat het niet erg makkelijk te bereiken is (er zijn geen directe vluchten vanaf het vasteland), is het veel minder toeristisch. Maar bent u eenmaal op San Andrés, dan ligt Providencia om de hoek: de vlucht duurt nog geen kwartier.

Zeker in het laagseizoen kan het zomaar zijn dat u de mooie stranden van Providencia bijna (of zelfs helemaal) voor uzelf hebt. Daarnaast is heuvelachtig Providencia mooier en ongerepter dan San Andrés, dunner bevolkt en is de Raizalcultuur er nog grotendeels onaangetast.

Het grootste dorp op Providencia is Santa Isabel, maar zelfs dit bestaat slechts uit enkele straten, een paar winkels en restaurants en twee pinautomaten. De lokale bevolking woont verspreid over het eiland in kleine dorpjes (eerder groepen huizen). Ook de stranden en restaurantjes liggen verspreid over het eiland.

Liefde voor de zeeslak

Een populair ingrediënt op zowel San Andrés als Providencia is *conch*, waarmee verschillende soorten zeeslakken kunnen worden aangeduid. Meestal gaat het om de prachtige, helaas steeds minder algemeen voorkomende roze vleugelhoorn. De zeeslak wordt niet alleen gegeten (bijvoorbeeld in *rondón*), de schelp werd traditioneel ook gebruikt door vissers om geluid mee te maken. Hij fungeerde als scheepshoorn en bij slecht zicht werd er op de stranden op geblazen zodat de vissers wisten waar ze moesten aanmeren.

Net als op San Andrés liggen de prijzen hier aanzienlijk hoger dan op het vasteland van Colombia (er is ook vrij weinig concurrentie). U kunt ervoor kiezen een scooter te huren (zo'n 70.000 peso's per 24 uur) of een mountainbike (30.000 peso's per 24 uur). Er zijn taxi's om u van en naar het vliegveld te brengen (25.000 peso's). Er is geen openbaar vervoer op Providencia, maar ongeveer elk voertuig dat voorbijkomt fungeert ook als (motor)taxi, dus als u een paar kilometer verderop wilt zijn, kunt u voor een klein bedrag een lift krijgen.

Santa Catalina

Er loopt een houten brug van Santa Isabel op Providencia naar het eilandje Santa Catalina, Lover's Lane genaamd (zie blz. 183). Op Santa Catalina vindt u een aantal hotels en restaurants, maar ook **Fort Warwick** (aan de westzijde), de ruïnes van een oud piratenfort. Als u naar beneden loopt, komt u bij een heel mooi klein strandje. Vervolg het pad aan het andere uiteinde van het strandje om bij **Morgan's Head** te komen, een rotsformatie in de vorm van een hoofd.

Stranden

Almond Beach: mooi, ietwat verborgen liggend strandje op loopafstand van Santa Isabel (richting Freshwater Bay), met kalm water, dus goed om te snorkelen. Er is ook een klein barretje. **Southwest Bay:** het langste strand van Providencia, met palmbomen, azuurblauwe zee en een goed restaurant, Divino Niño Jesus (zie blz. 181). Op zaterdag zijn hier paardenraces. **Manchineel Bay:** misschien wel het mooiste strand van Providencia, Caribisch strand zoals het bedoeld is, met spierwit zand, schaduwrijke kokospalmen, aquamarijn zeewater en een reggaebar die cocktails serveert (Roland Roots Bar, zie blz. 181).

Baaitje op Santa Catalina, bij Morgan's Head

Parque Nacional Natural Old Providence McBean Lagoon

parquesnacionales.gov.co, toegang 18.000 peso's

Een groot deel van het noordoosten van Providencia is sinds 1995 beschermd natuurgebied. Het natuurreservaat, Old Providence McBean Lagoon, beslaat bijna 10 km², waarvan er ruim 9 maritiem zijn en dienen ter bescherming van de koraalriffen en het onderwaterleven. Het overige deel bestaat uit de mangrovebossen aan de kustlijn. U kunt deze verkennen met een gids, maar het hoogtepunt van het park is het strandloze eilandje Crab Cay en dan vooral de zee eromheen, die niet voor niets bekendstaat als *the Sea of Seven Colours*.

Crab Cay (Cayo Cangrejo)

regel een kapitein + boot buiten het Deep Blue restaurant, boot: 40.000 peso's (retour), snorkelhuur 20.000 peso's, toegang park 18.000 peso's

Het lieflijke eilandje Crab Cay ligt binnen het Old Providence McBean Lagoon-natuurreservaat. U vindt er een loket van Parques Nacionales, waar u de toegang tot het park betaalt, en een barretje waar u koude drankjes, snacks en cocktails kunt bestellen. U kunt naar de top wandelen voor een mooi uitzicht over de omringende zee, in vele tinten blauw. Maar wat een bezoek aan Crab Cay vooral de moeite waard maakt, is het onderwaterleven rondom het eiland – het is echt een prachtige plek om te snorkelen.

De vuurtoren

High Hill, di-za 17-21, tel. 313 380 5866

In deze vuurturen bevinden zich een kleine kunstgalerie en een café met koffie en lokale lekkernijen. Er is ook een filmzaaltje waar u voor 10.000 peso's korte documentaires kunt bekijken over het eiland en de bewoners (inclusief de beroemde krabben).

Een Caribische fietstocht op Providencia

Anders dan San Andrés is Providencia behoorlijk heuvelachtig. Ook een ongetrainde fietser komt met een mountainbike boven, maar strookt zwetend tegen hellingen op fietsen niet met uw idee van een leuk dagje in het paradijs, dan kunt u natuurlijk ook een scooter of *motocarro* huren om deze route af te leggen.

Duur: trek een hele dag uit voor deze route als u onderweg rustig aan wilt doen en wilt snorkelen op Crab Cay.
Bewegingstijd: ongeveer 1,5 uur op de fiets, 45 min te voet naar Morgan's Head en terug en 15 min op de boot naar Crab Cay.
Fietsverhuur: zie blz. 181.
Begin- en eindpunt: Santa Isabel

Via Lover's Lane naar Santa Catalina

Deze fietstocht begint in Santa Isabel, voor de brug naar Santa Catalina **1**, die ook wel Lover's Lane wordt genoemd, vermoedelijk omdat het zo'n intens romantisch drijvend wiebelbruggetje over aquamarijnkleurig zeewater is. Fietsen over de brug is een uitdaging, maar aan de overkant wacht u een prima pad, dus u kunt de fiets het beste aan de hand meenemen. Eenmaal op Santa Catalina slaat u linksaf en vervolgt u de weg langs de mangroven en over de kade tot u bij een trap aankomt. Aan de linkerkant is een fietsenstandaard waar u uw fiets tijdelijk kunt parkeren (maakt u zich vooral niet druk om een slot, Providencia is de veiligste plek van Colombia).

De trap is het begin van de wandeling naar Morgan's Head. U komt langs Fort Warwick **2**, de ruïne van een fort uit koloniale tijden waar voor de vorm enkele kanonnen zijn neergezet. Vervolgens daalt u af naar Fort Bay, een klein wit strandje in een lieflijk baaitje (ook hier staat een kanon, handig voor het drogen van uw handdoek). Aan de andere kant van het strand loopt het wandelpad verder en na ongeveer een kwartier komt u bij Morgan's Head **3**, een rotsblok in de vorm van een hoofd, volgens de legende dat van de beruchte, uit Wales afkomstige piraat Henry Morgan. Het pad eindigt hier, maar wilt u de rots beter zien, dan kunt u nog een stukje verder klauteren naar de andere kant van het paradijselijke baaitje met de palmen.

Via Lover's Lane naar Crab Cay

Ga dezelfde weg terug die u bent gekomen, tot u weer aan het begin van Lover's Lane staat, in Santa Isabel. Sla rechtsaf tot u op de doorgaande weg komt, hier gaat u naar links, door het dorp. Vervolg de rondweg tot u linksaf moet slaan voor de weg naar het restaurant van Deep Blue **4**, vanwaar de boten naar Crab Cay vertrekken (parkeer uw fiets hier eigenwijs tussen de brommers). De kapiteins staan er de hele dag te wachten en brengen u voor 40.000 peso's heen en weer naar Crab Cay **5** (spreek af hoe laat u wilt worden opgehaald). Vaak verhuren ze ook snorkels, duikbrillen en flippers (20.000 peso's voor een setje). Eenmaal op Crab Cay kunt u naar de rotsen op het hoogste punt klimmen, vanwaar u een heel mooi uitzicht hebt, maar het echte spektakel vindt plaats onder het wateroppervlak. Snorkel een rondje om het eiland en met wat geluk ziet u roggen, zeeschildpadden en tientallen soorten tropische vissen ...

Van Crab Cay naar Manchineel Bay en Southwest Bay

Eenmaal terug op Providencia vervolgt u de weg tot u weer op de hoofdweg uitkomt. Er volgt nu een sportief stukje langs bijna de gehele oostkust van het eiland; u komt onderweg wat heuvels tegen. Maar uw beloning wacht: Manchineel Bay **6**, een idyllisch baaitje vernoemd naar de manzanillaboom (waaraan overigens extreem giftige appeltjes groeien). Op het strand van Manchineel Bay zit **Roland Roots Bar**, een authentieke reggaebar. Rolands eten is niet het beste van het eiland en het kan zijn dat u er een uurtje moet wachten, maar zijn coco loco is uitstekend.

De volgende stop is een betere plek om te lunchen. In Southwest Bay **7** zit namelijk **Divino Niño Jesus**, ook op het strand, en dat is de beste plek op Providencia om vis te eten (vooral de *mixto para dos* is een aanrader).

Van Southwest Bay naar Almond Beach

Na een lunch en wellicht een verfrissende duik op Southwest Beach hebt u hopelijk weer voldoende energie voor het heuvelachtige laatste deel van de route. Afhankelijk van het tijdstip kunt u een bezoek brengen aan de Lighthouse Cinema **8** in de oude vuurtoren van Providencia en een kopje koffie drinken of een van de documentaires over Providencia bekijken.

Vanaf de vuurtoren is het nog 3,5 kilometer fietsen naar de laatste bestemming op de route, Almond Beach **9**. Vanaf dit rustige en mooie strand kunt u uitstekend snorkelen (er is meestal wel iemand op het strand die snorkels verhuurt) en er zit een barretje dat snacks, drankjes en kokosnoten ver-

koopt (en natuurlijk reggaemuziek draait). Almond Beach is een perfect strandje om aan het eind van een lange dag nog eens een duik in het heldere water te nemen en een tropische cocktail te drinken.

Vanaf Almond Beach is het nog 3,5 kilometer naar Santa Isabel, en het goede nieuws is dat u alle heuvels achter de rug heeft. Na ongeveer tien minuten fietsen ziet u aan de rechterkant van de weg een pretentieloos restaurantje genaamd **Steve's Jerk Chicken** (geopend vanaf 18 uur, wo gesloten). Hier eet u de beste *jerk chicken* van Providencia, geserveerd op aluminiumfolie.

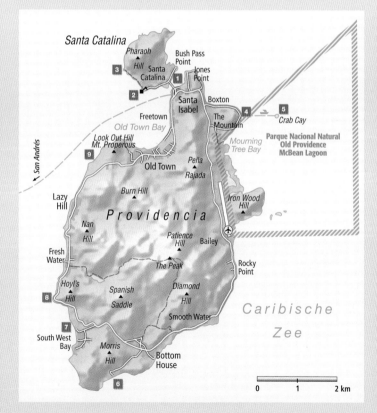

Overnachten

U kunt voor uw verblijf op Providencia een all-inclusivedeal boeken, vaak inclusief vluchten (zie decameron.com). Daarnaast zijn er ruim dertig *posadas nativas*, B&B's bij lokale bewoners. De meeste hotels en posadas hebben geen adres, maar iedereen kent elkaar op het eiland, dus u komt altijd (weer) terecht.
Luxe – **Deep Blue:** Maracaibo Bay, tel. 8 514 8423, hoteldeepblue.com. Deep Blue is het beste hostel op het eiland. Het heeft twaalf mooie kamers, een zwembad op het dakterras en een restaurant aan zee (vanwaar de bootjes naar Crab Cay vertrekken).
Op Santa Catalina – **Sunshine Paradise:** Santa Catalina, tel. 317 570 7718. Deze posada bevindt zich in een bijzonder stijlvol huis aan het water, vlak bij Lover's Lane.
Aan zee – **Posada Old Town Bay:** Old Town Beach, tel. 316 450 7898. De kamers van deze posada zijn wat krap, maar dat wordt ruimschoots goedgemaakt door de ligging direct aan zee en de gastvrijheid van eigenaresse Indra.
In Old Town – **Posada Hill View:** Old Town, tel. 315 671 3830. Schone kamers in een mooi wit-blauw houten huis. Gastvrouw Daniela maakt elke ochtend een ontbijtgerecht van het eiland voor haar gasten.

Eten en drinken

Vis en schaaldieren – **Divino Niño Jesus:** Southwest Bay, op het strand, tel. 316 827 7489. Een van de beste restaurants op het eiland en dé plek om vis en schaaldieren te eten, bijvoorbeeld de lokale krab.
Reggaebar – **Roland Roots Bar:** Manchineel Bay, op het strand, tel. 8 514 8417. Kom hier niet als u haast hebt en even snel iets wilt eten of drinken, wel als u alle tijd van de wereld hebt en zin in een cocktail met zeezicht.

Actief

Duiken – twee gerenommeerde duikscholen op Providencia zijn **Felipe Diving Shop** (Cabañas El Recreo, Freshwater Bay, tel. 8 514 8775, felipediving.com) en **Sirius Dive Shop** (Sirius Hotel, Southwest Bay, tel. 8 514 8213, siriusdiveshop.com).
Wandelen naar El Pico – 7 kilometer vanuit Bottom House (Casabaja), verplichte gids 50.000 peso's. Het bergachtige hart van Providencia is mooi terrein voor een wandeling. Er kruipt van alles door het struikgewas (iguana's, hagedissen, krabben) en vanaf de top hebt u een mooi uitzicht over het eiland. Ga vroeg in de ochtend, als het nog niet zo heet is. Aanbevolen gidsen: Bernardo (tel. 313 811 0121), Glenn (tel. 315 432 9570) en Nayike (tel. 300 323 5486).
Mountainbiken – voor een mooie mountainbiketocht over het hele eiland, zie blz. 178. U kunt mountainbikes huren in Santa Isabel (onder meer bij Luisa's Variety Store), soms ook via uw accommodatie.

Evenementen

Krabbentrek – Twee keer per jaar (in april en juli) verplaatsen de miljoenen zwarte krabben van Providencia zich gedurende een week of twee massaal tussen het binnenland en de zee. In april gaan de volwassen krabben naar zee (en terug) om hun eitjes te leggen, in juli verlaten de jonge krabben het strand om zich bij de volwassen dieren te voegen. Tijdens de krabbentrek strijkt een eenheid van het leger op Providencia neer om wegen te sluiten en de krabben te beschermen.

Favoriet

Lover's Lane

Toegegeven: het is niet de best onderhouden brug van Colombia, en ook niet de makkelijkst begaanbare, maar waar anders vindt u een brug tussen twee paradijselijk groene eilanden? Op deze brug valt altijd iets te zien of beleven: mantaroggen die eronderdoor zwemmen, zeilboten die verderop voor anker gaan, kinderen die zich hier verzamelen voor hun zwemles in het ondiepe zeewater. Én het is een heerlijke plek om van de zonsondergang te genieten – met of zonder *lover*.

Medellín en de Zona Cafetera

Hoogtepunten ✳

Medellín: in de jaren 80 was Medellín een van de gevaarlijkste steden ter wereld, maar dankzij investeringen van de gemeente in veiligheid, infrastructuur en educatie is het nu een van de leukste bestemmingen van Colombia. Zie blz. 187.

Op ontdekkingsreis

Medellín, de stad die uit de as herrees: maak een wandeling door het historische centrum van Medellín langs een aantal plekken die tekenend zijn voor de geschiedenis én het heden van de stad. Zie blz. 198.

Valle de Cocora, waspalmen in het nevelwoud: een onvergetelijke wandeling door de magische Valle de Cocora. Zie blz. 226.

Santa Fe de Antioquia

Medellín Guatapé

Medellín, de stad die uit de as herrees

Jardín

Manizales

Pereira Salento Valle de Cocora, waspalmen in het nevelwoud

Filandia Valle de Cocora

Armenia

Cultuur en bezienswaardigheden

Museo de Antioquia, Medellín: bewonder het werk van Fernando Botero en een keur aan Latijns-Amerikaanse kunstenaars uit de 20e eeuw in dit statige museum. Zie blz. 188.

Casa de la Memoria, Medellín: leer de aangrijpende verhalen kennen van de slachtoffers van het drugsgeweld dat Medellín decennialang in zijn greep hield. Zie blz. 191.

Actief

Otún Quimbaya, bij Pereira: bezoek dit natuurreservaat en maak een mooie wandeling door de jungle. Zie blz. 218.

Parque Nacional Natural Los Nevados: maak een meerdaagse trektocht door een van de spectaculairste natuurgebieden van Colombia. Zie blz. 215.

Sfeervol genieten

Café Resto Cambria, Medellín: gezellig café in El Poblado waar u ook heerlijk kunt eten. Zie blz. 195.

Jardín: deze kleurrijke pueblo in Antioquia is een van de leukste dorpen van Colombia. Zie blz. 206.

El Tejadito, Salento: knus café met lekkere koffie. Zie blz. 223.

De thermale baden bij Pereira: dé bestemming voor wie aan ontspanning toe is. Zie blz. 219.

Uitgaan

Salón Málaga, Medellín: drink bijzondere biertjes in een historisch café. Zie blz. 192.

JSB, Manizales: de perfecte bar voor jazzliefhebbers. Zie blz. 213.

Welkom in ondernemend Tierra Paisa

Misschien ligt geen stad ter wereld zo mooi als Medellín: in een weelderig groene vallei, omringd door hoge bergen, op 1494 meter hoogte. Wie er over de weg aankomt, na een lange reis over bochtige wegen, vergeet de eerste aanblik nooit meer.

Ziet u Medellín slechts als 'de stad van Pablo Escobar', dan doet u hem tekort. Want wat nog maar enkele decennia geleden een van de onveiligste steden van de wereld was, is vandaag de dag juist een relatief veilige plek, die bruist van hoop en leven, op weg naar een stralende toekomst. Medellín heeft zich herpakt en probeert het verleden achter zich te laten. Het is een cosmopolitische studentenstad vol goede restaurants en musea. Bovendien heeft Medellín een veel aangenamer klimaat dan de meeste andere steden in Colombia, waar het eigenlijk altijd net te warm (Barranquilla, Cartagena, Cali) of koud (Bogotá) is. In Medellín is het het hele jaar door tussen de 17 en 28°C, wat de bijnaam Stad van de Eeuwige Lente verklaart.

Medellín is de hoofdstad van het departement Antioquia en het levendige hart van Tierra Paisa, 'Paisaland'. Het woord *paisa*, een benaming voor de inwoners van de departementen Antioquia, Caldas, Risaralda en Quindío, komt van het Spaanse *paisano* (boer). De bijnaam stamt uit de vroege 19e eeuw, toen bewoners van de streek land kregen aangeboden in ruil voor het ontginnen van de regenwouden voor landbouwgrond (en met name voor koffieplantages).

Ten zuiden van Medellín ligt de Zona Cafetera ('Koffieregio'), die ook wel Eje Cafetero ('Koffieas') wordt genoemd. In een fantastisch berglandschap bedekt

INFO

Informatie

Websites: medellinguru.com, medellin. travel.

Reizen naar Medellín

Bus: bussen uit Santa Fe de Antioquia, Cartagena, Santa Marta en Bogotá komen aan op (en vertrekken van) Terminal del Norte (bij metrohalte Caribe). Bussen van en naar Manizales, Pereira, Armenia en Cali arriveren op Terminal del Sur. Zie voor meer informatie de website terminalesmedellin.com.
Vliegtuig: Aeropuerto Internacional José María Córdova is het grootste vliegveld van Medellín, en hier komen de meeste internationale en nationale vluchten aan (aeropuertorionegro.co).

Er is een shuttlebus van het vliegveld naar het centrum (5-21, 9500 peso's, 1 uur), de halte in het centrum bevindt zich op Carrera 50A #53-13 (achter Hotel Nutibara). Een taxi van het vliegveld naar het centrum kost 65.000 peso's.

Reizen in Medellín

Bus en metro: Medellín heeft een groot busnetwerk, maar dat is lang niet zo overzichtelijk en gebruiksvriendelijk als het metronetwerk (metrodemedellin.gov.co, enkele rit 2650 peso's).
Taxi: startprijs 5000 peso's, een rit van het centrum naar El Poblado kost rond de 12.000 peso's.

met eindeloze koffieplantages bevinden zich eeuwenoude finca's en knusse, soms wat slaperige koffiestadjes. Hier maakt u kennis met een authentiek deel van Colombia, waar de tijd soms lijkt te hebben stilgestaan.

Medellín ✳ ▶ G 12

Met meer dan 2,5 miljoen inwoners is Medellín de tweede stad van Colombia. Hij werd gesticht in 1616 en vervolgens gebeurde er heel lang zeer weinig. Dat veranderde zelfs niet toen Medellín in 1826 werd uitgeroepen tot hoofdstad van Antioquia, wat het ontbreken van een koloniaal centrum verklaart. Pas aan het begin van de 20e eeuw begon te stad te groeien dankzij de spoorlijn die werd aangelegd en de ontdekking van een steenkoolvoorraad. Rijke koffieplantagehouders en kolenmijneigenaren investeerden hun winsten in de opkomende textielindustrie, wat de stad begin 20e eeuw een economische boost gaf.

Veel bogotano's die vluchtten voor het geweld dat volgde op de moord op Jorge Eliécer Gaitán in 1948 trokken naar Medellín en gingen wonen aan de randen van de stad, tegen de bergflanken. De arme wijken groeiden flink; binnen 25 jaar veranderde Medellín van een stad met 300.000 inwoners in een miljoenenstad.

In de jaren 70 werd Medellín de basis van de internationale cocaïnehandel. De stad is – op sommige plekken letterlijk – getekend door het jarenlange drugsgeweld in zijn straten. Dat geweld escaleerde nog nadat drugsbaron Pablo Escobar in 1993 werd gedood. In het machtsvacuüm dat ontstond, probeerden verschillende groepen en groeperingen, waaronder guerilla's en paramilitairen, de macht te grijpen. Dit leidde tot hevige en zeer gewelddadige gevechten in Medellín, met name in de wijk Comuna 13, vanwaaruit de bendes toegang hadden tot de bergen. Pas in 2002 keerde de rust terug.

Het is alsof de stad die decennialang in het donker was gehuld het leven sindsdien extra stevig heeft omarmd en met heel veel gretigheid en enthousiasme nog elke dag de herwonnen vrijheid viert: Medellín bruist. Vanaf 2000 is er hard gewerkt om de stad weer leven in te blazen en te vernieuwen. De metrolijnen werden aangelegd, de arme wijken tegen de bergflanken aan werden via kabelbanen verbonden met het centrum van de stad en er werd daarnaast flink geïnvesteerd in educatie en parken.

De meeste bezienswaardigheden van Medellín bevinden zich in en rondom het centrum van de stad. Dit is echter niet de leukste plek om te verblijven en zeker niet de veiligste buurt van Medellín. Om die reden kiezen de meeste toeristen ervoor om in een hotel of hostel in El Poblado te overnachten, een chiquere wijk ten zuiden van het centrum, waar zich ook veel restaurants en bars bevinden. De bezienswaardigheden in het centrum en het noorden van de stad zijn vanuit El Poblado makkelijk te bereiken met de metro.

Ten noorden van het centrum

Alle bezienswaardigheden ten noorden van het centrum kunt u gemakkelijk op dezelfde dag bezoeken. Begin bijvoorbeeld bij metrohalte Caribe en wandel vanaf daar over de loopbrug naar de Cerro de Moravia. Vanaf de heuvel is het een kwartier lopen naar het huis van Pedro Nel Gómez en vervolgens nog een klein kwartier naar de Jardín Botánico. Daar kunt u bij halte Universidad weer op de metro stappen.

Medellín Centro

Bezienswaardigheden

1 Plaza Botero
2 Museo de Antioquia
3 Palacio de la Cultura
   Rafael Uribe Uribe
4 Iglesia de la Veracruz

5 Parque Berrío
6 Parque San Antonio
7 Monumento a La Raza
8 Plaza de Cisneros
9 Museo Casa de la
   Memoria

Eten en drinken

1 Hacienda
2 Salón Málaga
3 Empanada's

El Cerro de Moravia

10 min lopen vanaf metrohalte Caribe, de rivier over via de loopbrug
In de wijk Moravia, ten noorden van het centrum, werd tussen 1977 en 1984 het afval van Medellín gedumpt. De vele inwoners van de barrio leefden hier letterlijk in een vuilnisbelt, in de stank en giftige dampen.

In de afgelopen jaren werd de voormalige vuilnisbelt omgetoverd in een kleurrijke en welgeurende tuinderij vol planten en bloemen die de 30.000 m² beslaat. Het is de grootste tuin van Medellín en veel mensen uit de wijk– vooral vrouwen – hebben hier werk gevonden. De groene heuvel vol percelen met bloemen en planten vormt een ontroerend symbool voor de transformatie van de stad. Vanaf de top hebt u bovendien een mooi uitzicht.

Wilt u een rondleiding, neem dan contact op met het Centro de Desarollo Cultural de Moravia: Calle 82A #50-25, centroculturalmoravia.org.

Geef geen papaja …

De Colombiaanse uitdrukking *'no dar papaya'* betekent zoveel als 'een dief geen gelegenheid geven om iets te stelen'. Het simpele principe: als u iemand papaja aanbiedt, pakt diegene het. Ofwel: als u uw telefoon in uw broekzak steekt, zal een zakkenroller hem eruit pakken. Het Colombiaanse advies: geef geen papaja!

Jardín Botánico

Carrera 73 #51D-14, dagelijks 9-16.30, tel. 4 444 5500, botanicomedellin.org, halte Universidad, toegang gratis
De botanische tuin van Medellín is aangelegd in 1913 en daarmee één van de oudste van Colombia. Het weelderige terrein beslaat maar liefst 14 hectare en is een fijne, schaduwrijke plek om even aan de stadse drukte te ontsnappen. Er wonen veel iguana's, er is een meer (met schildpadden), een woestijntuin, een palmentuin, een tropisch bos en een *mariposario* (vlindertuin, 3000 peso's).

In het centrum

Plaza Botero 1

Carrera 52 en Calle 52, metrohalte Parque Berrío
Voor het Museo de Antioquia ligt het Plaza Botero, of Plazoleta de las Esculturas ('Beeldenpleintje'). Hier staan de 23 beelden die kunstenaar Fernando Botero aan zijn geboortestad schonk – ze aanraken zou geluk brengen. Voor meer informatie over Botero en zijn werk, zie blz. 56.

Museo de Antioquia 2

Carrera 52 #52-43, ma-za 10-17.30, zo 10-16.30, tel. 4 251 3636, museodeantioquia.co, metrohalte Parque Berrío, toegang 18.000 peso's
Het Museo de Antioquia beslaat een deel van het in art-decostijl gebouwde Palacio Municipal (gemeentehuis) van

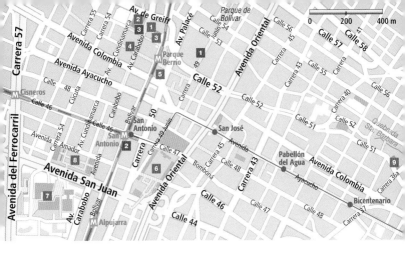

Medellín. De bovenste verdieping van het museum is gewijd aan Fernando Botero en toont een aantal van zijn beroemdste schilderijen, waaronder *La muerte de Pablo Escobar*, dat de dood van Escobar verbeeldt, en *Exvoto*, waarop Maria Jezus vasthoudt die een matrozenpakje draagt. De rest van het museum toont vooral werk van Latijns-Amerikaanse kunstenaars uit de 20e eeuw, onder wie Pedro Nel Gómez (enkele van zijn muurschilderingen bevinden zich op de wanden van het museum).

Palacio de la Cultura Rafael Uribe Uribe 3

Carrera 51 #52-03, ma-vrij 8-12, 14-17, tel. 4 320 9780, culturantioquia.gov.co, metrohalte Parque Berrío, toegang gratis

Dit bijzondere neogotische zwart-wit geblokte gebouw aan het Plaza Botero werd ontworpen door de Belgische architect Agustín Goovaerts, in de jaren 20 van de vorige eeuw de officiële architect van het departement Antioquia. Goovaerts ontwierp het gebouw als huisvesting voor het departementsbestuur van Antioquia, maar vandaag de dag is het een vrij toegankelijk cultuurcentrum met een bibliotheek, filmzaal, expositieruimtes en een café. Het heeft ook een mooie binnentuin.

Iglesia de la Veracruz 4

Carrera 51 #52-58, ma-za 7-14, 16.30-6.15, zo 8-13.30, 15.30-17.15, tel. 4 512 5095, metrohalte Parque Berrío, toegang gratis

Op het Plazuela de la Veracruz, een pleintje ten zuiden van het Plaza Botero, staat de barokke witte Iglesia de la Veracruz, die werd voltooid in 1803. De kerk heeft een bijzondere gevel, maar ook het witte interieur met de gouden randjes en decoraties is de moeite waard.

Parque Berrío 5

Carrera 50 en Calle 51, metrohalte Parque Berrío

Het Parque Berrío, meer plein dan park, vormt het geografische centrum van Medellín. Het is vernoemd naar Pedro Justo Berrío, in de 19e eeuw gouverneur van Antioquia en zijn standbeeld staat midden op het plein. Daarnaast zijn er op het plein interessante kunstwerken te bewonderen, waaronder 'La Gorda' van Botero (zie ook blz. 59) en het achttien meter hoge beeld *El desafío* ('De uitdaging') van de 20e-eeuwse beeldhouwer Rodrigo Arenas Betancourt. Ook bevindt zich hier een serie van twintig muurschilderingen van de lokale kunstenaar Pedro Nel Gómez, die de geschiedenis van Antioquia verbeelden. Als u niet oplet, loopt u er zo voorbij: ze bevinden zich achter glas langs het wandelpad van Parque Berrío naar Plaza Botero (parallel aan het spoor).

Hij-Die-Niet-Genoemd-Mag-Worden

Hoezeer Medellín hem ook wil vergeten, Pablo Escobar is onlosmakelijk met de geschiedenis van de stad verbonden. Veruit de meeste *medellinenses* zouden willen dat het niet zo was. Sterker nog: zij weigeren de naam van Escobar nog uit te spreken. Maar de toeristen die de nieuwsberichten over de Colombiaanse 'cocaïnekoning' in de jaren 80 en 90 vaak als entertainment tot zich hebben genomen, en die bovendien *Narcos* hebben gezien en daar een geromantiseerd beeld aan hebben overgehouden, zoeken zijn sporen.

Pablo Emilio Escobar Gaviria werd geboren op 1 december 1949 in Rionegro, 25 kilometer ten zuidoosten van de stad, en groeide op in Medellín. Tijdens zijn studie, die hij nooit afmaakte, werd hij actief in het criminele circuit. Het begon met de verkoop van illegale sigaretten en valse loten, daar kwam later autodiefstal bij en begin jaren 70 begon hij te werken voor drugssmokkelaars en ontvoerde hij mensen voor losgeld.

In 1976 zette Escobar het Medellínkartel op. Hij vond een smokkelroute naar de Verenigde Staten, de vraag naar cocaïne groeide daar aanzienlijk, en met veel geweld dwong Escobar het monopolie af – het maakte hem een van de rijkste mensen ter wereld. Op het hoogtepunt, in de jaren 80, smokkelde het Medellínkartel wekelijks tonnen cocaïne over de grenzen van Colombia, wat tot wel 60 miljoen dollar winst per dag kon opleveren. Escobar verdedigde zijn positie als drugsbaron met veel geweld. Terroristische aanslagen, moorden op politieagenten, rechters en politici – hij maakte van Medellín de 'moordhoofdstad' van de wereld.

In 1982 werd Escobar politiek actief en legde hij zich toe op sociale projecten, zoals de bouw van huizen en de aanleg van voetbalvelden. Op de plekken waar hij dat deed, werd hij daarmee immens populair, maar van de 'Barrio Pablo Escobar' met duizend huizen voor gezinnen met lagere inkomens kwam uiteindelijk weinig terecht.

In 1991 gaf Escobar zich over aan de autoriteiten en kreeg hij een celstraf opgelegd van vijf jaar. Hij sloot een deal met de Colombiaanse president Cesar Gaviria: hij mocht zijn straf uitzitten in La Catedral, een privégevangenis die hij zelf had gebouwd. Een jaar later ontsnapte Escobar op het moment dat de autoriteiten hem probeerden over te plaatsen naar een andere gevangenis. Er werd eindeloos naar hem gezocht en uiteindelijk werd hij in 1993 doodgeschoten in Medellín.

De focus op de dader in plaats van op zijn talloze slachtoffers – en zeker de romantisering van Escobar – doet veel inwoners van Medellín pijn. Escobar mag dan als een soort Robin Hood huizen hebben gebouwd voor de armen en cadeautjes hebben uitgedeeld aan kinderen, hij was de grootste crimineel die Colombia ooit heeft gekend. Tussen 1983 en 1994 verloren maar liefst 46.612 mensen in Colombia hun leven door drugsgeweld.

El Gato van Fernando Botero

Parque San Antonio 6

Calle 45, tussen Carrera 46 en 49, metrohalte San Antonio

Op dit plein vond in 1995 tijdens een concert een verwoestende bomaanslag plaats, waarbij 23 mensen om het leven kwamen. De bom zat verborgen in een beeld van Botero, dat er nog altijd staat, naast een replica die Botero daarop aan de stad schonk. Voor meer informatie, zie blz. 58.

Casa Museo de la Memoria 9

Calle 51 #36-66, di-vrij 9-18, za, zo 10-16, tel. 4 383 4001, museocasadelamemoria.gov.co, metrohalte Bicentenario, toegang gratis

Dit mooie nieuwe museum over het leven in Medellín in de jaren 70, 80 en 90 focust bijna uitsltuitend op de indrukwekkende verhalen van de slachtoffers van het drugsgeweld, als tegenhanger voor alle aandacht voor daders als Escobar. Lang niet alle informatie is vertaald naar het Engels, maar veel beeldmateriaal spreekt voor zich, sommige filmpjes hebben ondertiteling en het museum biedt een gratis app met audiomateriaal in het Engels.

Eten en drinken

Bandeja paisa – **Hacienda (Junín) 1**: Carrera 49 #52-98, tel. 4 448 9030, haciendaorigen.com. Bij restaurantketen Hacienda eet u typische *paisa*-gerechten – Hacienda's *bandeja paisa* is niet de goedkoopste van Medellín, maar wel een van de beste.

Muziek en ambachtelijk bier – **Salón Málaga 2**: Carrera 51 #45-80, salonmalaga.com. In deze enorme salon lijkt de tijd te hebben stilgestaan. Bolero- en tangomuziek, zwartwitfoto's aan de muur en uitstekende biertjes.

Empanada's – **Empanadas Envigadeñas 3**: Plaza Botero, Carrera 52, ter hoogte het paard. De beste empanada's van Plaza Botero en omgeving eet u bij dit pretentieloze kleine tentje.

Buiten het centrum

Pueblito Paisa en Cerro Nutibara

Calle 30A #55-64, dagelijks 7-24, 10 minuten lopen vanaf metrohalte Industriales of Exposiciones, toegang gratis

Op de Cerro Nutibara, een heuvel twee kilometer ten zuidwesten van de stad, is in 1978 een 20e-eeuws dorp nagebouwd dat typisch is voor de regio. Delen van een origineel dorp dat werd gesloopt zijn hier opnieuw in elkaar gezet, dus hoewel het in alles een kitscherige toeristische trekpleister is, heeft dit Pueblito Paisa enkele authentieke elementen. Het is vooral het uitzicht van boven op de Cerro Nutibara (80 m) dat een bezoekje de moeite waard maakt. U kunt omhoog lopen via een trap vanaf de ingang op Calle 30A of bij de ingang op Calle 33 een taxi nemen naar de top (rond de 5000 peso's).

Comuna 13

Metrohalte San Javier, dan bus 221i of 225i naar '20 de Julio', of een taxi, of 15 min lopen

Comuna 13, ooit de gevaarlijkste buurt van de stad, is uitgegroeid tot hét symbool van de wedergeboorte van Medellín (zie ook blz. 49). De roltrappen (*escaleras electricas*) die hier zijn aangelegd om het de bewoners makkelijker te maken zich door hun steile wijk (en richting het centrum, en dus werkgelegenheid) te verplaatsen zijn een ware bezienswaardigheid. U kunt op eigen houtje de buurt in, maar het is de moeite waard om Comuna 13 met een gids te bezoeken, omdat u dan veel meer leert over de geschiedenis van de

Tip

Gastronomische vrede 1

De Colombiaanse chef Juan Manuel Barrientos Valencia (1983), beter bekend als Juanma, opende op zijn 23e zijn eerste restaurant, ElCielo. Inmiddels is dit uitgegroeid tot een van de beste en meest inventieve restaurants van Medellín en opende hij ook vestigingen in Bogotá en Miami. Maar het is niet alleen het eten dat ElCielo bijzonder maakt. Het restaurant is ook een sociaal project. Juanma brengt in de keuken tegenstanders uit de voormalige burgeroorlog samen onder de noemer Cocinando La Paz de Colombia, 'de Colombiaanse vrede bereiden'. Hier werken gewonde oud-militairen zij aan zij met oud-guerillastrijders en worden oorlogsweduwen en inheemsen die hun thuis moesten verlaten opgeleid. Het is een toprestaurant en daar zijn de prijzen ook naar, maar 30% van de winst gaat naar sociale projecten in Colombia.
ElCielo: Carrera 40 #10A-22, tel. 4 268 3002, elcielorestaurant.com

wijk. Gidsen verzamelen zich bij het San Javier-metrostation of u kunt zich bijvoorbeeld aanmelden voor de populaire gratis Comuna 13 Graffiti Tour van **Comuna 13 Tours** (comuna13tours.com, de gids verwacht een fooi van rond de 30.000 peso's).

El Poblado

De Zona Rosa van Medellín bevindt zich in de wijk El Poblado, rondom Parque Lleras. Hier vindt u de beste restaurants en bars, maar ook de leukste hotels en hostels.

De roltrappen in Comuna 13

El Poblado

Overnachten

1 Casa del Reloj
2 Dix Hotel
3 Hotel Natura
4 Poblado Guest House
5 Los Patios
6 Black Sheep Hostel

Eten en drinken

1 El Cielo
2 Carmen
3 Malevo
4 Cambria
5 Naan
6 Ganso y Castor
7 Oh la la Bistrot

Winkelen

1 Makeno

Uitgaan

1 Bogotá Beer Company
2 Babylon
3 Donde Aquellos

Museo de Arte Moderno de Medellín (MAMM)

Carrera 44 #19A-100, di-vrij 9-18, za 10-18, zo 10-17, tel. 4 444 2622, elmamm.org, metrohalte Industriales of Poblado, toegang 10.000 peso's
Het museum voor moderne kunst van Medellín vormt het levendige centrum van de voormalige industriezone Ciudad del Río, die ten zuiden van het centrum ligt. Met de komst van het museum, woontorens en winkels is de wijk omgetoverd tot een populaire woonwijk. In een gerenoveerd industrieel magazijn zijn werken gehuisvest van de belangrijkste hedendaagse Colombiaanse kunstenaars, onder wie Débora Arango en Hernando Tejada (van Cali's rivierkatten, zie het kader op blz. 243).

Overnachten

Ruime en luxe appartementen – **Casa del Reloj** 1: Carrera 35 #7-2, tel. 300 603 6033, casadelreloj.com.co. Appartementen die van alle gemakken en comfort zijn voorzien. Gerund door zeer vriendelijke eigenaren.
Jacuzzi – **Dix Hotel** 2: Calle 10 #41-21, tel. 4 4480341, dixhotel.co. Dit hotel bevindt zich midden in het bruisende uitgaanscentrum van El Poblado. De kamers zijn ruim en schoon en het hotel heeft een aantrekkelijk dakterras mét jacuzzi.

In een leuke buurt – **Hotel Natura** 3: Carrera 35 #7-47, tel. 320 760 7531, hotelnaturamedellin.com. Prima hotel in de Provenza-buurt, waar veel restaurants zitten. Het hotel organiseert tours naar Guatapé en Sant Fe de Antioquia.
Als thuis – **Poblado Guest House** 4: Calle 11A #43F-16, tel. 318 441 9078. Poblado Guest House verhuurt kamers (met gedeelde of eigen badkamer) in twee appartementen die bij elkaar om de hoek liggen. Zorg dat u een van de kamers boekt in het appartement met het mooie dakterras (met keuken, eettafel en hangmat) en u hebt gegarandeerd een aangenaam verblijf in Medellín. Ideale locatie, dicht bij supermarkt, metrostation en restaurants.
Met dakterras – **Los Patios** 5: Carrera 43E #11-40, tel. 4 366 8987, lospatioshb. com. Ze noemen zichzelf een 'poshtel', ofwel een *posh hostel*, en die omschrijving klopt. Los Patios heeft een bar op een fantastisch dakterras, een sportzaal en organiseert bovendien tours. Op de begane grond is overdag een markt. Er zijn ook tweepersoonskamers.
Gezellig – **Black Sheep Hostel** 6: Transversal 5A #45-133, tel. 4 311 1589, blacksheepmedellin.com. Alle medewerkers van dit hostel, dat ook een aantal tweepersoons kamers heeft, zijn Colombiaanse studenten; de eigenaar is een Nieuw-Zeelander die veel in Colombia heeft gereisd. Op tien minuten lopen van metrostation Poblado.

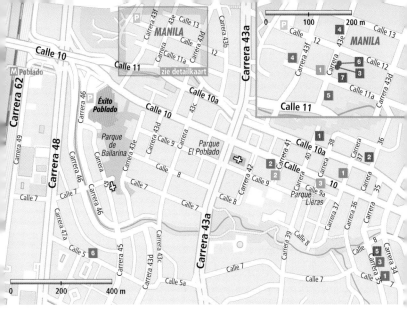

Eten en drinken

Bijzondere gerechten – Carmen : Carrera 36 #10A-27, tel. 4 311 9625, carmenmedellin.com. Hedendaagse fusion met een Colombiaans tintje in een sfeervolle setting. Sommige gerechten, zoals de honingtaart van drie soorten honing uit verschillende regio's, geserveerd met gulupa-ijs, zijn een ware ode aan Colombia. Reserveren is nodig.

Argentijns – Malevo : Carrera 43E #11A-20, tel. 4 580 2150. Hebt u zin in een perfect gebakken steak en een goed glas malbec, spoed u dan naar Malevo.

Lekker en gezellig – Cambria : Carrera 43E #12-16, tel. 4 352 1970, cambria.com.co. Sfeervol restaurantje (tevens café) met heel lekker eten en nog lekkerdere gebakjes en taarten.

Indiaas – Naan : Carrera 35 A#7-75, tel. 4 322 8781, naansaboresdeindia.com. Goed Indiaas restaurant in de Provenza-wijk van El Poblado, met enkele smaakvolle vegetarische opties (curry's met paneer of tofu).

Brunch – Ganso y Castor : Carrera 43E #11A-30, tel. 4 268 9572, gansoycastor.com. Dé plek voor een gezonde, lekkere, vullende brunch in El Poblado. Wilt u op zondag brunchen, dan moet u vroeg komen of in de rij aansluiten. Ook een vestiging in Provenza: Carrera 36 # 7-46.

Franse klassiekers – Oh la la Bistrot : Calle 11A #43D-102, tel. 4 581 1699. Het authentiek Franse eten bij deze bistrot in de Manila-buurt van El Poblado is echt heel erg 'oh la la' … Vooral de crème brûlée!

Winkelen

Colombiaanse fashion – Makeno : Carrera 37 #10-35, oficina 304. Deze winkel heeft een mooie collectie kleding en accessoires van zo'n negentig Colombiaanse designers, vooral van jong talent. Naast bijzondere kleding en sieraden verkoopt Makeno design voor in huis.

Actief

Op blz. 198 vindt u de beschrijving van een ontdekkingsreis door het centrum van Medellín.

Wandelen, fietsen en vogelen in Parque Arví

Via Santa Elena, 7 km ten oosten van Medellín, di-zo 9-18, tel. 4 444 2979, parquearvi.org, metrohalte Arví (kabelbaantjes vanaf Acevedo), toegang gratis, tour 25.000 peso's
Een bezoek aan dit mooie natuurreservaat aan de rand van Medellín is alleen al de moeite waard om de weg ernaartoe. Vanuit het kabelbaantje dat u hoger in de bergen brengt, kijkt u uit over de stad en het ritje over de sloppenwijken geeft u bovendien een inkijkje in het leven in de armste buurten van Medellín. Parque Arví is ideaal voor wie even aan de stad wil ontsnappen. Er zijn wandelpaden, u kunt fietsen huren en elk halfuur vertrekken er tours vanaf de ingang, waaronder vogeltours en mountainbiketours.

Uitgaan

Craft beer – **Bogotá Beer Company** 1: Carrera 34 #7-165 (Provenza) en Calle 11A #43E-18 (Manila), tel. 4 311 3060,

bogotabeercompany.com. Wie overdag al zoveel heeft gelopen dat een avond op de dansvloer wat te veel van het goede is, kan terecht bij BBC voor *craft beer*, voetbal en een stoel of barkruk.
Grote club – **Babylon** 2: Carrera 41 #9-22, tel. 316 776 7373. Deze populaire discotheek (open do, vrij en za) heeft regelmatig *barra libre*: u betaalt entree (mannen 35.000, vrouwen 20.000) en kunt daarvoor de hele avond drinken (bepaalde merken, ook sterk). Behoorlijk 'losse' sfeer gegarandeerd!
LGBTQ+ – **Donde Aquellos** 3: Carrera 38 #9A-26, tel. 4 312 2041, dondeaquellosbar.com. Deze bar/club in El Poblado serveert de mooiste cocktails, heeft een terras en een dansvloer, en soms themafeestjes, zoals karaoke-avonden en Madonna-party's (jawel!).

Info en evenementen

Toeristische informatiepunten (PIT):
PIT Cerro Nutibara: Calle 30A #55-64, ma-vrij 8.38-18.30.
PIT Parque Arví: Parque Arví, di-zo 9.30-17.30.
PIT Parque de las Luces: hoek Calle 44 en Carrera 54, ma-za 9-17.30.
PIT Plaza Mayor: Calle 41 #55-80, ma-vrij 8-18.
Festival Internacional de Tango (Festitango): juni, tangofestival met wedstrijden, concerten en workshops (medellinfestitango@gmail.com).
Feria de las Flores: augustus, spectaculair bloemenfestival dat een week duurt (feriadelasfloresmedellin.gov.co).
Festival Internacional de Jazz (Medejazz): september, jazzfestival met veel Noord-Amerikaanse artiesten (corporacionmedearte.com).
Vervoer: Medellín heeft een overzichtelijk en uitgebreid metronetwerk, een rit kost 2650 peso's. De ov-kaart (*tarjeta Cívica*) zelf is gratis.

¡A la orden!

U hoort de frase overal in Colombia, in winkels en op markten: *¡A la orden!* Letterlijk betekent het 'op uw bevel', vrij vertaald is het vergelijkbaar met 'Waarmee kan ik u van dienst zijn?' Het kan soms wat opdringerig overkomen, een verkoper die u aanspreekt terwijl u gewoon voorbij loopt – de beleefde reactie als u geen interesse hebt is een simpel *'Gracias'*.

Favoriet

De zócalos van Guatapé

Dat de kleurrijke reliëfs onderaan de huizen in Guatapé naast een oude traditie duidelijk óók onderdeel zijn van een plan om het dorpje aantrekkelijk(er) te maken voor toeristen, maakt ze gelukkig niet minder leuk. Veel straten heeft Guatapé niet, maar dat bijna alle huizen in die weinige straten zijn voorzien van treffende, mooie, schattige, ontroerende of grappige *zócalos* maakt er rondlopen tot een klein vrolijk feestje. Het is duidelijk dat niet alle artiesten in Guatapé even verfijnd werk leveren, maar zelfs dat heeft ook wel zijn charme. Meer informatie vindt u op blz. 200.

Medellín, de stad die uit de as herrees

Decennialang hebben de inwoners van Medellín geleden onder de gewelddadige drugsstrijd. Door grote investeringen in sociale architectuur en infrastructuur begint de stad echter steeds aangenamer te worden. Het maakt de inwoners trots en blij dat er weer toeristen komen en ze zullen u welkom heten: 'Benvenido a Medellín!'

Kaart: ▶ G 12
Beginpunt: metrohalte Parque Berrío
Eindpunt: metrohalte San Antonio
Duur: 2 uur
Informatie: de nummers in deze tekst verwijzen naar de plattegrond op blz. 189. Let vooral in het drukke gebied rondom Parque Berrío en op Parque San Antonio goed op uw eigendommen, hier zijn zakkenrollers actief.

Rondom Parque Berrío

Als u uitstapt bij metrohalte Parque Berrío, komt u direct in de drukte van het centrum van Medellín terecht. Loop in noordelijke richting (het voetpad dat het spoor volgt) langs alle straatverkopers, tot u op Plaza Botero 1 uitkomt. Op dit ruime plein staan 23 beelden van Fernando Botero (zie ook blz. 56) en bevindt zich het Museo de Antioquia 2. Het grote neogotische zwartwitte gebouw in het midden is het Palacio de la Cultura Rafael Uribe Uribe 3, ontworpen door de Belgische architect Agustín Goovaerts. Oorspronkelijk zetelde hier de regering van Antioquia (tot 1937), vandaag de dag is het een (gratis toegankelijk) cultureel centrum met een bibliotheek.

Loop vanaf het plein de Avenida Carabobo in (Carrera 52, de straat achter Botero's paard). Na ongeveer 200 meter ziet u aan uw rechterhand de Iglesia de la Veracruz 4. Het pleintje voor dit mooie witte kerkje, dat werd gebouwd tussen 1791 en 1803, is het verzamelpunt voor de prostituees in de stad. De hotels die u rondom de kerk ziet verhuren hun kamers per uur.

Door naar Plaza de Cisneros

Volg de Avenida Carabobo. Het grote gebouw op de hoek van Calle 48 is het Palacio Nacional, in 1924 door Goovaerts ontworpen als Paleis van Justitie. Vandaag de dag is het een winkelcentrum, u kunt ook dit gebouw dus vanbinnen bekijken.

Na enige tijd komt u uit op een groot kruispunt (met de Avenida San Juan). Aan de overkant van de brede straat ziet u het neoklassieke oude treinstation van Medellín, uit de tijd dat Antioquia nog spoorwegen had (tot 1961). Steek niet over, maar ga rechtsaf. Na een paar minuten ziet u aan uw rechterzijde het Plaza de Cisneros 5. Dit grote plein, dat ook wel Parque de las Luces ('het park van de lichten') wordt genoemd, was ooit een van de beruchtste, donkerste pleinen van de stad – het stond bekend als het 'Misdaadplein'. Het stadsbestuur besloot het echter onder handen te nemen. Het was een van de eerste grote sociale projecten in Medellín en het is een goed voorbeeld van democratische architectuur. Het 'bamboebos' van driehonderd hoge lichtpalen werd in 2005 opgeleverd. Het ontwerp komt in de avonden uiteraard het beste tot zijn recht. De lichtjes transformeerden het misdaadplein in een plein van hoop en dat werd nog eens bekrachtigd door de oplevering van de moderne Biblioteca EPM aan de westzijde ervan (ook in 2005). Met de nadruk op licht en educatie staat Plaza de Cisneros symbool voor het nieuwe Medellín, dat zijn blik hoopvol op de toekomst richt.

Door naar La Alpujarra

Aan de overkant van de Avenida San Juan (achter het grote gebouw) ligt La Alpujarra, het administratieve centrum van het bestuur van Medellín en de regering van Antioquia. Op het plein tussen de regeringsgebouwen staat het enorme Monumento a La Raza 7 van Rodrigo Arenas Betancourt, dat de geschiedenis van de *paisas* verbeeldt.

Van La Alpujarra naar Parque San Antonio

Loop terug naar de Avenida San Juan, steek over en sla rechtsaf, tot u bij Carrera 50 komt. Ga hier links (maar blijf aan de rechterzijde van de weg, die overgaat in Carrera 49). Neem de eerste straat rechts (Calle 45/Avenida Amador). Na ongeveer 50 meter (na de *parqueadero*) ziet u de trappen naar het Parque San Antonio 6 en de billen van een torso van Botero. Rechts op het plein staan de in 1995 door de bomaanslag verwoeste *Vogel* van Botero, en ernaast zijn *Vredesvogel* (zie blz. 58).

Rondom Medellín

Vanuit Medellín zijn enkele dagtochtjes te maken die absoluut de moeite waard zijn. Voor de inwoners van Medellín zijn deze plaatsen favoriete bestemmingen in het weekend, dus als u de ergste drukte (en de hoogste prijzen) wilt vermijden, kunt u het beste doordeweeks gaan.

Guatapé ▶ H 12

Het lieflijke Guatapé, op twee uur rijden van Medellín, ligt aan een uitgestrekt kunstmatig meer, het Embalse Peñol-Guatapé (vernoemd naar de twee rivaliserende stadjes El Peñol en Guatapé, beide aan het meer gelegen). Guatapé werd gesticht in 1811 en is daarmee ruim 150 jaar ouder dan het Embalse (letterlijk 'reservoir') dat ontstond toen in 1972 een dam werd aangelegd in de Río Nare. Het oorspronkelijke El Peñol daarentegen moest plaatsmaken voor het meer en werd na de aanleg van het meer opnieuw opgebouwd. De stuw-

dam in de Río Nare levert zo'n 30% van de elektriciteit in Colombia.

De pittoreske huizen van Guatapé zijn in talrijke vrolijke kleuren geschilderd en in veel gevallen voorzien van muurschilderingen, die *zócalos* worden genoemd. Zócalo is het Spaanse woord voor plint of lambrisering en deze doorgaans vierkante reliëfs bevinden zich dan ook op het onderste deel van de muren. De oorspronkelijke *zócalos* hadden religieuze thema's (voornamelijk het Lam Gods), maar vandaag de dag is er een enorme variëteit aan afbeeldingen, van geometrische figuren tot dieren, van auto's tot bloemen.

Piedra del Peñol

3 km ten westen van Guatapé, dagelijks 8-17, bushalte 'La Piedra' op de route Medellín-Guatapé of een *mototaxi* of tuktuk (rond de 10.000 peso's) vanuit Guatapé, toegang 18.000 peso's

De inwoners van Guatapé noemen de Piedra del Peñol ('de steen van El Peñol') liever de Peñón de Guatapé ('de rots van Guatapé'). Vandaar dat de wonderbaarlijke 200 meter hoge granieten monoliet onder die twee namen bekendstaat. De rots ligt vlak bij het Embalse, het grote meer dat wegens diezelfde tweestrijd tussen Guatapé en El Peñol ook meerdere namen kent.

Op de rots staan sinds 1988 twee gigantische witte letters geschilderd ('GI' lijkt er te staan): een poging van Guatapé om de rots voorgoed tot hun eigendom te maken. De 'I' is eigenlijk het beginnetje van een 'U', maar tegen de tijd dat de schilders daar waren aangekomen, hadden de inwoners van El Peñol lucht gekregen van het snode plannetje en werd verder schrijven verhinderd.

Via een trap met 675 treden kunt u de top van de monoliet bereiken en vervolgens kunt u de uitkijktoren beklimmen, wat het totaal op 740 treden

Bandeja paisa

Hét gerecht van de paisa's is beroemd in heel Colombia: de *bandeja paisa*. Het is een nogal uitgebreide maaltijd die absoluut ongeschikt is voor veganisten/vegetariërs en het is van groot belang met zoveel mogelijk honger aan de onderneming te beginnen, anders haalt u het einde niet. De ingrediënten van een klassieke bandeja paisa: rijst, kidneybonen, bakbanaan (soms rijp, soms *patacones*), een gebakken ei, gehakt, bloedworst, *chicharrón*, chorizo, avocado en arepa. Vaak geldt: hoe duurder de bandeja paisa, hoe hoger de kwaliteit van de worst en hoe meer chicharrón.

brengt. Voor die behoorlijke inspanning krijgt u wel een prachtig uitzicht over de wijde omgeving terug, en met name over het enorme waterreservoir met de vele eilandjes en landtongen.

Komt u vanuit Medellín met de bus, vraag uw buschauffeur dan u af te zetten bij 'La Piedra' (ongeveer 20 minuten na El Peñol). Via de weg die achter het Zeuss-benzinestation langs omhoog loopt kunt u de voet van de rots bereiken, waar u een toegangskaartje kunt kopen (de weg is redelijk steil, maar slechts een kilometer lang, reken op een kwartiertje lopen tot de voet). Op het moment van research was er een nieuwe weg in aanbouw die het parkeerterrein verbindt met een wandelpad dat rechts van het benzinestation begint. Wilt u na uw bezoek aan de monoliet naar Guatapé, dan kunt u gebruikmaken van de wachtende tuktuks en colectivo's, of u kunt teruglopen naar het benzinestation en daar een bus naar Guatapé aanhouden (2000 peso's).

Een wandeling door Guatapé

Het 'busstation' van Guatapé bevindt zich op de hoek van Carrera 30 en Calle 32, op steenworp afstand van het Parque Principal, een van de lieflijkste pleintjes in Colombia. Hier staat de rood-witte Iglesia Nuestra Señora del Carmen, voltooid in 1865. Vier *zócalos* van lokale kunstenaar Mario Hernández flankeren de ingangen van de kerk. Ze symboliseren de vier auteurs van de evangeliën: de engel staat voor Mattheüs, de leeuw voor Marcus, de os voor Lucas en de adelaar voor Johannes. Ook het Palacio Municipal, het gemeentehuis, bevindt zich aan het Parque Principal,

Koffieverkoper in Guatapé

in een fris opgeknapt koloniaal pand met traditionele houten balkons.

Als u de straat rechts van de kerk inloopt (Calle 29) ziet u na ongeveer 100 meter aan uw rechterhand een fonteintje met vier *campesinos* (boeren). Het oplopende straatje daarachter heet de Calle del Recuerdo en is misschien wel het mooiste straatje van Guatapé. Een stukje terug in Calle 29, tegenover nummer #29-09, vindt u een doorgangetje. De trappen leiden naar het Plazoleta de los Zócalos, een kleurrijk pleintje met enkele terrassen en winkels. Als u het pleintje via de straat aan de andere kant verlaat, komt u uit in Calle 31, waar u nog meer beschilderde huizen vindt.

Boottochtjes

Verschillende rederijen langs de *malecón* organiseren cruises op het meer. U kunt kiezen uit een grote partyboot (met bar en dansvloer) die nergens stopt, of kleinere boten die u naar verschillende bezienswaardigheden op het meer voeren. Zo is er La Cruz del Peñol, een groot kruis dat een monument vormt voor het oude stadje dat moest wijken voor het meer. De legende wil dat het kruis het topje vormt van de oude kerk dat boven het wateroppervlak uit steekt. Een andere bezienswaardigheid is een verlaten finca die ooit aan Pablo Escobar toebehoorde. Deze boottochten kosten rond de 15.000 peso's. Omdat de rederijen een minimum aantal personen hanteren, vertrekken er meer boten in het weekend, wanneer het drukker is.

Overnachten

Hoewel de meeste mensen Guatapé bezoeken tijdens een dagtochtje, kunt u zich er prima langer dan een dag vermaken. Het is een fijne plek om even te ontsnappen aan de drukte van Medellín.

Er zijn veel hostels, pensions en hotels te vinden en vele daarvan bieden kamers met uitzicht op het meer. Een fijne budgetoptie is **Lake View Hostel** (Carrera 22 #29B-29, tel. 4 861 0023, lakeviewhostel.com), dat naast slaapzalen ook een aantal tweepersoonskamers heeft. Het hostel organiseert excursies en heeft een goed Thais restaurant op het dakterras (Thai Terrace, zie hiernaast). Een luxere optie net bui-

Het uitzicht vanaf de Piedra del Peñol

ten Guatapé (vlak bij de Piedra) is **Hotel Los Recuerdos** (Via El Peñol, tel. 4 861 0650, hotellosrecuerdos.com).

Eten en drinken

Naast **Thai Terrace** (Carrera 22 #29B-29, tel. 4 861 0023, thaiterraceguatape.com) op het dakterras van Lake View Hostel (zie vorige pagina) heeft Guatapé nog een paar goede restaurants. Goede pizza's eet u bij **Pizzeria de Luigi** (Carrera 25 #31B-30, tel. 320 845 4552). Voor gerechten van de grill (waaronder *trucha*, forel uit het meer) kunt u terecht bij **La Fogata** (het gele gebouw met de rode accenten tegenover het busstation, tel. 4 861 1040, restaurantelafogata.com). De deli **Hecho Con Amor** (Calle 31, #25-42, tel. 321 8347979) heeft vegetarische gerechten en heerlijke *postres*. Meer (ook

vegetarische) restaurants vindt u langs de malecón (Calle 32).

Informatie en vervoer

Toeristische informatie: in het Palacio Municipal op het Parque principal, ma-vrij van 8-13 en 14-18

Weer: Maakt u een dagtrip vanuit Medellín en bent u van plan de Piedra del Peñol te beklimmen, dan is het (door-gaans) een goed idee om daarmee te beginnen en daarna naar Guatapé door te reizen, omdat de lucht in de middag vaak betrekt.

Vervoer: Bussen vanuit Medellín ver-trekken vanaf Terminal del Norte (2 uur, 15.000 peso's). Het busstation van Guatapé bevindt zich aan de waterkant (Calle 32 en Carrera 30). De bussen rij-den elk halfuur. De laatste bus terug naar Medellín gaat in het weekend om 19.45 en doordeweeks om 18.30. Het is handig om kaartjes voor de terugreis

De Puente de Occidente

bij aankomst in Guatapé te kopen, ze-ker als u op zondag terugreist.

Santa Fe de Antioquia ▶ F 11

Zo'n 80 kilometer ten noordwesten van Medellín ligt Santa Fe de Antio-quia, gesticht in 1541 en tot 1826 de de-partementshoofdstad. Doordeweeks is het een slaperig stadje, in het weekend, wanneer de *medellinenses* er massaal naartoe trekken, komt Santa Fe tot leven. Het koloniale centrum vormt de grootste aantrekkingskracht van de stad: omdat de aandacht in 1826 naar Medellín verschoof, heeft Santa Fe de Antioquia zijn originele stijl behouden. U vindt er niet alleen witgekalkte hui-zen met ornamentele houten kozijnen, maar ook huizen met *calicanto*-façades die de stenen tonen.

Op het Plaza Mayor van Santa Fe, dat wordt omringd door koloniale huizen met houten balkons, waant u zich twee-honderd jaar terug in de tijd. Er staat een standbeeld van Juan del Corral, die van 1813 tot aan zijn vroegtijdige dood in 1814 leider was van Antioquia en ge-durende dat jaar kinderen van slaven (*pardos*) hun vrijheid gaf, een voorbode op de afschaffing van slavernij in 1853.

Museo Juan del Corral

Carrera 11 #9-77, ma-vrij 9-12, 14-17.30, za, zo 10-17, tel. 4 853 4605, toegang gratis
Een bezoek aan dit museum is vooral de moeite waard omdat het een unieke kans biedt om een prachtig 19e-eeuws koloniaal pand van binnen te bewonde-ren. De collectie van het museum omvat archeologische vondsten en kunstvoor-werpen. Ook kunt u er de tafel bewon-deren waaraan Juan del Corral in 1813 de onafhankelijkheid van Antioquia tekende.

Museo de Arte Religioso en de Iglesia de Santa Bárbara

Calle 11 #8-12, vrij-zo 10-13, 14-17, tel. 4 853 2345, toegang 3000 peso's

Het museum voor religieuze kunst bevindt zich in het voormalige 18e-eeuwse jezuïetenklooster naast de Iglesia de Santa Bárbara. Er is onder meer werk te vinden van Colombia's voornaamste kunstenaar uit de koloniale tijd, Gregorio Vásquez de Arce y Ceballos. De Iglesia de Santa Bárbara (op de hoek van Calle 11 en Carrera 8), met de barokke façade in *calicanto*-stijl, werd in het midden van de 18e eeuw gebouwd door de jezuïeten. Het doopvont uit 1721 is het oudste in de regio.

Puente de Occidente

5 km ten noordoosten van Santa Fe de Antioquia, retour met tuktuk of *mototaxi* rond de 15.000 peso's

De 291 meter lange Puente de Occidente (Brug van het Westen), gebouwd tussen 1887 en 1895, was de eerste hangbrug in Zuid-Amerika. Hij werd gebouwd onder toezicht van ingenieur José María Villa die een paar jaar eerder had geholpen bij de bouw van de Brooklyn Bridge in New York. In 2004 is de brug gerestaureerd.

Overnachten

Met zwembad – **Hotel Mariscal Robledo:** Carrera 12 en Calle 10 (Plazuela de Chiquinquirá), tel. 4 853 1563, hotelmariscalrobledo.com. Het mooiste hotel van Santa Fe, gehuisvest in een 17e-eeuwse koloniale villa. Het hotel lijkt wel een antiekmuseum en heeft ook nog eens een prachtig zwembad.

Pension – **Casa de Verano Santa Fé:** Carrera 5 #9-121, tel. 320 803 2005, casadeverano.com.co. Met heel veel liefde en aandacht ingericht pension met zwembad.

Hostel – **Green Nomads:** Calle 9 #7-63, tel. 302 434 2163, greennomadshostel. com. Prima hostel met een zwembad en fijne plekken buiten om te ontspannen. Het hostel organiseert verschillende activiteiten.

Eten en drinken

Lekkers uit de Spaanse keuken – **Sabor Español:** Calle 10 #12-26, tel. 4 815 2471, restaurantesaborespanol.com. Dit restaurant heeft al het goede van Spanje op de kaart staan: van tapas tot paella's, van tortilla's tot kaas- en vleesplankjes. Een van de specialiteiten van het huis: in rum geflambeerde garnalen. Bewaar ook wat ruimte voor de cheesecake met bramensaus.

Eten, drinken en kunst – **La Comedia:** Carrera 8 #10-103, tel 312 741 8491. De sfeer is uitstekend in deze kunstzinnige latinbar, waar ook prima maaltijden worden geserveerd.

Goede en lokale koffie – **Cafe Canelo:** onder het Hotel Mariscal Robledo,

Tip

Snoep voor zuurpruimen

In de groene valleien rond Santa Fe de Antioquia zijn veel tamarindeplantages. De flink zure pulp van de peulvruchten (*pulpa de tamarindo*) wordt gebruikt als ingrediënt in verschillende sauzen, siropen en chutneys. Tamarinde is bijvoorbeeld een van de ingrediënten van de wereldberoemde Engelse worcestershiresaus. In Santa Fe wordt van de tamarindepulp snoep gemaakt. Vlak bij het Plaza Mayor staat een aantal stalletjes waar verschillende versies van dit lokale 'snoepgoed' worden verkocht – voor liefhebbers van zure matten!

Local 6, tel. 301 791 4299. Dit moderne café serveert verschillende soorten koffie van de eigen finca en ontzettend lekkere taartjes.

Informatie, vervoer en evenementen

Website: santafedeantioquia-antioquia. gov.co
Toeristische informatie: op het Plaza Mayor (Carrera 9 #9-22) bevindt zich een Punto Información Turística: tel. 4 853 1136, turismo@santafedeantioquia-antioquia.gov.co.
Festivals: eind juli of begin augustus vindt in Santa Fe de Antioquia het Festival de Cine Colombiano plaats, het Colombiaans filmfestival, en begin december het Festival de Cine y Video (meer informatie: festicineantioquia.com of tel. 4 513 3653). Eind december staan de vierdaagse Fiestas de los Diablitos op de kalender.

Vervoer: bussen naar Santa Fe vertrekken vanaf de Terminal del Norte (1,5 uur, 15.000 peso's). Het busstation van Santa Fe bevindt zich op de hoek van Calle 13 en Carrera 10.

Jardín ▶ F 13

De lieflijke 19e-eeuwse pueblo Jardín (ook wel El Jardín genoemd, 'de tuin') ontvangt in het weekend veel bezoekers uit Medellín, maar doordeweeks is het veel minder toeristisch dan bijvoorbeeld Guatapé. Een van de grootste attracties is het centrale plein vol kleurrijke tafels en stoeltjes, een fijne plek om aan het einde van de dag wat te drinken. De houten stoeltjes met de kaarsrechte leuningen zijn leuk, maar nogal oncomfortabel. U zult zien dat de echte 'profs' manieren hebben gevonden om lekkerder te zitten. Bijvoorbeeld op twee poten achteroverleunend tegen een muur.

Auto in kleurrijk Jardín

Reserva Natural Gallito de la Roca

Calle 9 (de zuidkant van het dorp), voor de brug rechts over het onverharde paadje, dagelijks geopend, actuele openingstijden staan op het hek (meestal vanaf 15.30 of 16 uur), toegang 10.000 peso's

Dit natuurreservaat aan de rand van Jardín is een uitstekende plek om de rode rotshaan (zie foto blz. 31) in het wild te zien. De markante vogels komen hier elke dag aan het eind van de middag aan en vliegen 's nachts weer weg.

Cueva del Esplendor

Toegang 20.000 peso's

Deze grot heeft een gat in het 'dak' waardoor een waterval naar beneden stort – een spectaculair gezicht. U kunt de grot bereiken door een (modderige) wandeling van ongeveer drie uur, of u kunt een georganiseerde tour boeken. Dan wordt u vaak per jeep een stuk op weg geholpen (zo'n 45 min), waarna u nog een wandeling van een halfuur tot een uur wacht. U kunt zwemmen in het water, maar het is ijskoud!

Wandeling ten noorden van Jardín

Vanuit het dorp kunt u een mooie wandeling maken van ongeveer anderhalf uur. Begin op de hoek van Carrera 2 en Calle 13 en volg de weg naar beneden en vervolgens omhoog. Blijf het pad volgen tot u na ongeveer 45 minuten op een kruispunt komt; ga hier links. Bij het volgende kruispunt houdt u rechts aan en volgt u de weg tot u na een minuut of tien Café Jardín bereikt. Dit café met terras, dat een mooi uitzicht biedt over het dorp, is een heerlijke plek voor een drankje. Links van het café loopt een (soms modderig) steil pad naar beneden. Het voert door een bananenplantage en via een bruggetje over een riviertje terug naar het dorp.

Overnachten

Een fijne budgetoptie buiten het dorp (met een spectaculair uitzicht) is **Creo Ecolodge** (Vía Tamesis, tel. 302 442 8024, creoecolodgejardin.com). Een goed hostel in Jardín zelf is **Sgt. Pepper's** (Carrera 3 #6-43, tel. 4 845 5116). Zoekt u meer luxe, dan kunt u terecht bij **Hotel Jardín**, gelegen aan het centrale plein (Carrera 3 #9-14, tel. 300 608 0921, hoteljardin.com.co).

Eten en drinken

Voor een goed ontbijt kunt u terecht bij **Café Cuchillas** (Parque Principal, rechts van de kerk). Op de hoek daar schuin tegenover drinkt u de beste koffie van Jardín, bij **delosAndes Café** (delosandescafe.com).

De beste, authentiek Italiaanse pasta en pizza in Jardín eet u bij **Bella Italia** (hoek Carrera 5 en Calle 11). Jardín is ook een uitstekende plek voor smaakvolle vegetarische maaltijden. Een van de beste restaurants bevindt zich iets buiten het dorp: **Revolución Bananera** (KM1 Vía Tamesis, tel. 319 620 3641): het is de wandeling meer dan waard. In Jardín zelf kunt u o.a. terecht bij **Roots** (Carrera 5 #7-63, tel. 321 383 9598).

Informatie en vervoer

Toeristische informatie: op de hoek van Carrera 3 en Calle 10, 8-12 en 14-18
Bus: zo'n 15 bussen per dag vertrekken vanaf het Terminal del Sur van Medellín naar Jardín (4,5 uur, 29.000 peso's). Het 'busstation' van Jardín bevindt zich op Calle 8 tussen Carrera 6 en 7. Voor vervoer binnen en rondom Jardín kunt u gebruikmaken van tuktuks, ze staan te wachten op de hoek van Carrera 5 en Calle 10 (bij het plein).

Favoriet

Jardín, het mooiste dorp van Colombia (aldus de inwoners)

Jardín ligt buiten de 'toeristische hoofdroute' en wordt daarom door veel toeristen overgeslagen, maar een bezoek aan dit authentieke koloniale dorpje in de bergen is de omweg zeker waard. De in talloze vrolijke kleuren geschilderde huizen maken een wandelingetje door het dorp een aangenaam tijdverdrijf en in de omgeving van Jardín zijn prachtige tochten te maken, onder andere naar een spectaculaire waterval. Bovendien hebben alle bars rondom het centrale plein een terras (uniek in Colombia!), wat het plein in de avonden tot een levendige en gezellige ontmoetingsplaats maakt. Voor meer informatie zie blz. 206.

De Zona Cafetera

Bergen bedekt met nevelwouden, on-vergetelijke uitzichten, zich einde-loos uitstrekkende koffieplantages, de karaktervolle Willys MB Jeeps en de magische, torenhoge waspalmen: de Zona Cafetera ('Koffieregio') is een niet te missen bestemming in Colombia.

De Zona Cafetera – die soms ook Eje Cafetero wordt genoemd, de 'Koffieas' – beslaat de departementen Caldas, Ris-aralda en Quindío, ten zuiden van Me-dellín en ten westen van Bogotá. De belangrijkste plaatsen zijn Manizales, Pereira en Armenia en daarnaast zijn enkele kleine dorpjes, zoals Salento en Filandia, populaire bestemmingen. Volgens de Colombianen zelf treft u in de Zona Cafetera de vriendelijkste men-sen van Colombia.

Cultureel (en culinair) gezien is de streek sterk verbonden met Medellín: het waren de paisa's die dit gebied in de 19e eeuw koloniseerden. De oorspron-kelijke bewoners, de Quimbaya, die hier tussen de 4e en de 7e eeuw v.Chr. leef-den, staan bekend om hun vernuftige gouden (kunst)voorwerpen, waarvan er vandaag de dagen vele te bewonde-ren zijn in het Museo del Oro in Bogotá (zie blz. 252).

Steeds meer finca's in de streek ver-welkomen toeristen en bieden daar-mee een unieke mogelijkheid om zo'n prachtige plantage te bezoeken en meer te leren over het verbouwen en berei-den van koffie en de Colombiaanse kof-fieindustrie. De oogsttijden kunnen per regio verschillen, maar doorgaans wor-den de rijpe koffiebessen tussen april en mei en tussen oktober en december ge-plukt; in deze periodes treft u de finca's in vol bedrijf.

Manizales ▶ G 14

De stad Manizales, gelegen in het wes-ten van het Andesgebergte (2160 m), heeft zo'n 430.000 inwoners. Het is de hoofdstad van het departement Cal-das. Manizales werd op 12 oktober 1849 gesticht door een groep van twintig paisa's die op de vlucht waren voor de burgeroorlog in Antioquia; eind 19e eeuw groeide het kleine dorp als ge-volg van de stijgende populariteit van Colombiaanse koffie uit tot een van de grotere steden van de Zona Cafetera (al-leen Pereira is groter).

Manizales kent weinig historische gebouwen en bezienswaardigheden als gevolg van twee aardbevingen (in 1875 en 1878) en twee verwoestende branden (in 1925 en 1926). De meeste gebouwen dateren dus van na 1926, al lijken ze soms ouder omdat ze in oude stijl zijn herbouwd.

Toeristen komen vooral naar Mani-zales voor de natuur in de bergen die de stad omringen – het is een goede uitvalsbasis voor uitstapjes naar koffie-finca's en het Parque Nacional Natural

INFO

Reizen naar en binnen de Zona Cafetera

Vliegtuig: Manizales, Pereira en Ar-menia hebben een vliegveld; de beste connecties vindt u als u reist via Pereira (PEI, Aeropuerto Internacional Mate-caña, aeromate.gov.co). Directe vluch-ten: Bogotá, Bucaramanga, Cartagena, Medellín en Santa Marta.
Bus: de Zona Cafetera is goed bereik-baar per bus, bijvoorbeeld vanuit Bo-gotá, Medellín en Cali. Meer informa-tie over reizen naar en binnen de Zona Cafetera vindt u bij 'Informatie en ver-voer' (voor Manizales zie blz. 214; voor Pereira zie blz. 220; voor Arme-nia zie blz. 221).

Los Nevados (zie blz. 215). Een fijne bonus is het bruisende nachtleven van deze studentenstad. In de Zona Rosa, die drie kilometer ten westen van het centrum ligt, zitten talloze goede restaurants en in de avonden valt er altijd wat te beleven.

Monumento a los Colonizadores

Avenida 12 de Octubre (Chipre), bushalte Monumento, dagelijks 10-19
In de wijk Chipre, ten noordoosten van het centrum, staat boven op een heuvel dit spectaculaire monument gewijd aan de stichters van de stad. Het is opgetrokken uit zo'n 50 ton brons. Om het te kunnen maken, vroeg de lokale kunstenaar Luis Guillermo Vallejo Vargas inwoners van de stad om ongebruikte bronzen voorwerpen (bijvoorbeeld sleutels) te doneren.

Het gieten van de verschillende beelden gebeurde gefaseerd over een periode van vijf jaar, het laatste werd in 2002 voltooid. Het monument ligt tegen een heuveltje en bestaat uit twee delen: *La Agonía*, het onderste deel, dat de pijn en moeite verbeeldt die de kolonisten en hun dieren moesten betrachten om over de steile bergen in Manizales te komen, en bovenop *El Éxtasis*, de verbeelding van de triomf van het bereiken van de plek.

U kunt vanuit het centrum naar Chipre wandelen (ongeveer 30 min vanaf Plaza de Bolívar); er loopt een fijn roze voetpad langs Calle 12. Een andere optie is om op Carrera 23 op een busje naar 'Chipre' te stappen.

Torre de Chipre

Parque el Observatorio, Avenida 12 de Octubre (Chipre), dagelijks 10-19, tel. 6 883 8311, torredechipre.com, bushalte Chipre, toegang 5000 peso's
Deze 40 meter hoge uitkijktoren (ook wel de Torre Mirador of Torre al Cielo

De Zona Cafetera

genoemd) biedt een panoramisch uitzicht over Manizales en de wijde omgeving. Op heldere dagen kunt u vanaf deze toren Parque Nacional Natural Los Nevados en vijf verschillende departementen van Colombia zien. Het is mogelijk om (geharnast) rondom de toren te lopen over een smal platform (sky walk, 15.000 peso's) en er is een klimmuur. Manizales staat bekend om de fenomenale zonsondergangen en dit is de uitgelezen plek om die te bekijken.

Plaza de Bolívar

Toen het oude centrale plein van Manizales in 1986 werd gemoderniseerd, bleek het klassieke standbeeld van Simón Bolívar dat altijd op het plein had gestaan nogal uit de toon te vallen. Om die reden vroeg het stadsbestuur de Colombiaanse kunstenaar Rodrigo Arenas Betancourt (1919-1995) om een nieuw, moderner beeld te maken. Het resultaat was de bronzen *Bolívar Cóndor*, die sinds 1991 op het Plaza de Bolívar staat, en die de onafhankelijkheidsstrijder verbeeldt als half man en half condor. Bolívars gezicht wordt weergegeven door een masker, bevestigd aan de sokkel. *Bolívar Cóndor* veroorzaakte nogal wat opschudding op het moment van onthulling. Niet iedereen was klaar voor deze moderne verbeelding van de nationale volksheld.

De grote kathedraal aan de zuidzijde van het plein, voluit La Catedral Basílica Metropolitana Nuestra Señora del Rosario de Manizales, is een reconstructie uit 1939 van de originele kerk die afbrandde in 1926. U kunt de toren beklimmen tijdens een tour die iets langer dan een uur duurt (11.000 peso's).

Basílica Menor de la Inmaculada Concepción

Hoek van Calle 30 en Carrera 22

De bouw van dit mooie neogotische kerkje ging van start in 1903 en werd voltooid in 1921. Het heeft een bijzonder interieur, opgetrokken uit cederhout, en is daarom een bezoekje waard.

Ecoparque Los Yarumos

Calle 61B #15A-01, wo-zo 8.30-17, tel. 313 476 4351, activiteiten 12.000 tot 32.000 peso's, toegang gratis

Dit park ten oosten van de stad biedt op heldere dagen een mooi uitzicht over Manizales, een aantal wandelpaden en avontuurlijke activiteiten als abseilen, tokkelen en een klimmuur. Een leuke bestemming voor een picknick, zeker als u reist met avontuurlijke kinderen (en/of volwassenen).

Overnachten

Modern – **Hotel Estelar El Cable:** Carrera 23C #64A-60, tel. 6 884 2009, estelarelcable.com. Groot hotel met ruime, modern ingerichte kamers midden in de Zona Rosa, vlak bij het Estación del Cable.

Buiten de stad – **Finca Mirador Morrogacho:** Morrogacho Villa Jordan, Enseguida de Padres Salvatorianos, tel. 317 661 6117, miradorfincamorrogacho.com. Dit kleine hotel ligt zo'n 4 kilometer buiten de stad, maar het heeft zonder twijfel het mooiste uitzicht. Het ligt tussen de finca's, vlak bij een waterval, en de vele bloemen op het terrein trekken kolibri's aan. Het hotel is bereikbaar met bus 601 of 619 naar Morrogacho (20 minuten) of per taxi (rond de 10.000 peso's).

In de Zona Rosa – **Regine's Hotel:** Calle 65A #23B-113, tel. 6 887 5360, regineshotel.com. Vriendelijk hotel in een rustige straat in de Zona Rosa, met een fijn tuintje.

Dakterras – **Golden Frog Mountain Hostel:** Carrera 22 #19-11, tel. 315 437 1521. Dit grote (maar gezellige) hostel ligt midden in het centrum van Manizales. Het heeft een dakterras en fijne gemeenschappelijke ruimtes (waaronder een filmzaaltje). Er zijn ook tweepersoonskamers.

Eten en drinken

De meeste restaurants zijn te vinden in de Zona Rosa. In het centrum is de keuze beperkt (er zijn wel bizar veel empanadarestaurantjes).

Fine dining – **L'AngeVin:** Carrera 23 #73-112 (Barrio Milan), tel. 313 656 2417, restaurante-langevin.com. Een van de beste restaurants van Manizales. Klassieke Franse gerechten (ook enkele vegetarische), vaak met een Colombiaans (fruitig) tintje.

Tuin vol lekkers – **El Jardín de las Delicias:** Carrera 25 #68-19 (Barrio Palermo), tel. 313 658 8991. Dit toprestaurant heeft een overzichtelijke kaart vol prachtige gerechten, waaronder de typisch Colombiaanse *lomo al trapo*, letterlijk 'ossenhaas in een doek'. Het vlees wordt voorzien van een zoutkorst en vervolgens in een doek gewikkeld en op brandende kolen gelegd om te garen.

Vegetarisch – Rushi: Carrera 23C #62-73 (Zona Rosa), tel. 6 881 0326 6. Heel goed vegetarisch restaurant (alleen overdag geopend) dat ook verschillende veganistische gerechten op de kaart heeft staan. De arepaburger is heel smaakvol en probeer vooral ook de *bocadillo de plátano*-snoepjes.

In het centrum – La Antioqueña: Calle 23 #22-45, tel. 6 881 9423. Dit restaurant bevindt zich links van de kerk en is zo groot dat het zelf ook wel iets wegheeft van een kathedraal. Op de kaart staan typische Colombiaanse gerechten en enkele streekgerechten (*bandeja paisa* en forel van de kwekerijen uit de buurt).

Ontbijt, koffie en taartjes – Pasteleria La Suiza: Carrera 23 #26-57 (Centro), lasuiza.com.co. Deze bakkerij is een begrip in Manizales (en omstreken). Ze serveren goede koffie en lekkere taartjes en u kunt hier ook ontbijten of lunchen. Er is ook een La Suiza in de Zona Rosa: Carrera 23B #640-06.

Uitgaan

De meeste bars en clubs in Manizales bevinden zich in de Zona Rosa, maar er zijn ook leuke uitgaansgelegenheden in het centrum (zie hieronder). In het centrum ligt ook 'La Calle del Tango', de tangostraat (het deel van Calle 24 tussen Carrera 22 en Carrera 23). Hier vindt u tangobars en dansscholen.

Theater – Teatro Los Fundadores: hoek van Carrera 22 en Calle 33 (Centro), tel. 6 878 2530, ccclosfundadores.com. Dit theater fungeert als cultureel centrum, theater- en concertzaal en als bioscoop. Elke zaterdag om 18.30 uur draait er een film voor volwassen en elke zondag om 14 uur een gratis familiefilm (beide in het Spaans).

Rooftopbar – La Cúpula: Calle 20 #22-14 (Centro), tel. 301 763 6096. Deze sfeervolle bar (op een dakterras, neem een jas mee) is een fijne plek om wat te drinken en heeft vaak livemuziek, op sommige avonden dj's.

Jazz – Juan Sebastian Bar (JSB): Carrera 23 #63-66 (Zona Rosa), tel. 6 885

Detail van het Monumento a los Colonizadores in Manizales

4736. De beste plek in Manizales voor blues- en jazzliefhebbers, regelmatig livemuziek.

Evenementen

Feria de Manizales: jaarlijks cultureel festival in januari. Voor meer informatie: feriademanizales.gov.co.

Festival Internacional de Teatro: in september, jaarlijks theaterfestival van een week, samen met het theaterfestival van Bogotá het belangrijkste van Colombia. Voor meer informatie en het programma: festivaldeteatro.co.

Informatie en vervoer

Toeristische informatie: PIT Parque Benjamin López, op de hoek van Carrera 22 en Calle 31, dagelijks geopend van 8-12 en 14-18, tel. 6 873 3901
Website: manizales.gov.co
Vervoer binnen Manizales: er rijden met grote regelmaat busjes tussen het centrum en de Zona Rosa (in het centrum kunt u op Carrera 20 op de bus

De Willys MB Jeep

Hij is op veel plekken in Colombia te vinden, maar de kans dat u een ritje maakt in een klassieke Willys Jeep is in de Zona Cafetera vrij groot. Tijdens de Tweede Wereldoorlog werden deze lichte 4x4-wagens voor offroadgebruik door Willys-Overland (en later ook door Ford) geproduceerd voor de Amerikaanse strijdkrachten. De Jeep groeide uit tot een icoon van het Amerikaanse leger en wordt in de Zona Cafetera niet alleen gebruikt voor het vervoer van koffie, vee en bakbananen, maar ook voor personen. En er passen veel meer mensen in dan u denkt!

stappen, buiten het centrum rijden ze over Carrera 23, 2050 peso's). Bussen naar de Zona Rosa hebben de bestemming 'Cable' op het bord achter de voorruit; u kunt het beste uitstappen bij Cable Plaza, het winkelcentrum. Wilt u vanuit het centrum (of de Zona Rosa) richting Chipre, houd dan een bus aan met 'Chipre' op het bord (in het centrum rijden de bussen naar Chipre over Carrera 23).

Bus: het busstation van Manizales bevindt zich op Carrera 43 #65-100 (tel. 6 878 5641, terminaldemanizales.com.co). U kunt naar het centrum met een kabelbaan (u betaalt eenmalig 2800 peso's voor de *tarjeta*, de chipkaart, een rit kost 2000 peso's) of taxi (circa 8000 peso's). Er gaan regelmatig bussen tussen Manizales en Armenia (2,5 uur), Bogotá (8 uur), Cali (5 uur), Medellín (5 uur) en Pereira (1 uur en 15 min).

Vliegtuig: Aeropuerto La Nubia (tel. 6 874 5451). Vluchten vanuit Bogotá (ruim een uur) en Medellín (40 minuten). Een taxi naar het centrum kost rond de 15.000 peso's.

Rondom Manizales

Er zijn in de omgeving van Manizales niet alleen mooie koffieplantages waar u ook kunt overnachten (zie blz. 224), u vindt er ook een natuurreservaat en thermale baden.

Recinto del Pensamiento

KM11 Vía al Magdalena, di-zo 9-16, tel. 6 889 7073, recintodelpensamiento.com, toegang 18.000 tot 25.000 peso's (incl. ritje met kabelbaan)
In dit natuurpark op 11 kilometer van Manizales vindt u onder meer een orchideeënbos van 2,5 hectare met daarop honderden soorten orchideeën, ecologische wandelroutes en een vlinderkas

Parque Nacional Natural Los Nevados

met twintig verschillende soorten. U kunt in dit gebied meer dan 150 soorten vogels waarnemen, waaronder veel kolibrisoorten.

Thermale baden

Ideaal voor een ontspannen dagtochtje: in de buurt van Manizales liggen de **Ecotermales El Otoño** (termalesel otono.com) en 20 minuten lopen verderop, in een wat natuurlijker setting, de **Termales Tierra Viva** (termales tierraviva.com). U kunt de thermale baden bereiken met de bus vanuit Manizales (bestemming 'Gallinazo', 30 minuten, 2050 peso's) vanaf Avenida Kevin Ángel (onder Cable Plaza) of Carrera 20 in het centrum. U kunt bij beide baden ook overnachten. Een taxi kost rond de 20.000 peso's.

Parque Nacional Natural Los Nevados ▶ G 14/15

Het Parque Nacional Natural Los Nevados, gelegen ten zuidoosten van Manizales en ten noordoosten van Armenia, is een van de meest betoverende natuurgebieden van Colombia. Dit is een van de weinige plekken op aarde waar u (nog) sneeuw vindt in een tropisch gebied – op de toppen boven de 5000 meter (*nevado* betekent 'met sneeuw bedekte bergtop').

Het park herbergt verschillende ecosystemen: nevelwouden met torenhoge waspalmen in het laagste deel, het unieke *páramo*-ecosysteem met meren, veen en grasland tussen de boomgrens (3500 m) en de sneeuwgrens (5000 m) en de besneeuwde kale toppen van de vulkanen. Bijzondere bewoners van het gebied zijn de brilbeer, bergtapir en de andescondor, die een spanwijdte kan hebben van meer dan drie meter.

Er zijn vijf vulkanen in dit natuurpark. Drie ervan slapen, maar dat geldt niet voor de **Nevado del Ruiz** (5321 m, laatste uitbarsting in 2016). Op 13 november 1985 veroorzaakte een uitbarsting van deze vulkaan een enorme tragedie. Door de vrijkomende hitte smolten delen van de gletsjer, met enorme modderstromen tot gevolg die op grote snelheid de omliggende valleien binnengleden. Het dorp Amero, gelegen op 40 kilometer van de vulkaan, werd onder de modder bedolven: 20.000 van de 29.000 inwoners kwamen om het leven. Het totale dodental als gevolg van de uitbarsting in 1985 ligt rond de 23.000; Armero bestaat niet meer. Omdat de vulkaan nog altijd actief is, is het gebied eromheen zeer beperkt tot niet toegankelijk. U kunt via de ingang bij Las Brisas het park in tot aan Valle de las Tumbas (4350 m).

De **Nevado de Santa Isabel** (4965 m) kunt u wél beklimmen, met een georganiseerde tour vanuit Pereira of Manizales. De weg naar de top is intens, niet in de laatste plaats door de hoogte (ijle lucht), en u hebt een gids en de juiste vergunningen nodig.

Op de top van de Nevado de Santa Isabel ligt een gletsjer van 2 km² (de bron van de Río Otun). Het is de laagstgelegen en daarom snelst verdwijnende gletsjer van Colombia.

Paramillo del Quindío

Omgeven door een prachtig *páramo*-landschap ligt op 3940 meter het smeltwatermeer **Laguna del Otún**. Dit is te bezoeken middels een dagtrip vanuit Pereira of Manizales. De tocht begint met een rit van drie à vier uur over onverharde wegen, langs de Olettakrater, Laguna Verde en Hacienda Potosí. Daarna wacht u een wandeling van twee uur naar het meer. Dit is te voet ook te bereiken vanaf Refugio La Pastora in het zuiden, maar de wandeling vanaf Hacienda Potosí is korter en minder zwaar. Halverwege Refugio La Pastora en Laguna del Otún ligt een finca, El Jordán, waar u kunt overnachten en een gids kunt vinden. Er is geen openbaar vervoer naar Potosí. Tussen Pereira en El Cedral rijden *chivas*, vanaf El Cedral is het 5 kilometer (bergop) naar La Pastora.

De mooiste vulkaan van de vijf is de **Nevado de Tolima** (5220 m, laatste uitbarsting in 1943), die op heldere dagen zelfs vanuit Bogotá kan worden waargenomen. U kunt deze vulkaan bereiken vanuit Salento of Ibagué via een vierdaagse technische beklimming (gids, bergsportuitrusting en vergunningen vereist).

De **Paramillo del Quindío** (4750 m) ligt tegenwoordig onder de sneeuwgrens en is dus niet langer een nevado. De tocht naar de top neemt vanuit Salento zo'n drie dagen in beslag (via Valle de Cocora en La Cuchilla).

Gidsen en tourorganisaties

Als u in Parque Nacional Natural Los Nevados wilt wandelen, is het inhuren van een bij Parques Nacionales geregistreerde gids verplicht. Een lijst met gidsen kunt u opvragen bij het kantoor van Parques Nacionales: parquesnacionales.gov.co of telefonisch: 6 887 1611.

Páramolandschap met frailejones

De meeste ingangen van PNN Los Nevados zijn niet bereikbaar per openbaar vervoer. U kunt het park binnenwandelen via de Valle de Cocora (zie blz. 226) of Parque Regional Natural Ucumari (bereikbaar vanuit Pereira, dan een *chiva* naar El Cedral), maar het is aan te raden om via een tourorganisatie in Manizales, Pereira of Salento vervoer en een gids te boeken in één pakket.

Tourorganisaties in Manizales

Ecosistemas: Carrera 20 #20-19, tel. 6 880 8300, ecosistemastravel.com.co.
Kumanday Adventures: Calle 66 #23B-40, tel. 6 887 2682, kumanday.com.

Tourorganisaties in Salento

Páramo Trek: Carrera 5 #9-33, tel. 311 745 3761, paramotrek.com.
Salento Trekking: Calle 5 #3-61, tel. 313 654 1619, salentotrekking.co.

Informatie

Website: bit.ly/pnnevados
Temperatuur: tussen de -3 en 14°C
Beste reistijd: voor sneeuw: oktober/november en maart-mei; de kans op helder weer (en dus mooie uitzichten) is groter in de overige maanden, en het grootst in december en januari
Toegang: de toegangsprijs van 45.000 peso's kunt u betalen bij de parkingang waar u binnenkomt, of als u via een onbewaakte ingang binnenkomt, in het park zelf.
Tijdslimieten: PNN Los Nevados is onderverdeeld in drie zones: Zona Norte, Zona Central en Zona Sul. De Zona Norte kunt u bezoeken tussen 8 en 14 uur, om 15.30 uur moet u het park verlaten. Er is ook een tijdslimiet voor Potosí en Laguna del Otún: geopend 7.30-15 (toegang tot 9) uur.

Pereira ▶ G 14

Pereira, gesticht in 1863, is de hoofd-stad van het departement Risaralda en met bijna een half miljoen inwoners de grootste stad van de Zona Cafetera. Het is een drukke, levendige zakenstad – Pereira vormt het economisch centrum van de koffieregio. De stad is minder toeristisch dan Manizales, maar mist de charme van kleine plaatsjes als Salento en Filandia. Wat Pereira vooral aantrek-kelijk maakt, is de groene omgeving: Risaralda is een zeer biodiverse regio.

Wilt u de Zona Cafetera verkennen vanuit Pereira, dan is het aan te raden te verblijven in de buurt van Avenida Circunvalar (Carrera 13), een levendige straat vol winkels, restaurants en bars ten zuidoosten van het centrum. Het drukke centrum zelf, en met name het deel ten noorden van Plaza Victoria, is behoorlijk ongepolijst – een belevenis, maar niet de veiligste buurt van de stad.

Vanaf Avenida Circunvalar is het cen-trum makkelijk te bereiken via de loop-brug die achter de imposante gotische Iglesia San José langsloopt en uitkomt (aan de goede kant van) Plaza Victoria.

Finca Don Manolo

Vereda El Estanquillo, tel. 313 655 0196, taxi rond de 15.000 peso's, of bus naar Guadales of Vereda El Estanquillo, halte Centro Logistico Eje Cafetero (vandaar nog 1 km lopen naar de finca), tour 30.000 peso's, bezoek op afspraak
Op deze koffieplantage geeft eigenaar Don Manolo rondleidingen. Hij zal u alles leren over het productieproces van koffie, van bes tot brouwsel.

Bioparque Ukumarí

KM14 (ten westen van Pereira) op de weg naar Cartago, dagelijks van 9-18 (entree tot 17), ukumaripereira.com, toegang 30.000 peso's
Nieuw dierenpark, nog deels in aan-bouw, dat het grootste van Latijns-Ame-rika moet worden. Er zijn veel dieren uit Azië en Afrika te bewonderen, maar de meeste aandacht gaat uit naar in-heemse exemplaren. Sommige van de nijlpaarden, olifanten en neushoorns komen uit de nalatenschap van Pablo Escobar.

Santuario de Flora y Fauna Otún Quimbaya ▶ G 14

KM14 van de weg naar El Cedral, dagelijks 8-17, tel. 310 363 5001, yarumoblanco.co, de *chiva* (4500 peso's) vertrekt rond 9u van Plaza Victoria (de halte op Calle 17 tussen Carrera 11 en 12, tegenover shopping mall Ciudad Victoria), toegang 12.500 peso's
Natuurliefhebbers en met name voge-laars kunnen hun hart ophalen in dit natuurreservaat. Onder leiding van een (Spaanssprekende) gids wandelt u een van de drie paden (*senderos*) af die over het terrein lopen. De gids vertelt u alles

Cauca-sjakohoen in Otún Quimbaya

over het lokale ecosysteem en de flora en fauna. Er komen in dit gebied onder meer bergtapirs, brilberen en brulapen voor, en vele soorten vogels (waaronder de bedreigde endemische cauca-sjakohoen), amfibieën en vlinders. Voor de entreeprijs van 42.000 peso's kunt u met een (verplichte) gids een van de paden verkennen en daarna lunchen in de bedrijfskantine.

Overnachten

Smaakvolle luxe – **Movich Hotel de Pereira:** Avenida Circunvalar #15-73, tel. 6 311 3386, movichhotels.com. Smaakvol ingericht vijfsterrenhotel met zwembad op een perfecte locatie, vlak bij de loopbrug naar het centrum. **Chique villa** – **Hotel Don Alfonso:** Avenida Circunvalar #12-37, tel. 311 301 7373, donalfonsohotel.com. Met aandacht ingerichte kamers in een chique villa vlak bij het centrum. Vraag om een kamer aan de achterkant, de bars in de buurt veroorzaken soms geluidsoverlast. **Budget** – **Kolibrí Hostel:** Calle 4 #16-35, tel. 6 331 3955, kolibrihostel.com. Mooi hostel in een rustige straat vlak bij de Zona Rosa. Er zijn naast slaapzalen ook een paar tweepersoonskamers.

Ontspannen in thermale baden in de omgeving van Pereira ▶ G 14

Termales de Santa Rosa: hebt u zin in een ontspannen uitstapje, dan kunt u vanuit Pereira gemakkelijk de Termales de Santa Rosa bereiken. De baden liggen in een prachtig groen gebied aan de voet van een 25 meter hoge waterval. Er zijn vier baden bij Termales Balneario (er zijn ook een bezoekerscentrum, café en massageruimtes). Iets verderop zijn nog een paar baden. Deze horen bij Hotel Termales, maar sommige zijn ook toegankelijk als u niet in het hotel verblijft.
Meer informatie: termales.com.co
Toegang: 45.000 peso's
Vervoer: neem vanaf de Terminal de Transporte in Pereira de bus naar Santa Rosa de Cabal (2300 peso's, 30 min). Bij la galería (tegenover het politiestation) vertrekken vijf keer per dag bussen in *chivas* naar de thermale baden (2500 peso's, 45 min). Of regel een ritje in een Willys Jeep (30.000 peso's).
Hotel: overnachten kan bij Hotel Termales (tel. 6 365 5237, termales.com.co/alojamiento).

Termales de San Vicente: 18 kilometer ten oosten van Santa Rosa de Cabal, in een vallei vol nevelwouden waar een ijskoud beekje door stroomt, ligt het mooie spacomplex Termales San Vicente, met op het terrein verschillende warmwaterbronnen. Er zijn meerdere baden en er is een uitgebreid aanbod aan spabehandelingen.
Meer informatie: sanvicente.com.co
Toegang: 50.000 peso's
Vervoer: bij het kantoor in Pereira (Avenida Circunvalar #15-62, tel. 6 333 6157) kunt u een dagtrip boeken voor op vrijdag of in het weekend (80.000 peso's), inclusief vervoer, toegang en lunch. De bus vertrekt om 9 uur en keert terug om 18.30 uur. Wilt u geen georganiseerde trip boeken, dan kunt u vanaf la galería in Santa Rosa de Cabal met een Willys Jeep naar de Termales San Vicente (60.000 peso's per Jeep, tot zes personen).
Hotel: opties om te overnachten bij de Termales de San Vicente vindt u op sanvicente.com.co.

Koffiezakken in een opslagruimte

Eten, drinken en uitgaan

Op de Avenida Circunvalar zitten talloze restaurants in alle prijsklassen. Veel restaurants bieden een *almuerzo ejecutivo* (ook wel *corrientazo*) voor 10.000 peso's of minder. Ook zijn er genoeg plekken waar u terechtkunt voor een *bandeja paisa* (zie kader blz. 200).

Twee restaurants die eruit springen zijn **El Secreto Español** (Spaans, fantastische visgerechten, Carrera 15 #6-51, tel. 6 348 8171) en **Leños y Parilla** (grillgerechten, Carrera 12 #2-78, tel. 6 331 4676). Dé plek voor goede koffie is **El Barista Slow Coffee** (Carrera 15 #4-17).

Er zijn veel **bars** op en rondom de Avenida Circunvalar. Deze straat is dan ook een uitstekende plek voor een kroegentocht. U kunt bijvoorbeeld beginnen bij **La Ruana** (Carrera 13 #12-08, overdag is dit een restaurant).

In het centrum zit **El Rincón Clasico** (hoek Carrera 2 en Calle 22), de bekendste en charmantste bar van Pereira, in 1954 door Don Olmedo geopend als winkeltje, sinds 1970 een bar. En er is sindsdien niets veranderd, ook de muziek niet, die staat nog altijd op vinyl en cassettebandjes.

Informatie en vervoer

Toeristische informatie: op de hoek van Carrera 10 en Calle 17 (in Centro Cultural Lucy Tejada).

Vervoer binnen Pereira: u zult vermoedelijk vooral lopen en af en toe een (relatief goedkope) taxi nemen.

Bus: het busstation bevindt zich op Calle 17, ten zuiden van het centrum (tel. 6 315 2323, terminalpereira.com). Voor een taxi naar het centrum of Avenida Circunvalar betaalt u rond de 5000 peso's. Er gaan regelmatig bussen naar Armenia (45 min), Bogotá (9 uur), Cali (4 uur), Manizales (1 uur 15 min), Medellín (6 uur) en Salento (1 uur).

Vliegtuig: Aeropuerto Matecaña (tel. 6 314 8151, aeromate.gov.co), vluchten vanuit Bogotá (50 minuten) en Medellín (40 minuten). Een taxi van het vliegveld naar het centrum of Avenida Circunvalar kost rond de 15.000 peso's.

Armenia ▶ G 15

Armenia (300.000 inwoners, gesticht in 1889) is de hoofdstad van het kleine departement Quindío. Het leven verloopt er aanmerkelijk trager dan in Manizales en Pereira. Op het Museo del Oro Quimbaya en de botanische tuinen na valt er weinig te zien.

Een groot deel van het centrum werd verwoest door een aardbeving in 1999 en bij de wederopbouw van de stad is voornamelijk beton gebruikt, wat Armenia niet bepaald de charmantste stad van Colombia maakt. Maar wat geldt voor Pereira, geldt ook voor Armenia: de omgeving is prachtig.

Museo del Oro Quimbaya

Avenida Bolívar 40N-80 (in het Centro Cultural, 5 km ten noordoosten van het centrum), di-zo 9-17, tel. 6 749 8169, bus 8 of 12, toegang gratis
Een mooie collectie precolumbiaanse archeologische vondsten (vooral goud en keramiek), gemaakt door de Quimbaya's die in dit gebied woonden.

Jardín Botánico del Quindío

Avenida Centenario #15-190, KM3 Vía al Valle, Calarcá, dagelijks 9-16, tel. 6 742 7254, jardinbotanicoquindio.org, bus naar Calarcá van Parque de la Constitución op Carrera 12, toegang 32.000 peso's
Deze botanische tuin ten zuidoosten van Armenia beslaat een gebied van 15 hectare. De palmencollectie is indrukwekkend: maar liefst 210 van de 254 palmsoorten in Colombia zijn hier te bewonderen. Andere specialiteiten zijn varens, felgekleurde heliconia's en zo mogelijk nog bontere vlinders. Er is een grote vlinderkas (*mariposario*) met meer dan veertig inheemse soorten. Deze omvangrijke botanische tuin is bovendien een uitstekende plek om vogels te spotten.

Overnachten

In de buurt van Armenia zijn via boekingswebsites de mooiste fincahotels te vinden, vaak gelegen in een weelderige omgeving en met zwembad. Goede opties in Armenia zelf:
Tophotel – **Armenia Hotel:** Avenida Bolívar #8N-67, tel. 6 746 0099, armeniahotel.com.co. Groot modern hotel met schone kamers, een buitenzwembad en uitstekende service.
Pension – **Casa Quimbaya:** Calle 16N #4-92, tel. 312 590 0066, casaquimbaya. com. Gezellig hostel met restaurant/ koffiebar gerund door twee zussen.

Eten en drinken

Amerikaanse pizza's – **Zzielo Pizzeria:** Carrera 14 #1-24, Local 1. No-nonsense pizzeria. Ook hamburgers, hotdogs en frietjes.
Paisagerechten – **Restaurante La Oficina:** Calle 2 #17-02, 310 397 4320. Leuk restaurant met lekkere Colombiaanse gerechten en een mooie veranda.
Koffie en broodjes – **Expedición Cafe:** Calle 5N (op de hoek van Carrera 18A), tel. 318 394 4738. Koffie, ontbijt, taart, broodjes, bier en een leuk terras. Ook tours naar een koffieplantage.

Informatie en vervoer

Toeristische informatie: PIT Plaza de Bolívar, ma-vrij 9-12 en 14-17 (buiten het Gobernación del Quindío-gebouw).
Websites: pereiracityguide.com
Bus: het busstation bevindt zich op Calle 35 #20-68 (tel. 6 747 3355, terminalarmenia.com). Buslijnen 1, 2 en 18 rijden tussen het centrum en het busstation. Er gaan bussen naar Bogotá (7 uur), Cali (3 uur), Filandia (45 min), Manizales (2,5 uur), Medellín (7 uur), Pereira (45 min) en Popayán (10 uur).
Vliegtuig: Acropuerto El Edén (tel. 6 747 9400). Vluchten vanuit Bogotá (55 min) en Medellín (45 min). Een taxi naar het centrum kost 10.000 peso's.

Uitje met koffiethema ▶ G 15

Populair bij Colombiaanse toeristen en een leuk uitje met kinderen: het Parque del Café, gelegen op zo'n 15 kilometer van Armenia. Dit (educatieve) park heeft van alles wat: volksdansshows, wandelpaden en … achtbanen. **Parque Nacional del Café:** KM6 Vía Montenegro, Pueblo Tapao, tel. 6 734 4355, parquedelcafearmenia.com

Salento ▶ G 15

Salento (4000 inwoners) is de ideale uitvalsbasis voor een bezoek aan de Valle de Cocora, Parque Nacional Natural Los Nevados en Filandia, maar niet alleen om die reden een bezoekje waard. Deze lieflijke pueblo ligt 24 kilometer ten noordoosten van Armenia, omringd door groene bergen vol koffieplanten, en werd gesticht in 1842, wat het een van de oudste plaatsen in Quindío maakt (het lag op de oude weg van Popayán naar Bogotá).

De inwoners van Salento leven van de koffieproductie, forellenkwekerij en het toerisme. Het is een goede plek om de sfeer van het Colombiaanse platteland op te snuiven. De kans is groot dat u plattelandsarbeiders treft gekleed in regenlaarzen en traditionele ruana's, in rammelende jeeps of te paard. De straathonden zijn hier zo vet dat ze niet bedelen, maar vooral voor de gezelligheid de cafés en restaurants in wandelen. De meeste (Colombiaanse) toeristen komen in het weekend, doordeweeks is het een stuk rustiger.

Colombia's plant van staal

U komt ze overal tegen in de Zona Cafetera, vaak in plukken over het landschap verspreid: bamboebossen. De inheemse bamboesoort *guadua*, die vaak wel 20 meter hoog wordt, is van grote waarde voor de lokale bevolking. Guadua is namelijk een uitstekend bouwmateriaal, zeker in een gebied dat regelmatig wordt geteisterd door aardbevingen. Het is licht, maar oersterk en bestand tegen hevige schokken. Hoewel het materiaal (net als hout) nogal wat onderhoud vergt, wordt het zeer veel gebruikt in de bouw. Dit heeft de reuzenbamboe de liefkozende bijnaam *vegetable steel* opgeleverd.

Calle Real

De Calle Real (Carrera 6) is de hoofdstraat van Salento. Hier vindt u de meeste restaurants en winkeltjes met lokale *artesanías*. Aan het einde van de straat leiden vrolijk gekleurde trappen – met referenties naar de Kruisweg van Jezus –naar een groot houten kruis. U kunt deze trappen beklimmen en via het smalle paadje naar de Mirador **1** lopen, maar het is makkelijker om het in omgekeerde volgorde te doen en via Carrera 4 naar de Mirador te lopen en vandaar naar het Alto de la Cruz.

Vanaf het uitkijkpunt hebt u een mooi uitzicht over Salento en bij helder weer ook over de Valle de Cocora en de besneeuwde toppen van de vulkanen in Parque Nacional Natural Los Nevados. De kans op goed zicht is vrij klein, maar 's ochtends vroeg het grootst.

Overnachten

Toen het toerisme in Colombia weer in opkomst kwam, werd Salento vooral populair bij backpackers. Er zijn daarom weinig hotels in het luxere segment en vooral veel hostels.

Luxe optie – Hostal Ciudad de Segorbe **1**: Calle 5 #4-06, tel. 323 518 3601, hostalciudaddesegorbe.co. Een van de luxere opties in Salento. Schone, ruime kamers en een uitstekend ontbijt.

Leuke binnenplaats – Tralala **2**: Carrera 7 #6-45, tel. 314 850 5543, hosteltralalasalento.com. Hostel in een mooi opgeknapt koloniaal pand met een leuke binnenplaats. Ook een- en tweepersoonskamers.

Met restaurant – Casa La Eliana **3**: Carrera 2 #6-45, tel. 321 796 1782, casalaeliana.com. Goed hostel met een restaurant waar u de beste curry's van Salento kunt eten. La Eliana heeft ook een appartement een paar straten verderop, met drie tweepersoonskamers.

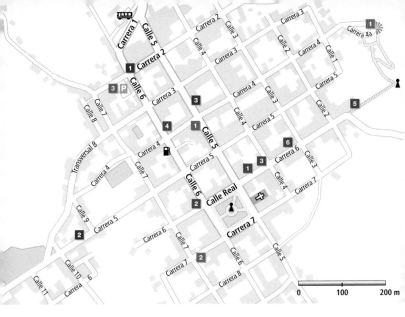

Salento

Bezienswaardigheden
1 Mirador

Overnachten
1 Ciudad de Segorbe
2 Tralala
3 Casa La Eliana

Eten en drinken
1 Bar Danubio
2 Somevi
3 El Rincón de Lucy
4 Brunch de Salento
5 Coco Bowl
6 El Tejadito

Actief
1 Salento Cycling
2 Páramo Trek
3 Salento Trekking

Eten en drinken

Wie 's avonds *aguardiente* wil drinken met de locals (en dan met name mannen met sombrero's en ruana's), kan terecht bij **Bar Danubio** **1** (Carrera 6 #4-30). Met een beetje geluk wordt u uitgenodigd voor een potje biljart of domino.
Goede pizza – **Somevi** **2**: hoek Carrera 6 en Calle 6, tel. 312 766 0697. Simpelweg de beste pizza van Salento.
Colombiaans – **El Rincón de Lucy** **3**: hoek Carrera 6 en Calle 4. Voor een prima *corrientazo* (10.000 peso's) kunt u terecht bij El Rincón de Lucy.

Noord-Amerikaans – **Brunch de Salento** **4**: Calle 6 #3-25, tel. 311 757 8082. Een goede plek voor ontbijt of lunch (of brunch, uiteraard), met grote porties en een ruime keuze. De specialiteit van het huis is de (flinke) pindakaasbrownie.
Vegetarisch – **Coco Bowl** **5**: Carrera 6 #1-02. Onder aan de trap naar het Alto de la Cruz zit dit flamingoroze met blauwe tentje (met schommels buiten!). Het serveert gezond en vegetarisch eten en heerlijke warme chocolademelk.
Knus cafeetje – **El Tejadito** **6**: Carrera 6 #3-42. Sfeervol klein café, goede koffie en 's avonds vaak livemuziek.

Actief

Rondleiding door Kasaguadua Natural Reserve

KM 2.4 Vía Palestina (in het verlengde van Carrera 5, 600 m voorbij Yambocolombia), bezoek op afspraak, tel. 320 425 8075, kasaguaduanaturalreserve.org, tour (2 uur) 30.000 peso's

De gepassioneerde eigenaren van dit natuurreservaat (de een Brits, de ander Colombiaans) geven tours over het terrein, dat 12 hectare regenwoud omvat en verschillende natuurlijke bronnen. Een deel van het bos bestaat uit *guadua* (zie kader blz. 222). Dit is een goede plek om meer te leren over de lokale ecosystemen en de flora en fauna van het gebied. Er is ook een ecolodge, dus u kunt in het reservaat overnachten.

Mountainbiken

De omgeving van Salento is zeer geschikt om te mountainbiken en staat garant voor prachtige vergezichten. Omdat Salento relatief laag ligt, zijn er ook tochten die vooral bergaf gaan (u wordt naar de top gebracht). Een goede tourorganisatie (met goed materiaal) is **Salento Cycling** **1**: Carrera 2 #6-02 (tegenover de brandweer), tel. 316 535 1792/311 333 5936, salentocycling.com.

Paardrijden

U kunt op verschillende plekken in Salento een paard huren (vaak inclusief gids) voor ritten naar watervallen en door mooie natuurgebieden. Oscar van **Cabalgatas San Pablo** zorgt goed voor zijn paarden en is een goede gids (Carrera 6 #7-65, tel. 312 206 6673).

Vogelen

Wilt u met een gids vogelen in de buurt van Salento, neem dan contact op met Carlos van **Fog Walkers** (Calle 3 #4-31, 315 464 4539, fogwalkerscolombia.com) – hij weet ze te vinden!

Meerdaagse wandeltochten door PNN Los Nevados

Parque Nacional Natural Los Nevados (zie blz. 215) is te voet te bereiken via

Koffietours in Salento

Salento ligt midden in de Zona Cafetera en er zijn in de nabije omgeving (en zelfs in het dorp zelf) dan ook heel veel koffiefinca's te vinden. Een sympathieke plek voor een rondleiding (in het Engels of Spaans) en koffieproeverij is het biologische bedrijfje **Finca Cafetera Momota** (tel. 301 386 6444, momotasalento.com, tour 30.000 peso's), op ongeveer 10 minuten lopen van het dorp over een mooi pad, de Camino Nacional. Een andere goede optie op loopafstand (aan het begin van datzelfde pad) is **Finca Don Eduardo** (Calle 7 #1-04, tel. 316 285 2603, 30.000 peso's), ook hier worden rondleidingen in het Engels gegeven.

Wilt u zich helemaal onderdompelen in het leven op het Colombiaanse platteland, dan kunt u er ook voor kiezen op een koffiefinca te overnachten. In de buurt van Armenia ligt **Finca Hotel Hacienda Combia** (combia.com.co), een redelijk groot fincahotel in koloniale stijl, met restaurant, prachtige vergezichten, zwembad, jacuzzi's en spabehandelingen voor de totale ontspanning.

In de omgeving van Manizales bevindt zich nog een andere mooie finca: **Hacienda Venecia** (haciendavenecia.com), ook met zwembad. U kunt hier vanuit Manizales ook naartoe voor een koffietour (55.000 peso's).

De Calle Real in Salento

ede Valle de Cocora en dat maakt Salento de ideale uitvalsbasis voor een meerdaagse wandeltocht door dit wonderschone park met de besneeuwde vulkaantoppen. In Salento hebben twee aanbevolen tourorganisaties hun kantoor (beide met veel ervaring en Engelssprekende gidsen):

Páramo Trek [2]: Carrera 5 #9-33, tel. 311 745 3761, paramotrek.com.

Salento Trekking [3]: Calle 5 #3-61, tel. 313 654 1619, salentotrekking.co.

Informatie en vervoer

Toeristische informatie: PIT Plaza Bolívar (in het gemeentehuis), ma-za 8-12 en 14-18, zo 9-13 en 14-18.

Bus: het busstation van Salento bevindt zich op Calle 6, op loopafstand van het centrale plein. Er rijden regelmatig bussen tussen Salento en Armenia (45 min) en Pereira (45 min). Reist u vanuit Manizales en gaat er geen directe bus, stap dan over in Pereira.

Vliegtuig: de dichtstbijzijnde vliegvelden zijn Armenia en Pereira. De enige vrouwelijke taxichauffeur van Salento, Elizabeth Guzmán González (tel. 311 311 0701, guzmaneliza081@gmail.com), biedt een transferservice vanuit Salento naar beide vliegvelden (Armenia 100.000 peso's, 45 min; Pereira 150.000 peso's, 1 uur).

Tip

Tejo, een nogal luidruchtig spel

Een bezoek aan Colombia is niet compleet zonder een potje *tejo*: u gooit een zware 'steen' richting een bak met klei aan de andere kant van de zaal, in de hoop dat die steen in een gebied binnen een ijzeren ring blijft hangen. En voor wat extra spektakel zitten er zakjes buskruit op die ring ...

Cancha de tejo Los Amigos: Carrera 4 #3-32, tel. 312 792 8486.

Valle de Cocora, waspalmen in het nevelwoud

Een van de redenen dat Salento zo'n populaire toeristische bestemming is geworden, is de nabijgelegen Valle de Cocora: een groene en nevelige vallei vol torenhoge waspalmen.

Kaart: ▶ G 15
Duur: 4 tot 6 uur (neem lunch mee)

Informatie: Na regenval kan er modder op de route liggen en kunnen bepaalde stukken glad zijn. Wandelschoenen zijn dus een aanrader, en dat geldt zeker ook voor een regenjas. Twee landeigenaren vragen toegang (3000/4000 peso's), net als Acaime (5000 peso's). Neem cash mee.

Van de weilanden naar de Indiana Jones-jungle

Een van de redenen dat deze ontdek-kingsreis door de Valle de Cocora zo mooi is, is de enorme variëteit aan land-schappen. Omdat de route een ronde is, kunt u zowel met de klok mee als tegen de klok in lopen. De route met de klok mee loopt omhoog tot aan Finca La Montaña – een zeer lange, maar niet erg steile klim. Besluit u tegen de klok in te lopen (vanaf Cocora door het blauwe hek), dan staat u vanaf het 'kruispunt' naar Acaime voor een veel kortere, maar behoorlijke steile klim. De hier beschre-ven route begint bij het blauwe hek en bewaart de palmenvallei tot het laatst.

Het eerste deel van de wandeling voert langs de Quebrada San José, een klein riviertje, langs een forellenkwe-kerij en door de weilanden, waar mis-schien wel de gelukkigste koeien ter wereld tevreden staan te grazen. Als het niet te mistig is, kunt u rechts van u de Cerro Morrogacho (3450 m) ont-waren. Na ongeveer drie kwartier laat u de weilanden achter zich en loopt u de dichtbegroeide jungle in. Dit is een avontuurlijk stuk van de route, met ver-schillende hangbruggen over de rivier – met een beetje fantasie waant u zich hier in een Indiana Jones-film. Het gaat hier af en toe al wat omhoog. Na ver-loop van tijd hoort u de waterval. Via een klein, steil aflopend paadje links van de weg kunt er erheen klimmen om hem beter te bekijken.

Naar Reserva Natural Acaime

Na ongeveer anderhalf uur lopen hebt u de keus om links af te slaan en direct aan de klim naar Finca La Montaña te beginnen, of rechts af te slaan naar Acaime, een klein restaurantje in een hoger deel van de vallei waar voeder-stations zijn voor kolibri's. U betaalt 5000 peso's toegang; een kop warme chocolademelk of koffie is bij die prijs inbegrepen. Op de borden staat dat de weg naar Reserva Natural Acaime een kilometer lang is, maar het voelt wat langer. De route loopt een stukje via de bedding van de rivier en daarna om-hoog. Het laatste deel is behoorlijk steil, maar dan bent u er bijna!

Voor vogelliefhebbers is de afslag naar Acaime een must. U kunt hier maar liefst achttien soorten kolibri's waarnemen, waaronder de gekraagde inkakolibri, witkeelkolibri, zwaard-kolibri en de onvergetelijk mooie lang-staartnimf. De voederstations garande-ren dat u ze van heel dichtbij kunt zien.

Zo'n 500 meter voor Acaime be-vindt zich links de afslag naar Estrella de Agua, dit pad vormt de toegangs-weg tot het Parque Nacional Natural Los Nevados. Wilt u het nationale park bezoeken, doe dit dan onder leiding van een ervaren gids. U kunt niet via Estrella de Agua terug naar Cocora.

Van Acaime naar Finca La Montaña

Vanaf Acaime loopt u dezelfde route te-rug naar het kruispunt, waar u begint aan de klim naar Finca La Montaña (2860 m), het hoogste punt van de route. Omdat u zich boven de 2000 meter bevindt, bestaat de kans dat u ge-durende deze pittige klim flink teleur-gesteld raakt in uw conditie. Neem de tijd, drink voldoende water en pauzeer indien nodig regelmatig even om uw hartslag weer naar beneden te krijgen.

Na ongeveer veertig minuten klim-men door het nevelwoud bereikt u de finca. Om weer op de route te gera-ken, moet u over het hek klimmen (er is een opstapje aan de rechterkant). Er staan hier wat bankjes waarop u even kunt bijkomen. De vele bloemen en planten in de tuin trekken kolibri's en vele andere vogels aan, dus (als het niet regent) is dit een perfecte plek om uw lunchpakketje open te maken.

Van Finca La Montaña naar de waspalmenvallei

Als u de route volgt zoals hier beschreven, wacht u vanaf Finca La Montaña nog een aangenaam laatste deel van de wandeling (ongeveer 2 uur). De weg, die links van Finca La Montaña begint, loopt vanaf hier via een breed pad glooiend naar beneden, terug naar Cocora.

Op het eerste deel van de route loopt u door een imponerend nevelbos vol enorme pijnbomen en na ongeveer twintig minuten zult u de eerste waspalmen zien (of, waarschijnlijker, ontwaren in de mist). Vanaf dit moment wandelt u door het Bosque de Palmas en bieden verschillende uitkijkpunten u de kans om de spectaculair hoge palmen in de vallei vanuit verschillende perspectieven te bekijken.

De waspalm (*Ceroxylon quindiuense*) is verkozen tot de nationale boom van Colombia. De meeste palmen bereiken een hoogte van zo'n 45 meter, maar er zijn gevallen bekend van waspalmen met een hoogte van wel 60 meter – als het waait zwiepen ze vervaarlijk heen en weer. Zijn naam dankt deze palm aan de was die rondom de stam zit. Vroeger werden hier kaarsen van gemaakt.

De Valle de Cocora is een van de weinige plekken waar de boom nog (in zulke grote aantallen) te bezichtigen is. Sinds 1985 heeft de waspalm in Colombia een beschermde status, maar de soort is nog altijd kwetsbaar. Niet alleen door habitatverlies en ziekten, maar ook doordat de palmen gekapt werden. Voornamelijk voor de was, maar ook voor de vruchten (die dienstdeden als veevoer) en het hout. Ook sneuvelden er jaarlijks heel wat waspalmen omdat de bladeren populair waren in de katholieke Palmzondagvieringen.

Van het Bosque de Palmas naar de jeeps

U kunt ervoor kiezen het brede pad door het Bosque de Palmas te blijven volgen, langs de weilanden, maar u kunt ook afdalen via de steile smalle (olifanten)paadjes bij de laatste uitkijkpunten. Via beide routes komt u uiteindelijk bij Finca La Esperanza en de ingang uit (als u eerder op de route de toegang betaalt krijgt u een polsbandje). Sla linksaf om – langs enkele restaurants – terug te lopen naar de plek waar de jeeps naar Salento vertrekken (de laatste rond 18 uur).

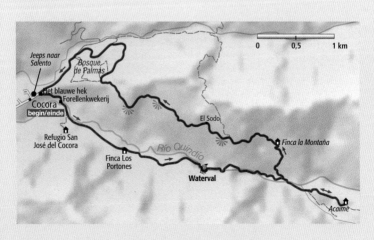

Filandia ▶ G 14/15

Veel bezoekers van de Zona Cafetera verkiezen Salento boven het nabijgelegen Filandia (14.000 inwoners), maar die plaats is minstens zo leuk. De huizen zijn kleurrijk, de dagen glijden er langzaam voorbij en Filandia huisvest bovendien het beste restaurant in Quindío, Helena Adentro (zie rechts). De prachtige blauw met witte kerk, de Templo La Inmaculada Concepción, is gebouwd in 1905 en heeft een bijzonder interieur. U bereikt Filandia met een jeep vanuit Salento (40 min, 6500 peso's).

Mirador La Colina Iluminada

ma-vrij 9-18, za, zo 9-21, 15 min lopen vanaf het Parque de Filandia (weg naar Quimbaya), tel. 314 679 0560, toegang 8000 peso's

De grootste attractie in Filandia is deze 27 meter hoge houten uitkijktoren. Op heldere dagen ziet u de besneeuwde toppen van Parque Nacional Natural Los Nevados en u hebt uitzicht over een groot deel van de Zona Cafetera, onder meer Armenia.

Centro de Interpretación del Bejuco al Canasto

Op de hoek van Carrera 5 en Calle 6 (Casa del Artesano), dagelijks 9-18

Museum en winkel gewijd aan het typische handwerk uit Filandia: gevlochten manden.

Overnachten, eten en drinken

Filandia heeft een fijn hotel: **Casa Hotel El Compadre** (Carrera 6 #8-06, tel. 316 629 2804, casahotelelcompadre.com). Er is ook een mooi hostel: **Hostal Colina de Lluvia** (Calle 5 #4-08, tel. 321 715 6245, hostalcolinadelluvia.com).

Lekkere koffie drinkt u in Filandia bij het knusse **MOCAFE** (Carrera 7 #7-62, tel. 316 2135789, tiendamocafe.com), als u geluk hebt is er nog worteltaart.

Ten slotte heeft Filandia enkele uitstekende restaurants, om te beginnen **Helena Adentro** (Carrera 7 #8-01, tel. 315 699 3130, helenaadentro.com, open voor lunch en diner en in het weekend ook voor heerlijke ontbijtjes). Een echte aanrader! Ook bij het immens kleurrijke en sfeervolle **José Fernando** (Carrera 5 #7-61, tel. 311 793 3803) kunt u lekker eten – Colombiaans in een modern(er) jasje.

Valle de Cocora ▶ G 15

Een bezoek aan de Valle de Cocora is een hoogtepunt van elke reis naar Colombia. Zie voor meer informatie en een mooie wandelroute blz. 226. Jeeps naar de Valle de Cocora (30 minuten, retour 8000 peso's) vertrekken elk uur vanaf het plein van Salento (op het houten kantoortje hangt een briefje met actuele vertrektijden).

Het interieur van de kerk van Filandia

De Pacifische kust

Hoogtepunten ✹

Parque Nacional Natural Utría: in dit nationale park kunt u meer leren over en meer zien van de ongekende biodiversiteit van de Pacifische regio van Colombia. Zie blz. 237.

Bahía Solano
PNN Utría
Nuquí

Grote
Oceaan

Buenaventura

Bezienswaardigheden

Walvissen: aan de Pacifische kust kunt u een groot deel van het jaar bultruggen zien. Zie blz. 235.

Estación Septiembre: deze sympathieke stichting zet zich in voor de verschillende zeeschildpadden die op de Pacifische stranden hun eitjes leggen. Zie blz. 236.

Guachalito: misschien wel het mooiste strand van Colombia ... en ontzettend afgelegen. Zie blz. 238.

Actief

Walhalla voor surfers: de Pacifische kust van Colombia is een goede plek om te (leren) surfen, bijvoorveeld vanaf het strand van Guachalito. Zie blz. 238.

Duiken op Isla Malpelo: deze duikspot in de Grote Oceaan is wereldberoemd om de grote aantallen hamer- en zijdehaaien. Zie blz. 234.

Sfeervol genieten

Playa de Oro Lodge: de ideale plek om weg te dromen. Zie blz. 235.

Los Termales: in dit kleine dorpje vindt u een mooi thermaal bad midden in de jungle. Zie blz. 238.

El Cantil Ecolodge: overnachten in het paradijs, direct aan het strand van Guachalito. Zie blz. 238.

Onontdekt Colombia

De Pacifische kust van Colombia is nog moeilijker te bereiken dan het Amazoneregenwoud. Het kost wat tijd, geld en moeite om er te komen, maar als u buiten de gebaande toeristische wegen wilt treden en puur en ongerept Colombia wilt ontdekken, dan is dit waar u moet zijn.

Een reis naar de Pacífico van Colombia is niet alleen een reis naar een afgelegen gebied, maar ook terug in de tijd. Mobiele telefoons hebben bijna nergens bereik, van het woord wifi hebben veel mensen er nog nooit gehoord en ook elektriciteit is een schaars goed. Die wordt op de meeste plekken namelijk opgewekt met generatoren, die vaak maar een paar uur per dag aanstaan.

Omdat er amper wegen zijn die de Pacifische kust met het binnenland van Colombia verbinden (de weg tussen Buenaventura en Cali is een uitzondering), bent u wat vervoer betreft afhankelijk van propellervliegtuigjes. De dorpjes in het gebied zelf zijn in sommige gevallen met elkaar verbonden door onverharde wegen, maar in de meeste gevallen alleen door de zee en waterwegen. Voor reizen binnen het gebied bent u dus afhankelijk van boten. Maar omdat die soms alleen kunnen varen als het water hoog genoeg staat, is ook met de boot reizen een oefening in geduld. Soms moet u een paar uur wachten op de wisseling van het getij voordat u naar uw bestemming kunt.

Vanwege de geïsoleerde ligging trokken na de afschaffing van de slavernij veel voormalige slaven naar de Pacifische kustregio, ver weg van de slavendrijvers die hen hun leven lang hadden uitgebuit. Dat verklaart waarom het grootste deel van de bevolking Afro-Colombiaans is. Ook twee inheemse stammen, de Emberá en de Wounaan, leven hier. De bevolking in dit gebied leeft van kleinschalige landbouw en visserij.

Naast de ongekende vriendelijkheid en gastvrijheid van de mensen is de grootste aantrekkingskracht van deze bestemming de natuurlijke schoonheid. De ongerepte jungle, die in dit dunbe-

INFO

Informatie

Websites: colombia.travel/en/where-to-go/pacific

Toeristenbelasting

Bij aankomst op het vliegveld wordt toeristenbelasting geïnd, in Bahía Solano 8000 peso's, in Nuquí 15.000 peso's, en vaak luchthavenbelasting.

Reizen naar de Pacifische kust

Vliegtuig: Satena (satena.com) vliegt (als het niet te hard regent) vanaf Medellín Olaya Herrera Airport (het kleinere vliegveld voor binnenlandse vluchten, aeropuertoolayaherrera.gov.co) met kleine propellervliegtuigjes op Bahía Solano (1,5 uur) en Nuquí (45 minuten). Vanaf de vliegvelden kunt u per **boot** (*lancha*) andere plaatsen langs de kust bereiken (30.000 peso's).

Actueel reisadvies

Nederland: nederlandwereldwijd.nl/landen/colombia/reizen/reisadvies
België: diplomatie.belgium.be/nl/Diensten/Op_reis_in_het_buitenland/reisadviezen/colombia

volkte gebied tot aan de azuurblauwe zee en witte palmstranden komt. Het is een van de meest biodiverse gebieden ter wereld. Bovendien zijn hier van begin juli tot oktober bultruggen te zien, de grootste toeristische attractie van deze regio. Soms zwemmen ze zo dicht op de kust dat u ze vanaf het strand kunt bewonderen.

De Chocó is tevens een van de regenachtigste plekken ter wereld, wat het landschap verrijkt met watervallen en natuurlijke zwembaden. Het betekent echter ook dat de luchtvochtigheid hier onvoorstelbaar hoog is. Ondanks de felle zon doet natte kleding er soms dagen over om te drogen, en binnenshuis wordt dagelijkse een fanatieke, naar chloor geurende strijd gevoerd om schimmels te voorkomen.

De Chocó

Vanaf het moment dat u vertrekt uit Medellín tot het moment dat u landt in Bahía Solano of Nuquí, zult u vanuit het vliegtuigraampje niets anders zien dan uitgestrekte regenwouden. De Chocó is een van de natste regio's op aarde; er valt jaarlijks zo'n 12.000 millimeter regen (ter vergelijking: in Nederland en België valt jaarlijks tussen de 750 en 850 millimeter). Tutunendo, gelegen in het binnenland van de Chocó, komt op de lijst van natste plekken ter wereld zelfs op een prestigieuze derde plaats. De meeste regen valt gelukkig 's nachts.

Omdat het leven in de Chocó afhankelijk is van de weersomstandigheden en de getijden, heeft het een langzaam ritme. De tijd verloopt hier trager dan in de rest van Colombia, een verschijnsel dat grappend *hora chocoana* wordt genoemd: Chocótijd.

De *chocoanos* hebben over het algemeen geen makkelijk leven en zijn dan

ook dolblij met de toeristen die naar hun streek komen. De overheid heeft zich lange tijd nauwelijks met het gebied bemoeid; de mensen zijn er arm en hebben weinig voorzieningen. Verharde wegen zijn er amper te vinden, wat in combinatie met de regenval maakt dat de wegen vaak moeilijk begaanbaar zijn. Daarnaast zijn ze als gevolg van de geïsoleerde ligging van het gebied buitengewoon kwetsbaar als het gaat om toevoer van bijvoorbeeld voed-

Is reizen naar de Pacifische kust wel veilig?

Tot zeer kort geleden waren de Pacifische departementen (Chocó en de westelijke delen van Valle del Cauca, Cauca en Nariño) te gevaarlijk om te bereiken, omdat zowel guerilla's, paramilitaire groeperingen als drugshandelaars zich in dit geïsoleerde gebied ophielden (en er hun conflicten uitvochten). De veiligheidssituatie is in de afgelopen jaren sterk verbeterd, maar er zijn nog altijd guerilla's en paramilitairen actief en soms laaien de conflicten weer op. Het ministerie van Buitenlandse Zaken in Nederland geeft het advies 'niet reizen' voor bijna de gehele Pacifische kust, met uitzondering van het gebied rondom Nuquí (de besproken plaatsen in deze gids vallen binnen dat gebied). De Belgische overheid adviseert havenstad Buenaventura te mijden en merkt Chocó, Valle del Cauca, Cauca (exclusief Popayán) en Nariño (exclusief Pasto) aan als gebieden waar de veiligheidssituatie onvoorspelbaar is.

Wilt u reizen naar andere plekken dan de plaatsen die in deze gids worden genoemd, informeer dan van tevoren bij lokale veiligheidsdiensten naar de actuele veiligheidssituatie. Deze kan van de ene op de andere dag veranderen.

sel en benzine. In het geval van stakingen kunnen er soms tijdelijke schaarstes ontstaan.

Duiken aan de Pacifische kust

De Pacifische kust is een uitstekende plek om te duiken. In de buurt van Playa Huína heeft men het oorlogsschip Sebastián de Belalcázar laten afzinken om zo een kunstmatig koraalrif te creëren, en in de buurt van Cabo Marzo kunt u onderwatergrotten verkennen. U kunt een duik boeken bij **Posada del Mar** in Bahía Solano: Carrera 3A en Calle 1A, tel. 314 630 6723.

Nog veel spectaculairder is **Isla Malpelo**, volgens kenners een van de beste plekken ter wereld om te duiken (maar alleen geschikt voor zeer gevorderde duikers). Dit piepkleine vulkanische eilandje ligt bijna 400 kilometer uit de kust midden in een groot beschermd natuurgebied. Hier zwemmen honderden hamerhaaien en zijdehaaien en

talloze bedreigde vissoorten. De boot (*Sea Wolf*) vertrekt vanuit Buenaventura, duikexcursies worden verzorgd door **Pacific Diving Company** (in Cali, tel. 2 554 2619, pacificdivingcompany.co).

Bahía Solano ▶ D 12

Dicht regenwoud, mangrovebossen, verlaten stranden ... De omgeving van Bahía Solano is onvergetelijk. Met zo'n 13.000 inwoners is dit het grootste plaatsje in het noordelijke deel van de Pacifische kust. Het is een fantastische plek om te surfen, maar ook om te duiken, vogelen en natuurlijk om walvissen te spotten. De bultruggen houden zich hier tussen juli en oktober voor de kust op om in de warme Pacifische wateren hun jongen te baren en door de eerste levensmaanden te helpen, voordat ze aan de tocht naar het koude zuiden beginnen.

De hotels en pensions in Bahía Solano bevinden zich aan het water, in Barrio El Carmen. Er zijn weinig restaurants

Een bultrug voor de kust van de Chocó

in het stadje, maar de meeste pensions bereiden graag een maaltijd voor u. In de buurt van het ziekenhuis bevinden zich enkele goedkope straattentjes die heerlijke gebakken vis en *patacones* verkopen.

Watervallen

Vlak bij Bahía Solano vindt u twee watervallen. In het zuiden van het stadje dondert de **Cascada Chocolatal** naar beneden en komt uit in een ijskoud meertje. Vlak bij het vliegveld bevindt zich de **Salto del Aeropuerto**, in de heldere watertjes eronder kunt u enorme zoetwatergarnalen zien.

Playa Mecana

Ten noorden van Bahía Solano, op 25 minuten varen, ligt iets ten noorden van het prachtige, lange strand de nederzetting Playa Mecana. Bij laagwater kunt u in een uur tot anderhalf uur van Bahía Solano naar Playa Mecana lopen langs de waterlijn. Een andere mogelijkheid is in Bahía Solano (Essohaven) bij een local een lift te versieren (10.000 peso's). U kunt ook overnachten in Playa Mecana, bijvoorbeeld bij het heerlijke **Mecana Ecohotel** (tel. 320 686 9523, mecanaecohotel.com).

Jardín Botánico del Pacífico

Playa Mecana, dagelijks 8-17, tel. 313 526 3958, jardinbotanicodelpacifico. org, toegang gratis, tours 30.000 à 100.000 peso's

Op de noordelijke oever van de Río Mecana bevindt zich deze botanische tuin, die zicht uitstrekt over bijna 70 hectare grond tussen de jungle en de Grote Oceaan. Er zijn vier wandelpaden, verschillend in lengte en moeilijkheidsgraad. Met een beetje geluk ziet u hier luiaarden en brulapen. U kunt zelfs in de botanische tuin overnachten, in de **Bakarú Ecolodge** (zie de website voor meer informatie).

Overnachten

Een leuke plek om te verblijven is **Posada del Mar** (Carrera 3A en Calle 1A, tel. 314 630 6723), dat ook walvistours organiseert. Bent u op zoek naar iets meer comfort, dan kunt u verblijven in **Hotel Costa Chocó** (Carrera 2 #6-73, tel. 323 318 4887, hotelcostachoco.co). Ook dit hotel biedt een ruim assortiment aan excursies.

Playa Punta Huína

Playa Punta Huína, op een halfuur varen van Bahía Solano, is een idyllisch strand met kokospalmen. Het ligt aan een kalm stukje zee en het is dus ook een goede plek om een verfrissende duik te nemen. Er is geen openbaar vervoer naar Huína, maar als u er een accommodatie boekt, zal het hotel in de meeste gevallen (tegen een vergoeding) uw vervoer organiseren, of u kunt zelf een *lancha* regelen in Bahía Solano.

Wie het fijn vindt om even helemaal weg te zijn van de wereld, zal zich hier uiterst prettig voelen. Mobieltjes hebben geen bereik en wifi is schaars. De meest comfortabele accommodatie is **Playa de Oro Lodge** (tel. 313 651 8457, playadeorolodge.com). U verblijft in

De bultruggen van de Chocó

U hoeft aan de Pacifische kust van Colombia niet het water op om de walvissen te zien. De kans dat u de bultruggen vanaf het vasteland ziet zwemmen en spelen is het grootst in augustus en september. Met een boot komt u natuurlijk wel dichterbij. Een goede tourorganisatie om walvissen en dolfijnen mee te spotten is **Madre Agua** in Bahía Solano (tel. 310 525 0023, madreaguaeco.com).

een houten cabaña met een balkonnetje met uitzicht op de zee of het regenwoud. Een andere mooie plek is **Choibaná** (tel. 310 878 1214, choibana.com), gelegen in een privébaaitje met uitzicht op de zee en de jungle.

El Valle ▶ D 12

Zo'n 14 kilometer ten zuiden van Bahía Solano (u kunt er met een tuktuk heen, 30 min) ligt aan de Stille Oceaan het dorpje El Valle. Het staat bekend om de brede zwarte stranden die zich aan beide zijden van het dorp uitstrekken, Playa Almejal en Playa Larga, de surfspots en de zeeschildpadden die er nestelen. El Valle is ook de beste uitvalsbasis voor een bezoek aan Parque Nacional Natural Utría.

Estación Septiembre
Playa Cuevita, vrijwillige donatie
Op dit strand 5 kilometer ten zuiden van El Valle komen tussen juni en december zeeschildpadden hun eieren leggen – u ziet ze het beste in de late avond. Er zijn een paar cabaña's dus u kunt hier ook overnachten. Estación Septiembre wordt gerund door de stichting Caguama (asociacioncaguama. wordpress.com), die vervoer kan organiseren vanuit El Valle.

Cascada del Tigre
Toegang 5000 peso's, gids rond de 50.000 peso's, boot 55.000 peso's

---

Schildpadden
De volwassen zeeschildpadden komen in juni de stranden op om kuilen te graven en daarin hun eitjes te leggen. De jonkies kruipen tussen augustus en december uit de eitjes en beginnen aan de lange en gevaarlijke reis naar zee.

Wie niet bang is voor een flinke wandeling, kan vanaf Playa Almejal naar de mooie Cascada del Tigre wandelen, een tocht van zo'n vier uur (en dat is dan alleen de heenweg). De waterval stort naar beneden op een heel mooi strandje, wat het tot een magische plek maakt. Wie wél bang is voor een flinke wandeling, kan per boot naar de waterval. Een andere optie is om een boot te huren voor de terugweg (30 minuten). U kunt ook kiezen voor een georganiseerde (boot)tour langs meerdere watervallen. Een goede gids en organisator is El Nativo (tel. 311 6391 0150), hij kent alle mooie plekjes en heeft ook een hotel en een restaurant in El Valle.

Overnachten

Het dorpje El Valle zelf is niet erg aantrekkelijk. Ervan uitgaande dat u naar de Pacifische kust bent gekomen voor de natuur en de rust, kunt u beter buiten het dorp verblijven (net als aan de Caribische kust houden ze ook hier nogal van hun rumba, en de muziek staat even hard). Gelukkig zijn er op 15 minuten lopen (of vijf minuten met de tuktuk) van El Valle zeer goede overnachtingsmogelijkheden op Playa Almejal. Bij de meeste ho(s)tels kunt u ook eten.

Houd er rekening mee dat er geen pinautomaat is in El Valle en dat de meeste hotels, bars en restaurants geen kaartbetalingen accepteren – neem voldoende cash mee! Pinnen kan in Bahía Solano.
Prachtig uitzicht – **El Morro Hostería/ The Hill B&B:** elmorrohosteria.com. Klein en fijn hotel direct aan het strand. **Privéhutjes** – **Posada Punta Roca:** tel. 311 733 1390. Luxe cabaña's op het strand. **Budget** – **The Pelican House** (tel. 318 638 1354) of **The Humpback Turtle** (humpbackturtle.com).

Parque Nacional Natural Utría

Parque Nacional Natural Utría ✳ ▶ D 12

parquesnacionales.gov.co, toegang 52.500 peso's

Dit nationale park beslaat een deel van het regenwoud en van de Stille Oceaan. De bultruggen baren hun jongen in de lagune waarnaar het park is vernoemd en dit is een van de beste plekken om ze te observeren vanaf het land. Het is tevens een reservaat voor schildpadden, die hun eieren leggen op de stranden.

In het regenwoud leven onder meer mantelbrulapen en bruinkopslingerapen, jaguars, poema's, neusberen, luiaarden, spiesherten, witlippekari's en knaagdieren als paca's en agoeti's. En naar schatting zo'n 380 vogelsoorten, waaronder de witbuikreiger, geelkruinkwak, visarenden, roodkopgieren en verschillende soorten watereenden.

Er zijn verschillende wandelpaden in het park, het is aan te raden een gids te huren om deze paden te verkennen.

U kunt overnachten in cabaña's bij het Centro de Visitantes Jaibaná, boek uw accommodatie bij de ingang.

Nuquí ▶ D 13

Nuquí, met de houten huizen op palen, is een typische Pacifische nederzetting. Er wonen zo'n 8000 mensen, voornamelijk Afro-Colombianen en inheemsen. Die leven van de visvangst, wat vee en ze verbouwen op kleine schaal bananen, rijst, cacao, kokosnoten en cassave. Daarnaast hebben ze in toenemende mate inkomsten uit het toerisme. De armoede is hier groot.

Toeristen verblijven zelden in Nuquí zelf, maar kiezen ervoor te overnachten in lodges in de omgeving van het dorpje, omringd door natuur, bijvoorbeeld op de idyllische stranden van Guachalito en Los Termales. De omgeving van Nuquí is misschien wel het meest ongerepte stuk Colombia dat u als toerist veilig kunt bezoeken – u vindt hier echte wildernis en heel erg weinig mensen.

Nuquí is de toegangspoort tot dit stukje Pacifische kust en heeft (meestal) elektriciteit, laad hier dus uw batterijen op voordat u verder reist. Er is geen pinautomaat, neem veel contant geld mee.

Guachalito ▶ D 13

Het strand van Guachalito ligt net voorbij het dorpje Joví, op een uur varen van Nuquí (30.000 peso's). Het is zonder twijfel een van de mooiste stranden van Colombia, zo niet het mooiste. Bovendien bevinden zich hier de beste hotels en hostels in de wijde omtrek. Het zand van Guachalito is grijs met zwart en het strand ontzettend uitgestrekt. U kunt urenlang langs de kustlijn wandelen, met aan uw ene zijde de jungle (met verschillende watervallen) en aan uw andere zijde de Stille Oceaan (met als u geluk hebt bultruggen). Alle accommodaties in Guachalito verzorgen ook maaltijden; soms zitten die bij de prijs van de overnachting inbegrepen.

Op 15 minuten lopen van het strand van Guachalito bevindt zich een mooie dubbele waterval, de Cascada de Amor, en op verschillende plekken kunt u surfboards huren en lessen nemen.

Joví

Tussen Nuquí en Guachalito in, op tien minuten varen of twintig minuten lopen van Guachalito, ligt het kleine vissersdorpje Joví; de huisjes van de 400 inwoners staan langs het strand en de rivier, de Río Joví. Voor goede tours in de omgeving kunt u terecht bij de **Grupo Guías Pichindé** (tel. 3 16351 0473, pacifilia.com).

Termales

Toegang baden 15.000 peso's

Op vijftien minuten varen van Guachalito (of een uur lopen) ligt Termales, een lieflijk en vooral ook bloemrijk vissersdorpje met een paar honderd inwoners. De thermale baden waaraan het dorpje zijn naam dankt, de *aguas termales*, bevinden zich op vijf minuten lopen van het strand. Het is een mooie, goed onderhouden plek, met een thermaal bad en een restaurantje.

Overnachten

Cabaña's – **La Joviseña:** tel. 315 510 8216, lajovisena.com. Mooie hutten op een paradijselijk plekje aan zee, accommodatie is inclusief drie maaltijden per dag.

Duurzaam – **El Cantil Ecolodge:** tel. 4 448 0767, elcantil.com. Dit duurzame hotel heeft een goed restaurant en een adembenemend uitzicht.

Ecoresort – **Pijibá Lodge:** tel. 311-762 3763, pijibalodge.com. Simpele, schone kamers op een mooie locatie, en goede walvis- en vogeltours.

Parque Nacional Natural Isla Gorgona ▶ B 17/18

parquesnacionales.gov.co, toegang 51.000 peso's

Isla Gorgona en het naastgelegen, veel kleinere eilandje Isla Gorgonilla liggen in de Stille Oceaan, op 35 kilometer van de zuidelijke Pacifische kust. Het oppervlak van Isla Gorgona bedraagt zo'n 26 km² en op toeristen en onderzoekers na is het onbewoond. De eilanden zijn een exclusieve toeristische bestemming aangezien het vrij duur is om er te komen, maar daarvoor krijgt u wel een uniek avontuur terug. Lange tijd was het eiland in privébezit, daarna werd het gebruikt als gevangeniseiland (de ruïne van de gevangenis staat er nog) en sinds 1984 is het een nationaal park.

Isla Gorgona is vooral populair bij duikers. In de wateren rond het eiland zwemmen onder meer zeeschildpadden, orka's, walvishaaien en witpunthaaien. De makkelijkste manier om hier te komen is om een pakket te boeken bij **Vive Gorgona** (tel, 321 768 0539, vivegorgona.com).

Isla Gorgona

Cali en Zuidwest-Colombia

Hoogtepunten ✳

San Agustín: vlak bij dit rustige plaatsje in de groene bergen ligt het belangrijk-ste archeologische park van Colombia. Zie blz. 255.

Desierto de la Tatacoa: Colombia staat bekend om de weelderige tropische bossen en dat maakt een bezoek aan dit woestijnlandschap extra bijzonder. Zie blz. 262.

Op ontdekkingsreis

Een wandeling door Tierradentro: zie alle archeologische vindplaatsen van Tierradentro op één dag en geniet in-tussen van de prachtige berglandschap-pen. Zie blz. 260.

Cali
Desierto de la Tatacoa
Een wandeling door Tierradento
Popayán
San Agustín

Bezienswaardigheden

Het archeologisch park van San Agustín: in dit overzichtelijk opgezette park vindt u bijzondere beelden en graftombes uit de precolumbiaanse tijd. Zie blz. 255.

Kunst om vrolijk van te worden: struin door het schaduwrijke parkje met Cali's excentrieke 'rivierkatten'. Zie blz. 243.

Actief

Wandel naar Cerro de las Tres Cruces in Cali: vanaf de top van deze heuvel hebt u een mooi uitzicht over de stad. Zie blz. 248.

Verken de omgeving van San Agustín te paard: paardrijden is diep verweven met de Colombiaanse cultuur en de beste manier om enkele van de archeologische vindplaatsen rondom San Agustín te zien. Zie blz. 257.

Sfeervol genieten

Restaurant La Diva in Cali: heerlijk Italiaans eten in een leuk ingericht restaurant. Zie blz. 247.

Cerro del Tulcán: bekijk de zonsondergang in Popayán vanaf dit heuveltje. Zie blz. 252.

Pita: bij dit knusse Libanese restaurant kunt u heerlijk niet-Colombiaans eten. Zie blz. 254.

Uitgaan

Zaperoco: dans tot het licht wordt in deze salsabar in Cali. Zie blz. 248.

El Sotareño: bij deze klassieke bar in Popayán waant u zich in de jaren 60. Zie blz. 254.

Salsa en precolumbiaanse culturen

Het zuidwesten van Colombia had lange tijd een slechte reputatie als het ging om veiligheid. De situatie is inmiddels verbeterd, en gelukkig maar. Het is een bijzondere regio met een grote diversiteit aan culturen en landschappen en met twee van de mooiste archeologische parken van het land: San Agustín en Tierradentro.

De grootse stad in het gebied is Cali (officieel Santiago de Cali), de hoofdstad van het departement Valle del Cauca (de Caucavallei, naar de Caucarivier). Met zijn ruim twee miljoen inwoners is Cali de derde stad van Colombia. De stad kent een grote culturele diversiteit, maar er is één ding wat alle inwoners van de stad (en de toeristen die op be-

zoek zijn) samenbrengt: de salsaritmes die overal in de stad te horen zijn. Hier kunt u dansen tot in de vroege uurtjes.

Reist u zuidwaarts, dan komt u terecht in Popayán (departement Cauca), een prachtige koloniale stad die ook wel *la Ciudad Blanca* (de Witte Stad) wordt genoemd omdat alle huizen er verblindend wit zijn geschilderd – een echte parel.

Ten zuidoosten van Popayán ligt het Parque Nacional Natural de Puracé (momenteel helaas gesloten), dat een adembenemend páramolandschap rond de Puracévulkaan omvat. Ten noorden van het natuurgebied ligt het archeologische park van Tierradentro, ten zuiden ervan het archeologische park van

---

INFO

Reizen naar Cali

Website: colombia.travel/en/cali
Vliegtuig: het Aeropuerto Internacional Alfonso Bonilla Aragón (CLO, cali-airport.com) ligt 20 km ten noordoosten van de stad. Directe vluchten naar Bogotá, Cartagena, Medellín en San Andrés en enkele bestemmingen ten zuiden van Cali.
Bus: de Terminal de Cali (Calle 30N #2AN-29) bevindt zich op 2 km van het centrum. Goede verbindingen met Armenia (4 uur), Buenaventura (3 uur), Bogotá (15 uur), Manizales (5 uur), Medellín (9 uur), Pereira (4 uur) en Popayán (3 uur).

Reizen naar Popayán

Website: colombia.travel/en/popayan
Vliegtuig: Aeropuerto Guillermo León Valencia (PPN) is piepklein. Avianca vliegt direct op Popayán vanuit Bogotá.

Bus: de Terminal de Transporte ligt vlak bij het centrum. Er gaan bussen van en naar Bogotá (12 uur), Cali (3 uur), Medellín (10 uur), San Agustín (6 uur) en Tierradentro (6 uur).

Reizen naar San Agustín en Tierradentro

Voor gedetailleerde informatie over hoe San Agustín, Tierradentro en de Desierto de la Tatacoa te bereiken, zie de kopjes 'Informatie en vervoer' onder de betreffende plaats (voor San Agustín blz. 258, voor Tierradentro blz. 259 en voor de Desierto de la Tatacoa blz. 263).

Voor de Desierto de la Tatacoa reist u via Neiva. Neiva heeft ook een vliegveld: het Aeropuerto Benito Salas (NVA). Avianca (avianca.com) vliegt meerdere keren per dag tussen Neiva en Bogotá.

San Agustín. Deze twee archeologische vindplaatsen, waar u graftombes en beelden uit de precolumbiaanse tijd kunt bewonderen, zijn de belangrijkste van Colombia.

Ten noorden van Neiva ten slotte ligt de Desierto de Tatacoa, een verrassend woestijnlandschap vol rood en grijs zand en metershoge cactussen.

Cali ▶ E 17

Cali werd in 1536 gesticht door de Spaanse conquistador Sebastián de Belalcázar; de stad verklaarde zich in 1811 onafhankelijk. Lange tijd was het een onbeduidend provinciestadje. Daar kwam verandering in toen de winsten die op de omliggende suikerrietplantages werden geboekt begin 1900 de aanzet gaven tot industrialisatie.

Op diezelfde suikerrietplantages ligt de bron van Cali's enorme culturele diversiteit. Omdat er slaven naar de plantages werden gehaald, is bijna een kwart van de inwoners van Cali Afro-Colombiaans.

Cali dankt zijn roem aan twee zaken: het beruchte Calikartel, een drugskartel dat begin jaren 90 floreerde na de ontmanteling van het Medellínkartel, en – veel leuker – de salsamuziek die er dag en nacht uit de speakers knalt. Vanwege die salsacultuur, die een groot deel van de identiteit van de stad bepaalt, wordt Cali ook wel de feesthoofdstad van Colombia genoemd. De salsa die in Cali wordt gedanst, kenmerkt zich door de Afrikaanse invloeden: het is een uptempo-salsa, veel sneller dan de Cubaanse variant.

De vriendelijke *caleños* zijn buitengewoon trots op hun stad, wat tot uitdrukking komt in een populair gezegde: '*Cali es Cali, lo demás es loma*': Cali is Cali, de rest [van Colombia] is heuvelland.

Op het gebied van musea en andere bezienswaardigheden heeft Cali minder te bieden dan de grote steden in het *loma*, en de gemiddelde toptemperatuur van 30°C maakt het verleidelijk om het overdag rustig aan te doen en in de koelere nachten te dansen tot het licht wordt.

Museo La Tertulia [1]

Avenida Colombia #5 Oeste-105, di-za 10-19, zo 14-18, tel. 2 893 2939, museolatertulia.com, toegang 10.000 peso's
Op zo'n twintig minuten wandelen van het centrum, langs de oevers van de Río Cali en de *gatos del río* (zie hieronder), ligt het belangrijkste museum voor moderne en hedendaagse kunst van de regio. Museo La Tertulia heeft een grote permanente collectie kunstwerken (mid-20e eeuw tot heden) en wisselende exposities van zowel lokale als internationale kunstenaars, onder wie Hernando Tejada en Noé León.

Cali's rivierkatten

De Colombiaanse kunstenaar Hernando Tejada bracht een groot deel van zijn leven door in Cali. In 1996 ontwierp hij een beeld van een kat voor zijn stad. Het 3,5 meter hoge bronzen beeld werd geplaatst aan de oever van de Río Cali (Avenida 4 Oeste met Calle 1 Oeste) en kreeg de naam '*El Gato del Río*' [2], de Rivierkat. Cali's bronzen kat groeide al snel uit tot een mascotte van de stad, en sindsdien zijn er nog veel meer katten bijgekomen. Bij Tejada's oorspronkelijke Rivierkat is nu een klein parkje vol kleurrijke kattenbeelden. Er zwerven er nog meer rond in de buurt van de Iglesia la Ermita, in het groene stukje ten noorden van het deel van Carrera 1 dat Bulevár del Río wordt genoemd.

Cali

Bezienswaardigheden
1. Museo de Arte Moderna La Tertulia
2. El Gato del Río
3. Museo Archeológico La Merced
4. Iglesia de La Merced
5. Museo de Arte Colonial y Arte Religioso La Merced
6. Iglesia de San Francisco
7. Iglesia La Ermita

Overnachten
1. Cali Marriott Hotel
2. Hotel El Peñon
3. Casa Jardín Azul

4. Alko Hotel Boutique
5. Iguana
6. El Viajero

Eten en drinken
1. Platillos Voladores
2. Waunana
3. La Diva
4. Ringlete
5. Amelia
6. PAO Pizza Bakery

Winkelen
1. Parque Artesanal Loma de la Cruz

Actief
1. Salsa Pura
2. Valley Adventours

Uitgaan
1. Zaperoco
2. Cinemateca La Tertulia
3. Teatro Municipal

Complejo religioso La Merced

La Merced is een 16e-eeuws klooster-complex in het mooiste stukje van Cali. Het omvat een aantal mooie binnen-plaatsjes, de oudste kerk van Cali en twee musea.

Museo de Arte Colonial y Religioso La Merced 3

ma-vrij 9-12, 14-17, za 9-12, tel. 2 888 0646, toegang 4000 peso's
In dit museum in een deel van het La Merced-kloostercomplex vindt u een collectie religieuze kunst uit de koloni-ale tijd, maar het biedt ook een mooie gelegenheid om het koloniale klooster met de krakende houten vloeren van binnen te bekijken.

Iglesia de La Merced 4

ma-za 6.30-10, 15-19, zo 7-13, tel. 2 880 4737, toegang gratis
Dit mooie witte kerkje met het rode dak werd gebouwd in 1678 en lijkt enigszins verloren tussen de toren-hoge kantoorcomplexen eromheen. De kerk is zowel van binnen als van buiten sober: de stenen vloer is onge-polijst en de houten balken van de dak-constructie zijn zichtbaar. Daardoor valt het imposante gouden altaar met de heiligenbeelden extra op.

Museo Archeológico La Merced 5

Carrera 4 #6-59, ma-za 9-13, 14-18, tel. 2 885 5309, toegang 4000 peso's
Het archeologische museum in het La Merced-complex bestaat uit vijf kamers waarin kunst- en gebruiksvoorwerpen worden tentoongesteld van de belang-rijkste precolumbiaanse culturen uit de regio (Calima, Nariño, Quimbaya, San Agustín, Tolima en Tumaco).

Iglesia de San Francisco 6

Calle 9 #5-59, dagelijks 6-20, toegang gratis
De Iglesia San Francisco, gebouwd tus-sen 1803 en 1927, behoort tot een fran-ciscaans kloostercomplex. Het is een opvallend bouwwerk op een druk plein. De kerk is gebouwd van donkerrode baksteen die aan Toscane doet denken, het interieur is voornamelijk wit, maar met bijzondere turquoise en gouden accenten.

Iglesia la Ermita 7

Op de hoek van Avenida Colombia
en Calle 13

De Iglesia la Ermita is een protserig mooie wit met lichtblauwe neogotische kerk, omringd door nietszeggende moderne gebouwen. De kerk werd gebouwd tussen 1930 en 1942 op de plek waar de overblijfselen stonden van een vroeger exemplaar. In de kerk bevindt zich een schildering getiteld *El Señor de la Caña* (de Heer van het Suikerriet), een afbeelding van een zittende Jezus met een suikerrietstengel in zijn hand. Volgens de overlevering is de schildering de bron van vele wonderen.

Uitkijkpunten

Twee heuvels rondom Cali bieden een indrukwekkend panoramisch uitzicht over de stad.

Cristo Rey

Taxirit (retour) rond de 50.000 peso's, maak een prijsafspraak

Boven op de Cerro las Cristales bevindt zich een standbeeld van Jezus met gespreide armen – u waant zich misschien in Rio de Janeiro, maar de Cristo Rey van Cali is een stuk kleiner. Vanaf de top hebt u een panoramisch uitzicht over de stad en rondom het beeld zijn stalletjes die snacks en verse sappen verkopen. Dit is ook in de avond een populaire plek. Neem altijd een taxi

De wortelwet

De wet die bepaalt dat bars en clubs in Cali in het weekend om drie uur 's nachts moeten sluiten staat bekend als de *ley zanahoria*, de wortelwet. Want wie om drie uur al naar huis gaat, is zo saai als een wortel ... Wie geen wortel wil zijn, kan terecht in de clubs in het noorden van de stad, die tot 6 uur open blijven.

en leg de weg niet te voet af, er is helaas veel criminaliteit.

Cerro de las Tres Cruces

De heuvel met de drie kruizen erop is vanuit de stad goed te zien en de top van de Cerro de las Tres Cruces biedt een fantastisch uitzicht op Cali. De wandeling is in het weekend een populaire (fitness)activiteit, met name in de vroege ochtend als het nog niet zo heet is. Zie voor meer informatie blz. 248.

Overnachten

De wijk Granada, ten noorden van de Río Cali, is het chiquere deel van de stad en de plek waar het nachtleven zich grotendeels afspeelt. San Antonio is het oude centrum, dicht bij de bezienswaardigheden. Ten zuiden van San Antonio (en op loopafstand) ligt de fijne wijk Miraflores, rondom de Loma de la Cruz.

Pure luxe – **Cali Marriott Hotel 1**: Avenida 8 Norte #10-18, tel. 2 4854545, marriott.com. Centraal gelegen (in Granada) en het beste vijfsterrenhotel van Cali. Met een spectaculair dakterras, een zwembad, een wellnesscentrum en twee restaurants.

Centraal gelegen – **Hotel El Peñon 2**: Calle 1 Oeste #2-61, tel. 2 488 8860, hotelelpenon.com. Centraal gelegen en modern ingericht hotel in het centrum van de stad, in een buurt met veel restaurants.

In Miraflores – **Jardín Azu 3**: Carrera 24A #2A-59, tel. 2 556 8380, jardinazul.com. Schone, ruime kamers en een groene tuin met een klein zwembad. In het noorden van de wijk Miraflores, op loopafstand van San Antonio.

Klein en sfeervol – **Alko Hotel Boutique 4**: Avenida 9A Norte #9-25, alkohotelboutique.com. Klein en sfeer-

Uitzicht over nachtelijk Cali vanaf de Cerro las Cristales

vol hotel in het westen van Granada met eclectische inrichting.

Rustig guest house – Iguana 5: Avenida 9A Calle 22N, tel. 313 768 6024. Hostel met een ontspannen sfeer in het noorden van de stad, op loopafstand van restaurants en clubs.

Salsales – El Viajero 6: Carrera 5 #4-56, tel. 2 893 8342, elviajerohostels.com. Hostel in San Antonio met gratis ontbijt, een zwembad en regelmatig gratis salsalessen.

Eten en drinken

Bekroond – Platillos Voladores 1: Avenida 3N #7-19 (Centenario), tel. 2 668 7750, platillosvoladores.com. Restaurant van lokale chef Vicky Acosta, met een uitgebreide kaart met veel contemporaine gerechten uit zowel Colombia als de rest van de wereld (Mexico, maar ook Italië en Thailand).

Smaakvol – Waunana 2: Calle 4 #9-23 (San Antonio), tel. 2 345 0794. Kleine kaart met smaakvolle gerechtjes uit de Colombiaanse keuken. Ga gerust voor het verrassingsmenu.

Italiaans – La Diva 3: Carrera 2A Oeste #1-27. La Diva is een kleurrijke en sfeervolle oase in de stad. Op de uitgebreide kaart staan pizza's, pasta's en rijkgevulde salades.

Streekgerechten – Ringlete 4: Calle 15A Norte #9N-31 (Granada), tel. 2 660 1177. Bij Ringlete komen traditionele gerechten uit de Valle del Cauca uit de keuken, waaronder heerlijke *aborrajados* (gefrituurde bakbanaan gevuld met kaas).

Smullen op het dakterras – Amelia 5: Carrera 10 #2-06 (San Antonio), tel. 300 867 6081. Ongedwongen en simpel restaurantje met een heel beperkt menu (elke dag drie opties) dat eten serveert om je vingers bij af te likken. Ook lekkere *craft* biertjes.

Ontbijt en lunch – **PAO Pizza Bakery Café** 6 : Calle 2 #4-128 (San Antonio), tel. 2 379 8215, paobakerycafe.com. Kleurrijk café-restaurant dat goede koffie serveert, veel ontbijtopties heeft, maar ook pizza's en sandwiches.

Winkelen

Ambachtelijke markt – **Parque Artesanal Loma de la Cruz** 1 : Calle 5 tussen Carrera 14 en 16, dagelijks 18-21 (maar vooral levendig in het weekend). In dit park staan kraampjes met handgemaakte producten uit verschillende regio's, van het Amazoneregenwoud tot de Pacifische kust.

Actief

Salsales

Cali is de uitgelezen plek om te leren salsadansen. Een goede dansschool is **Salsa Pura** 1 : Calle 4 #6-61, tel. 2 484 2769, salsapura.com. U kunt bij deze dansschool terecht voor zowel privélessen als groepslessen.

Wandelen

De wandeling naar de Cerro de las Tres Cruces duurt een uur tot anderhalf uur. De klim is vrij steil en dus redelijk intensief. Het begin van het pad vindt u als volgt: start bij de Gato del Río 2 . Volg de Avenida 4 Oeste aan de linkeroever van de rivier (rug naar de katten). De tweede straat links, de Calle 1B Oeste, loopt steil omhoog – die straat loopt u in. Het smalle verharde pad begint hoger op de heuvel (wanneer Calle 1B Oeste is overgegaan in Calle 2) aan de rechterkant van de weg.

Neem water mee en geen waardevolle spullen; u kunt er het beste op uit trekken op zaterdag- of zondagochtend, wanneer de *caleños* de wandeling maken.

Van abseilen tot walvissen spotten

Verschillende tourorganisaties organiseren activiteiten in de omgeving van Cali, van abseiltripjes tot georganiseerde wandeltochten. Een favoriet is **Valley Adventours** 2 (Carrera 9 #3-01, tel. 301 754 9188, valleyadventours.com). Dat biedt dagtochtjes en meerdaagse tours in de omgeving, maar ook in de Pacifische regio, van vogelen en paragliden tot mountainbiken, paardrijden en walvissen spotten.

Uitgaan

De meeste *caleños* gaan niet uit om zittend aan een tafeltje van een cocktail te nippen, maar om te dansen. Veel kleine salsabars bevinden zich in de buurt van Parque del Perro; de grote discotheken liggen in het noorden van de stad (in Menga en Yumbo). De traditionele salsawijk van Cali, vol *salsatecas*, is Juanchito in het oosten.

Snelle ritmes – **Zaperoco** 1 : Avenida 5N #16-46, geopend do-za vanaf 21 uur. Een van de beste salsabars in Cali en een goede plek om de sfeer te proeven en kennis te maken met de snelle ritmes die de Cali-salsa zo beroemd maken.

Beginners en profs – **Tin Tin Deo**: Calle 5 #38-71, do-za vanaf 20 uur, tintindeo.com, toegang 5000 peso's. Op donderdag richt Tin Tin Deo zich speciaal op toeristen en expats, de locals leiden u graag over de dansvloer. Doorgewinterde salsadansers kunnen hun moves laten zien op vrijdagavond.

Hoog niveau – **Changó**: KM3 Vía a Cavas (Juanchito), tel. 2 662 9701, chango.com.co, do-za 20-4. In deze club wordt op hoog niveau gedanst – *the place to be* voor de ervaren salsadanser.

Filmhuis – **Cinemateca La Tertulia** 2 : Avenida Colombia #5 Oeste-105,

tel. 2 893 2939, museolatertulia.com/museo/cinemateca, kaartje 8000 peso's. Deze bioscoop toont één of twee keer per dag een internationale filmhuisfilm. Niet-Spaanstalige films worden in het Spaans nagesynchroniseerd (en er zijn geen Engelse ondertitels).
Theater – **Teatro Municipal** **3**: Carrera 5N #6-64, tel. 2 881 3131, teatromunicipal.gov.co. Bij dit oudste theater van Cali (sinds 1927) kunt u terecht voor dans-, muziek- en theatervoorstellingen.

Info en evenementen

Toeristische informatie: Secretaría de Cultura y Turísmo, op de hoek van Calle 6 en Carrera 4 (in het Centro Cultural), geopend ma-vrij 8-12 en 14-17 en za 10-14, tel. 2 885 6173, cali.gov.co/turista.
Festivals: in Cali vinden jaarlijks twee grote festivals plaats (zie hiernaast).

Festival de Música del Pacífico Petronio Álvarez

In augustus, petronio.cali.gov.co
Dit festival staat in het teken van dans, *arrechón* (een traditioneel alcoholisch drankje uit de Pacifische regio dat bekendstaat als afrodisiacum) en de muziek van de Pacifische kust, die is ontstaan uit een combinatie van de traditionele Colombiaanse muziek en de Afrikaanse ritmes die de slaven met zich meebrachten. Een van de muziekstijlen die u hier kunt horen is *currulao* (zie voor meer informatie blz. 60).

Festival Mundial de Salsa

In september, het programma staat op mundialdesalsa.com, website van de organisatie: cali.gov.co/cultura
Vijfdaags salsafestival op verschillende locaties. Hier kunt u de beste salsadansers ter wereld in actie zien. Zie blz. 60 voor meer informatie over hoe de salsa naar Cali kwam.

Iglesia La Merced

Popayán ▶ E 18/19

Popayán, de *Ciudad Blanca*, is de hoofd-stad van het departement Cauca en be-roemd om de witgekalkte huizen. De stad werd in 1537 gesticht door de-zelfde conquistador die een jaar eerder Cali stichtte, Sebastián de Belalcázar. In de koloniale tijd was Popayán naast Bogotá de belangrijkste stad van wat nu Colombia is. Het was een populaire overnachtingsplek op de handelsroute van Quito naar Cartagena. De stad be-gon te groeien toen rijke suikerriet-plantagehouders uit de noorderlijker gelegen Valle del Cauca – waar het al-tijd heet en benauwd is – zich er ves-tigden en er huizen, kerken en scholen bouwden.

In de Spaanse tijd stond Popayán on-der jurisdictie van de Real Audiencia de Quito (nu gelegen in Ecuador), een ad-ministratieve eenheid van het Spaanse Rijk. De invloed van de kunststromin-gen uit Quito uit die tijd is terug te vin-den in de architectuur en decoratie van de koloniale huizen en kerken.

De stad werd in 1564 en 1736 geteis-terd door aardbevingen. Op 31 maart 1983 verwoestte een nieuwe aardbe-ving een groot deel van het historische centrum en stortte het dak van de ka-thedraal in, die op dat moment volzat omdat de wittedonderdagprocessie op punt van beginnen stond. Er kwamen 267 mensen om het leven, 1500 raakten gewond en 30.000 mensen – een op de vier inwoners – raakten dakloos.

Vandaag de dag is van die aardbeving nog weinig terug te zien. De *popayanos* bouwden hun stad met vereende krach-ten weer op. Er wonen nu zo'n 265.000 mensen, onder wie veel studenten.

Iglesia de San Francisco [1]

Op de hoek van Carrera 9 en Calle 4
De barokke Iglesia de San Francisco is de oudste koloniale kerk van Popayán. De originele kerk werd in 1736 verwoest door een aardbeving, maar daarna her-bouwd. Tijdens de grote aardbeving in 1983 scheurde het ossuarium van de kerk open en kwamen zes 19e-eeuwse gemummificeerde lichamen bloot te liggen – niemand weet van wie. Twee van de mummies bevinden zich nog al-tijd in de kerk en de legende wil dat het de lichamen zijn van ontwerpers van de Puente del Humilladero: de Duitse ar-chitect Simón Schenher en de Italiaanse monnik Fran Germán Barbetti. Rechts van de ingang is een kantoor waar u kunt vragen of u een rondleiding kunt krijgen.

Puente del Humilladero [2]

Carrera 6, Calle 2
In vervlogen tijden moesten reizigers naar Popayan de Río Molino overste-ken, wat niet altijd even makkelijk was omdat het water in de rivier flink kon zwellen. Om die reden werd in 1713 de Puente della Custodia gebouwd,

Tip

Empanada's en frambozen [4]

De culinaire specialiteiten van Popayán: *empanadas de pipían, tamal de pipían* en *salpicón payanes*. De empa-nada's en de tamales zijn gevuld met aardappel en geroosterde pinda's en worden geserveerd met *ají de maní*, een pittig en dun satésausje. Een onweer-staanbare snack! De *salpicón* is een ijzig vruchtendrankje op basis van verschil-lende lokale soorten fruit, waaronder *mora de Castilla* (ook bekend als Andes-framboos, ook al lijkt de vrucht meer op een braam), lulo en guanábana. Een goede plek om de lokale speciali-teiten te proeven: **Mora Castilla**: Calle 2 #4-44 (tweede verdieping), tel. 2 824 1513, moracastilla.com.

Popayán

die sinds 1873 ook wel El Puente Chiquito wordt genoemd, de kleine brug. In 1873 werd namelijk de stevige, 240 meter lange Puente del Humilladero voltooid, die de Custodiabrug in de schaduw stelt. De bakstenen brug met twaalf bogen is voor Europese begrippen misschien geen opvallend bouwwerk, maar Popayán is er erg trots op.

Er bestaan vele theorieën die de naam – Brug van de Vernedering – verklaren. Volgens sommige stelde de grote brug de rijken van de stad in staat om hoger te lopen dan de armen en de slaven, die over de Custodiabrug moesten. Volgens andere theorieën slaat de naam op de reizigers die van heinde en verre naar Popayán kwamen met hun marktwaar op de rug en die de laatste meters van hun tocht over de brug uitgeput aflegden.

Museo Guillermo Valencia 3

Carrera 6 #2-69, di-zo 10-12, 14-17, tel. 2 824 1555, toegang gratis

Guillermo Valencia was een dichter. Hij woonde (met dank aan zijn rijke schoonfamilie) in deze indrukwek-

Favoriet

Cerro del Tulcán 8

Vanaf de Cerro del Tulcán (ook Cerro de Morro genoemd) hebt u een fantastisch uitzicht over Popayán en het omliggende Andesgebergte. Lang werd van het steile heuveltje ten noordoosten van de stad gedacht dat het een oude piramide was, maar inmiddels wordt verondersteld dat de heuvel natuurlijk is en door inheemse precolumbiaanse culturen werd gebruikt als heilige plaats voor rituelen. Bij opgravingen zijn hier botten en voorwerpen gevonden, waarvan enkele te bezichtigen zijn in het Museo de Historia Natural (zie blz. 253). Het beeld van Sebastián de Belalcázar op de top dateert uit 1937.
De Cerro del Tulcán is een uitstekende plek om van de zonsondergang te genieten – neem wat te drinken mee!
Adres: Carrera 2, Calle 7

kende koloniale villa en het huis is min of meer gelaten zoals het was op het moment dat Guillermo Valencia overleed in 1943. Alleen de originele keuken bestaat niet meer, op die plek bevindt zich nu zijn graf. De familie heeft veel invloed gehad op de politieke geschiedenis van Colombia; zijn zoon, Guillermo León Valencia (1901-1973), werd in 1962 de 21e president.

Museo Casa Mosquera 4

Calle 3 #5-14, ma-za 8-12, 14-18, zo 8-13, tel. 2 820 9900, toegang gratis
In dit koloniale pand groeide Tomás Cipriano de Mosquera op, die later vier keer president van Colombia zou worden. Het huis werd in 1788 opgeleverd aan de rijke vader van Mosquera. De gemeubileerde kamers van het museum tonen naast *Arte Quiteño*, koloniale kunst in de traditie van de School van Quito, kleding en eigendommen van Mosquera (waaronder zijn kunstgebit) en ook zijn hart is nog op deze plek. Letterlijk: het bevindt zich in een omlijste inkeping in de muur.

Museo Arquidiocesano de Arte Religioso 5

Calle 4 #4-56, ma-vrij 9-12.30, 14-18, za 9-14, tel. 2 824 2759, toegang 6000 peso's
Dit museum in een imposante villa toont religieuze kunst, gemaakt tussen de 17e en 19e eeuw (waaronder prachtige School van Quito-stukken). De rijkdom van de kunst die hier wordt tentoongesteld, zegt veel over hoe belangrijk Popayán in die periode was.

Museo de Historia Natural 6

Carrera 2 #1A-25, ma-vrij 9-12, 14-17, za, zo 9-13, tel. 2 820 9800, unicauca. edu.co/museonatural, toegang 3000 peso's
In dit wat gedateerde natuurhistorisch museum van de Universiteit del Cauca,

in een groot wit gebouw, bevindt zich een enorme verzameling opgezette dieren, waarvan er veel in Colombia voorkomen (nou ja, het ijsbeertje misschien niet). Er zijn luiaarden, slangen, jaguars, miereneters en heel veel insecten, vlinders en de meest fantastische tropische vogels (waaronder de condor).

Iglesia La Ermita 7

Op de hoek van Calle 5 en Carrera 2, ma-za 7-10, 15-19, zo 7-13, toegang gratis
Deze kerk uit 1546 is de oudste van Popayán. De Iglesia La Ermita heeft een gouden altaar in barokstijl en fresco's die pas tevoorschijn kwamen na de aardbeving van 1983.

Uitkijkpunten

Naast de Cerro del Tulcán 8 (zie blz. 252) heeft Popayán nog twee mooie uitkijkpunten. De Cerro de las Tres Cruces biedt een panoramisch uitzicht over de stad. Ga in het weekend, in de ochtend, en laat waardevolle spullen thuis. Dat laatste geldt zeker ook voor een bezoek aan de Capilla de Belén 9, de wat geïsoleerd gelegen kapel op de heuvel ten oosten van de stad.

Overnachten

Prachtige binnentuin – **Hotel La Plazuela** 1: Calle 5 #8-13, tel. 2 824 1084. hotellaplazuela.com.co. La Plazuela wint met gemak de schoonheidswedstrijd van de andere hotels in de stad. Het witte koloniale pand is gebouwd rondom een prachtige binnentuin met kasseitjes. Het hotel ligt op een paar minuten kopen van Parque Caldas.
Intrigerende mix – **Hotel Los Balcones** 2: Carrera 7 #2-75, tel. 2 824 2030, hotellosbalconespopayan.com. Karakteristiek hotel in een koloniaal pand. De kamers zijn ruim en de inrich-

ting is een intrigerende mix van antiek, kitsch, tuttig en modern.

Hostel – **Hostal Casona Tulcan** 3: Calle 1N #2-25, tel 316 448 2830, casonatulcan.com. Nieuw hostel van twee ontzettend vriendelijke gastheren, Santiago en Diego. Er zijn slaapzalen en een- en tweepersoonskamers. Gratis salsalessen op vrijdagavond en yogales op woensdagochtend. Gelegen vlak bij Cerro del Tulcán.

Eten en drinken

Pitabroodjes – **Pita** 1: Een Libanees-Colombiaanse broer en zus runnen dit restaurant; de recepten zijn van hun grootmoeder. Een bijzonder gastvrij restaurant met heerlijke pitabroodjes met toppings en dressings naar keuze. De hummus is een aanrader.

Vegetarisch – **Maná** 2: Calle 7 #9-56, tel. 310 890 5748. Goedkoop en populair vegetarisch restaurant met witte plastic stoelen en heerlijk en gezond eten. U schrijft zeven items van het dagmenu op een briefje en stelt zo uw eigen maaltijd samen. Open voor lunch en diner.

Koffie en chocolademelk – **Togoíma Café** 3: Calle 5 #3-34, tel. 310 257 1219. Dit sfeercolle café heeft een uitgebreide koffie- en warme chocolademelkkaart en snacks als muffins en croissantjes.

Uitgaan

Voor een avond vol klassieke salsa, tango en bolero, gespeeld van vinyl, kunt u terecht bij **El Sotareño** 1, een bar die in de jaren 60 is blijven hangen: Calle 6 #8-05, tel. 2 824 1564.

Informatie

Toeristische informatie: Oficina de Turismo, Carrera 5 #4-68, tel. 2 824 2251, ma-vrij 9-12.30 en 14-18.

Popayán, de witte stad

San Agustín ✳ ▶ F 19/20

In het departement Huila, in het gebied van de Río Magdalena, ligt het groen met wit geschilderde koloniale stadje San Agustín, in een weelderige, bergachtige omgeving. De reden dat San Agustín, hoewel er weinig te beleven valt, jaarlijks vele duizenden toeristen ziet, is het nabijgelegen archeologisch park. Voor sommigen zal deze plek uit de route liggen, maar wie betoverd wil worden door de mysterieuze precolumbiaanse geschiedenis van dit deel van Colombia, mag San Agustín eigenlijk niet missen. Het is de grootste necropolis ter wereld en de belangrijkste archeologische vindplaats van Colombia.

Het Parque Arqueológico kunt u in één dag bekijken, maar wie alle archeologische vindplaatsen rondom San Agustín wil zien (zonder te haasten), heeft minstens twee volle dagen nodig. Geen straf, want San Agustín is een aangename plek om een paar dagen door te brengen.

Parque Aqueológico Nacional San Agustín

Ruta Quinchana, ma, wo-zo 8-17, tel. 1 444 0544, icanh.gov.co, bus #1 vanaf restaurant El Fogón (hoek Calle 5 en Carrera 14, 1500 peso's), toegang 50.000 peso's (twee dagen geldig, u krijgt een 'pasaporte' waarmee u toegang heeft tot de verschillende vindplaatsen)

Het archeologisch park van San Agustín beslaat maar liefst 78 hectare en omvat een netwerk van grafheuvels, resten van nederzettingen en natuurlijk de beroemde beelden, die in de meeste gevallen dienstdeden als grafstenen (gelegen op een sarcofaag) en in zeldzame gevallen waren opgesteld als een soort 'bewakers' voor de ingang van een tombe. Wat precies de functie was van de fantasierijke, uit steen gehouwen figuren

– mensen, dieren, combinaties van mensen en dieren – en welke beschaving ze maakte, daarover zijn archeologen het niet eens. De meeste informatiebordjes in het archeologische museum in San Agustín eindigen dan ook met een reeks vragen.

Het grootste deel van de hier gevonden sculpturen – het zijn er zo'n vijfhonderd, maar er liggen er nog veel meer onder de grond – werd gemaakt tussen het jaar 1 en 900. De graven werden bedekt met aarde en archeologische vondsten wijzen erop dat mensen rondom de grafheuvels leefden. Een deel van de 130 beelden en tombes die te bezichtigen zijn bevindt zich in situ.

De meeste sculpturen zijn gemaakt uit vulkanisch gesteente. Naar schatting kostte het vijftien mensen ongeveer anderhalve maand (acht uur werk per dag) om een grote tombe te maken. Het grootste beeld, dat zich bevindt in een ander park, Alto de los Ídolos (zie hieronder) is maar liefst 7 meter hoog.

Waarom er na 900 geen tombes meer werden gemaakt, weet niemand. De gevonden resten duiden erop dat de beschaving die de tombes maakte rond 1350 niet langer in het gebied leefde, maar was verdreven door een andere beschaving, vermoedelijk door yalcón-krijgers.

In 1608 stichtten de Spanjaarden in San Agustín een katholieke missieschool voor de inheemse bevolking. De eerste beelden werden pas halverwege de 18e eeuw ontdekt.

Alto de los Ídolos

4 km ten zuidwesten van San José de Isnos (26 km van San Agustín), ma, di, do-zo 8-17, tel. 1 444 0544, icanh.gov.co, bereikbaar met een georganiseerde tour of met een busje van San Agustín naar Isnos, daarna motortaxi van Isnos naar het park, toegang met 'pasaporte'

Alto de los Ídolos, net zo mooi onderhouden als het Parque Arqueológico de San Agustín, is veel kleiner en in ongeveer een uur te bekijken. Er zijn hier 7 grote tombes, zo'n 23 beelden en hier bevindt zich ook het grootste beeld dat is gevonden (7 meter, waarvan 4 meter bovengronds).

Alto de las Piedras

7 km ten noorden van San José de Isnos, dagelijks 8-16, tel. 1 444 0544, icanh.gov.co, bereikbaar via georganiseerde tour of met een motortaxi vanuit Isnos, toegang met 'pasaporte' voor het Parque Archeologico

De derde archeologische vindplaats is het Alto de las Piedras. Hier zijn diverse tombes en beelden te bezichtigen, waarvan sommige verfsporen vertonen. Het belangrijkste beeld van het Alto de las Piedras is *Doble Yo* ('dubbel ik'), half man, half beest.

De indeling van het park

Bij de ingang bevindt zich het Museo Archeológico, met heldere informatie, ook in het Engels. Dit is een goede plek om te beginnen. In het park zelf zijn de beelden gegroepeerd in het Bosque de las Estatuas ('beeldenbos'), Mesita A (een oudere nederzetting), Mesita B (drie grafheuvels en een aantal beelden) en Mesita C (een grafheuvel, beelden en 49 tombes). Een niet te missen plek is de Fuente de Lavapatas voorbij Mesita C. In de rotsen van de rivierbedding zijn figuren en patronen uitgesneden. Boven op de heuvel bevindt zich het oudste deel van het park, het Alto de Lavapatas, waar enkele beelden staan, maar de top biedt ook een adembenemend uitzicht over de omgeving. De routes in het mooie park zijn goed aangegeven en wijzen zich vanzelf.

Overige vindplaatsen

Er zijn in de buurt van San Agustín nog vier kleinere vindplaatsen. U kunt ze vanuit San Agustín te voet bereiken, maar u moet flink wandelen (en veel klimmen en dalen) om ze allemaal te zien. Een minder inspannende optie is ze te bezoeken met een georganiseerde (jeep)tour, of te paard.

El Tablón en **La Chaquira** bevinden zich aan een zijweg van de Via Estrecho, 4 kilometer ten noorden van San Agustín. Iets verderop liggen **La Pelota** en **El Purutal**, aan het einde van een 5 kilometer lange zijweg van de Via Estrecho. Bij El Purutal kunt u de enige beschilderde beelden in situ bewonderen. De landeigenaar van La Pelota-El Purutal vraagt 5000 peso's entree.

Overnachten

Als een Spaans klooster – **Monasterio San Agustín**: La Chuchilla (iets buiten het centrum), tel. 311 277 5901, monasteriosanagustin.com. Dit moderne hotel is ontworpen als een Spaans klooster. Het biedt ruime kamers met open haard, een mooie veranda, een zwembad, een restaurant en fantastische uitzichten op een koffieplantage.

Ontspannen sfeer – **La Casa de François**: Via El Tablón, tel. 8 837 3847, lacasadefrancois.com. Midden in het groen bevindt zich dit ecohostel, gebouwd tegen een heuvel net buiten San Agustín. Er hangt een fijne, ontspannen sfeer, er is een klein restaurant en de uitzichten zijn magnifiek. Op het terrein bevinden zich ook fijne cabaña's met badkamer.

Heerlijk dakterras – **Hostal Bambú**: Carrera 13 #6-78, tel. 311 360 6841, hostalbambu.com. Fijn en schoon hostel aan het einde van het oudste straatje van San Agustín en vlak bij Ambrosía (zie hiernaast), met een dakterras.

Het oudste straatje van San Agustín

Eten en drinken

Internationaal – **Altos de Yerbabuena:**
Calle 5 (halverwege San Agustín en het
Parque Archeológico), tel. 310 370 3777,
altosdeyerbabuena.com. Klein restaurantje met mooie gerechten, ook vegetarische opties.

Van de grill – **Donde Richard:** Via Parque Archeológico, wo-ma 8-18, tel. 312
432 6399. Alles wat bij Donde Richard
van de grill komt is even lekker, of het
nu gaat om vlees of vis. Een aanrader is
de *asado huilense*, de lokale specialiteit:
langzaam gegaard gegrild varkensvlees
(30.000 peso's).

Pizza – **Ambrosía:** Carrera 13 6-60,
16.30-22, tel. 311 287 6696. Een fijne plek
die dienstdoet als (kunst)café en pizzeria, met pizza's uit de houtoven.

Vegetarisch – **Tomate:** Calle 5 #16-04,
tel. 314 265 5527. Dit restaurantje van
een Duitse eigenaar heeft het beste vegetarische eten (ontbijt en lunch) van
San Agustín, maar kom om 12 uur of
reserveer een tafel, anders is de kans
groot dat de eigenaar u koeltjes door-
verwijst naar een restaurant in de buurt
omdat het eten op is.

Klein koffietentje – **Leguizamo:** Calle
5 #13-16, tel. 314 2416617. Sympathiek
klein koffietentje dat lokale koffie
bereidt op alle mogelijke manieren
(ook cappuccino's en lattes). De *torta
tradicional* (een simpele maar verrassend
smaakvolle cake) is een aanrader.

Actief

Een populaire activiteit in San Agustín
is paardrijden. Voor een bezoek aan
La Chaquira, El Tablón en La Pelota-
El Purutal (een halve dag) betaalt u
50.000 peso's. Het is ook mogelijk
om meerdaagse tochten te ondernemen, bijvoorbeeld naar de plek waar
de Río Magdalena ontspringt. Twee

aanbevolen gidsen: Faiber Alberto Bravo (tel. 321 342 9725, faibertortugo@hotmail.com) en Franscisco 'Pacho' Muñoz (tel. 311 827 7972, vaak te vinden bij Finca El Maco, elmaco.ch).

Een andere manier om de omgeving te zien en de archeologische vindplaatsen te bezoeken, is met een jeeptour. Deze kost rond de 50.000 peso's per persoon en is te boeken via uw accommodatie of een tourorganisatie.

De illustere Río Magdalena leent zich uitstekend voor raften. Het landschap rondom de rivier is bovendien spectaculair. U kunt terecht bij **Magdalena Rafting**: Calle 5 #15-237, tel. 311 271 5333, magdalenarafting.com.

Vogel met slang, San Agustín

Informatie en vervoer

Vervoer naar San Agustín: bussen stoppen op Cuatro Vientos, op de hoek van Calle 3 en Carrera 11. Hier staan mannen klaar om u te vertellen dat uw accommodatie is afgebrand en dat zij een goed alternatief hebben – geloof ze niet. Er gaan bussen naar Popayán (5 uur, neem geen nachtbus i.v.m. veiligheid) en Cali (8 uur) en bussen naar Bogotá (11 uur). De bussen naar Bogotá stoppen in Neiva (4 uur). Er is ook een directe bus naar Medellín (17 uur). In Pitalito, een uur van San Agustín, is een groot busstation vanwaar meerdere bussen vertrekken. Tussen Pitalito en San Agustín rijden ongeveer elk kwartier *busetas* (pick-ups, 1 uur).

Vervoer van San Agustín naar het archeologisch park: taxi (6000 peso's) of bus #1 van de hoek van Calle 5 en Carrera 14 (voor restaurant El Fogón, 1500 peso's). Naar het park lopen (heuvelop) duurt zo'n 50 minuten; de terugweg is heuvelaf.

Toeristische informatie: Centro de Información Turística de San Agustín Colombia, hoek Calle en Carrera 12 (in de Alcaldía, het gemeentehuis, op Plaza Cívica), tel. 8 837 3062.

Tierradentro ▶ F 18

Tierradentro is na San Agustín de belangrijkste archeologische vindplaats van Colombia. Waar San Agustín beroemd is om de beelden, staat Tierradentro bekend om de meer dan honderd ondergrondse graftombes (hypogea), die nergens anders op de wereld in deze vorm zijn aangetroffen. Ze zijn uitgehouwen uit hetzelfde vulkanisch gesteente waar ook het meerendeel van de San Agustínbeelden uit zijn gemaakt. Tierradentro ligt op de weg naar nergens in een gebied dat lange tijd onveilig was, en is nog altijd moeilijk te bereiken. Daarom komen er maar weinig toeristen.

Onterecht, want het bezoeken van de tombes van Tierradentro is een bijzondere ervaring en bovendien is het landschap spectaculair. Sommige van de hypogea zijn wel negen meter diep. De meest indrukwekkende exemplaren zijn beschilderd: met zwarte en rode verf zijn geometrische figuren en menselijke en zoömorfe wezens afgebeeld.

Er zijn ook in dit gebied beelden gevonden, wat wijst op een invloed van de San Agustín-beschaving, maar net als bij de gevonden resten in San Agustín is van de tombes in Tierradentro niet bekend welke beschaving ze precies heeft nagelaten. De tombes zijn gedateerd op de periode tussen 600 en 900.

Zowel met het openbaar vervoer als met de auto is de rit naar Tierradentro een uitdaging. De wegen zijn onverhard en zitten vol kuilen, wat de reis lang en hobbelig maakt.

Parque Arqueológico Nacional de Tierradentro

De ingang van het park ligt op de weg naar San Andrés de Pisimbalá, de bus zet u af bij El Crucero (het kruispunt op de weg van La Plata naar Popayán), vanaf daar is het nog 20 min lopen (heuvelop) naar de ingang. Dagelijks geopend van 8-16 (gesloten op 1e di van de maand), tel. 1 444 0544, icanh.gov.co, toegang 50.000 peso's

Het archeologische park van Tierradentro ligt in een prachtig berglandschap. De mooiste manier om vijf vindplaatsen te verkennen en de omgeving te zien is wandelend. Op blz. 260 vindt u een wandelroute en de uitgebreide omschrijving van de verschillende begraafplaatsen.

Het park heeft twee musea: het Museo Etnográfico (over de geschiedenis en gebruiken van de Nasa, de grootste inheemse bevolkingsgroep in het gebied) en het Museo Arqueológico met informatie over de verschillende begraafplaatsen op het park.

Overnachten en eten

Er zijn meerdere pensions rond de ingang van het park en de musea. Verwacht geen luxe: wifi en warm water zijn bijna nergens beschikbaar en op de meeste plaatsen is er na een uur of negen 's avonds geen elektriciteit meer. Veel van de pensions verzorgen desgevraagd een maaltijd.

Het hotel met de beste voorzieningen (en warm water) ligt in San Andrés de Pisimbalá, op 25 minuten lopen (heuvelop) van de ingang van het park: **La Portada**, gelegen aan de hoofdweg in Pisimbalá (tel. 311 601 7884, laportadahotel.com). Het heeft ook een goed restaurant.

Informatie en vervoer

Houd er rekening mee dat u op de meeste plekken contant moet betalen en dat er geen banken of pinautomaten zijn in de buurt van Tierradentro.
Vervoer naar Tierradentro: de bus zal u afzetten op El Crucero de San Andrés, daarvandaan is het nog 20 minuten lopen naar de ingang van het park en vanaf het park nog 25 minuten naar San Andrés (heuvelop).
Van en naar Popayán: er gaat eenmaal per dag een directe bus tussen Popayán en San Andrés de Pisimbalá (4 uur, Sotracauca).
Overige bestemmingen: voor bussen naar Neiva (Desierto de la Tatacoa; Bogotá) en Pitalito (voor San Agustín) moet u eerst naar La Plata reizen en daar overstappen.

Graftombes en vergezichten – een wandeling door Tierradentro

Deze wandelroute van 14 kilometer door een prachtig landschap leidt u langs de vijf archeologische vind- plaatsen van Tierradentro.

Kaart: ▶ F 18
Kosten: toegang tot het park

Start- en eindpunt: Museo Archeoló- gico de Tierradentro, bij de ingang
Duur: een volle dag (minstens 7 uur)
Tip: neem een zaklamp mee! Niet alle hypogea waarin u in Tierradentro mag afdalen, zijn verlicht. Met een zak- lamp kunt u ook deze goed bekijken.

Het begin van de wandelroute staat aangegeven in het archeologisch park. U kunt de route met de klok mee lopen en eerst El Aguacate bezoeken, dan begint uw dag met een lange, steile klim van zo'n 1,5 uur en loopt u vanaf het hoogste punt naar beneden. De wandeling zoals hij hier staat beschreven gaat tegen de klok in.

Van de musea naar Segovia

Vanaf de start gaat het meteen bergop en na ongeveer 20 minuten klimmen bereikt u de eerste en ook belangrijkste vindplaats van Tierradentro, Segovia (1650 m). Hier liggen 28 tombes. In sommige daarvan zijn de decoraties goed bewaard gebleven – u kunt hier de geometrische vormen in hun volle glorie bewonderen. 12 van de 28 tombes zijn verlicht en open voor publiek.

Van Segovia naar El Duende

Vanaf Alto de Segovia is het een kwartier klimmen naar de volgende vindplaats, El Duende (1850 m). Van de dertien tombes die hier zijn gevonden, zijn er vier open voor publiek. Helaas zijn ze in beduidend mindere staat dan de Segovia-tombes.

Van El Duende naar El Tablón

Als u vanaf El Duende het pad vervolgt, komt u uit op de onverharde weg naar San Andrés de Pisimbalá. Na ongeveer 25 minuten treft u aan de linkerkant een bordje voor het pad naar El Tablón (1700 m). Na een minuut of tien bereikt u de negen beelden van El Tablón, vergelijkbaar met de San Agustín-beelden.

Lunchstop in San Andrés

Nadat u de beelden hebt bewonderd, kunt u via hetzelfde pad teruglopen naar de weg. Sla linksaf. Na een korte wandeling komt u in San Andrés de Pisimbalá uit, waar u kunt lunchen bij La Portada (laportadahotel.com).

San Andrés (1000 inwoners) ligt behoorlijk geïsoleerd en paarden zijn hier een nuttiger vervoermiddel dan auto's – al was het maar omdat de kans op een lekke band aanzienlijk kleiner is.

Door naar Alto de San Andrés

Naast La Portada begint het pad naar Alto de San Andrés (1750 m), waar zeven grote tombes zijn. U bereikt de vindplaats na zo'n tien minuten lopen. De vijfde tombe heeft goed bewaard gebleven schilderingen. Niet alle tombes zijn toegankelijk wegens instortingsgevaar.

Door naar El Aguacate

De laatste etappe van de wandeltocht is de zwaarste. Het is 1,5 uur klimmen naar de volgende begraafplaats, die op 2000 meter hoogte ligt. El Aguacate is de meest afgelegen vindplaats van Tierradentro, maar heeft de mooiste vergezichten. Er zijn hier maar liefst 62 tombes, waarvan er 17 kunt bezoeken, veel andere zijn vernield door *guaqueros*, grafrovers. De mooiste tombe is nummer één, die bekendstaat als de Tombe van de Salamanders.

Vanaf El Aguacate is het nog 1,5 uur dalen naar de musea. Het pad ligt geïsoleerd, dus zorg dat er genoeg daglicht over is om de route af te leggen.

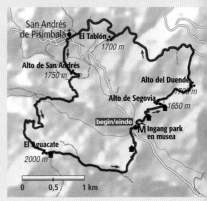

Desierto de la Tatacoa ✳ ▶ H 17

De Desierto de la Tatacoa (Tatacoa-woestijn, de *tatacoa* was een inmiddels uitgestorven ratelslang) is landschappelijk gezien misschien wel het meest verrassende stukje Colombia. Precies daar waar niemand het verwacht, vlak bij een gebied vol tropisch bos, vruchtbare vulkanische grond en koffieplantages, en op nog geen 300 kilometer van de hooggelegen hoofdstad, bevindt zich een dor en heet stuk woestijn.

Officieel is deze desierto geen woestijn; het is de geografische ligging die dit stukje tropen zo droog maakt, waardoor een uniek ecosysteem ontstaat. Het gebied wordt omringd door hoge bergketens en de toppen (bijvoorbeeld die van de Nevado de Huila, die boven de 5700 meter uitkomen) zorgen voor 'regenschaduw': de regen valt in de bergen, de Desierto de la Tatacoa blijft het grootste deel van het jaar droog.

Verder lijkt het in alles op een echte woestijn: torenhoge cactussen, rood zand, schorpioenen, heldere sterrenhemels en temperaturen die overdag makkelijk boven de 40°C uitkomen.

De dichtstbijzijnde grote stad is Neiva, het dichtstbijzijnde plaatsje is Villavieja. U kunt ervoor kiezen in Neiva of Villavieja te verblijven, waar de accommodatie comfortabeler is, maar het is aan te raden om in de woestijn zelf te overnachten, bijvoorbeeld in een simpele kamer, tent of hangmat, en te genieten van de sterrenhemel en een maaltijd met *cabrito* (geitenvlees).

U kunt zelfstandig een wandeling maken door de *desierto rojo*, het 'rode' deel (zie 'Laberintos de Cusco'), maar als u de *desierto gris*, het 'grijze' deel, wilt verkennen, kunt u dat beter onder begeleiding van een gids doen. Er is geen duidelijk aangegeven wandelpad en het gebied loopt door tot in het oneindige.

Observatorio Astronomico Astrosur

Tigre de Marte, geopend 19-21 (op heldere nachten), tel. 310 465 6765, tatacoa-astronomia.com, toegang 10.000 peso's, een *motocarro* (tuktuk) van Villavieja naar het observatorium kost 15.000 peso's (max. 3 personen)
Deze sterrenwacht op 6 kilometer van Villavieja heeft drie telescopen. In de avonden is de lokale astronoom aanwezig om bezoekers (in het Spaans) wegwijs te maken in de sterrenhemel, maar alleen als het zicht voldoende is.

Laberintos de Cusco

Tegenover het observatorium bevindt zich een uitkijkpunt vanwaar u een mooi uitzicht hebt op de rode rotsformaties die de Laberintos de Cusco worden genoemd, of de rode woestijn. Er loopt een wandelpad door dit stuk woestijn. Als u de geelomrande paaltjes volgt, komt u na ongeveer 45 minuten weer uit bij het beginpunt.

Los Hoyos

6 km vanaf het Observatorio, tel. 310 465 6765, toegang 6000 peso's, bereikbaar te voet of per *motocarro*
Door het deel van de Desierto de la Tatacoa dat de grijze woestijn wordt

---

Achiras del Huila

Specialiteit van de streek: knapperige koekjes gemaakt van meel van de wortel van de *Canna indica*, Indisch bloemriet, vermengd met kaas. Op hun best smaken deze *achiras huilenses* als brosse, knapperige kaaskoekjes. Eet ze zo vers mogelijk, de wat drogere exemplaren zijn een stuk minder lekker.

genoemd, loopt een weg naar Los Hoyos, waar zich een restaurant en een paar zwembaden (*piscinas*) bevinden. Het kan hier in het weekend druk zijn, doordeweeks is er doorgaans niemand. Als u te voet naar Los Hoyos gaat, bedenk dan voor vertrek dat u zich in een woestijn bevindt. Vertrek zo vroeg mogelijk en vergeet niet uw zonnebrandcrème, muggenspray, hoofddeksel en voldoende water mee te nemen.

Overnachten en eten

In Villavieja zitten verschillende hotels en een paar restaurants. Het beste hotel is **Hotel Boutique Yararaka** (Calle 4 #4-43, tel. 313 247 0165, yararakahotel.com). Een andere optie is **Villa Paraíso** (Calle 4 #7-69, tel. 8 879 7727, hotelvillaparaisovillavieja.com). Maar op heldere nachten is het zeker de moeite waard om in de Desierto de la Tatacoa zelf te overnachten, ook al bestaan de meeste accommodaties uit vier muren met een golfplaten dak erop.

Op 200 meter van het observatorium ligt **Noches de Saturno** (tel. 313 305 5898), met hangmatten, tenten, simpele kamers en een klein zwembad, zeer welkom in de woestijn. Het hostel verzorgt ook maaltijden. Een andere optie is **Sol de Verano Doña Lilia**, op 400 meter van het observatorium (tel. 313 311 8828). Hier kunt u voor 15.000 peso's in een hangmat slapen (onder een afdak), maar er is ook een slaapzaal en er zijn cabaña's; op verzoek kunt u er ook een simpele maaltijd eten (vlees, rijst en sla). **Rincón del Cabrito**, op 500 meter van de sterrenwacht, is dé plek voor de lokale gerechten. Er staat geiten- en lamsvlees op de kaart, en geitenmelk. Misschien denkt u bij geitenvlees niet direct aan een lekkernij, maar in de Desierto de la Tatacoa weet men het bijzonder smakelijk te bereiden.

De grijze woestijn

Informatie en vervoer

Neiva ligt tussen San Agustín (5 uur) en Bogotá (6 uur). U kunt vanuit Bogotá ook naar Neiva vliegen (45 minuten) met Avianca (avianca.com) of EasyFly (easyfly.com.co). Op het busstation van Neiva kunt u overstappen op een colectivo (vaak een Toyota Hilux of vergelijkbare pick-up, met enkele zitplaatsen in de cabine en achterop overdekte bankjes) naar Villavieja (8000 peso's, 1 uur). De eindhalte is het Parque Principal. Vanaf daar vertrekken *mototaxis* en *motocarros* (tuktuks) naar het observatorium in de woestijn (of een van de hostels daar in de buurt). Het ritje duurt ongeveer 20 minuten en u betaalt 15.000 peso's (max. 3 personen, sommige hebben plek voor 4 of 5 personen).

Tip: u kunt bij uw accommodatie in Neiva of Villevieja een dagtour boeken en vragen of u na afloop kunt worden afgezet bij uw accommodatie in de woestijn. Zo is het vervoer de woestijn in geregeld én hebt u overdag een gids om de woestijn mee te verkennen.

Favoriet

Paardrijden in San Agustín

Rondom San Agustín liggen enkele zeer interessante archeologische vind-plaatsen in een prachtig landschap. Het ideale vervoermiddel op de berg-achtige, onverharde wegen tussen de weilanden door is een paard. Als u op één plek in Colombia op een paard stapt, laat het dan hier zijn, waar de dieren in goede conditie verkeren en er ontzettend veel zin in hebben en u voor vertrek als vanzelfsprekend een cap krijgt aangereikt. Kijk op blz. 258 voor een aantal aanbevolen gidsen.

Los Llanos en het Amazonegebied

Hoogtepunten ✳

Het Amazonebekken: ontdek het indrukwekkende regenwoud rondom Leticia, in het uiterste zuiden van Colombia. Zie blz. 272.

Caño Cristales
La Macarena
PNN Sierra de La Macarena

Het Amazonebekken
Lago Tarapoto
Puerto Nariño
Leticia

Cultuur en bezienswaardigheden

Caño Cristales: deze veelkleurige rivier wordt ook wel het achtste wereldwonder genoemd. Zie blz. 269.

Lago Tarapoto: bij hoogwater kunt u in dit meer twee verschillende soorten rivierdolfijnen en talloze soorten tropische vogels spotten. Zie blz. 278.

Mundo Amazónico: in dit educatieve park net buiten Leticia leert u alles over het leven in het Amazonegebied. Zie blz. 273.

Actief

Parque Nacional Natural Sierra de La Macarena: prachtige wandeltochten door ongerepte jungle. Zie blz. 269.

Sfeervol genieten

Amazon B&B: fijne cabaña's rond een tropische binnentuin. Zie blz. 276.

Parque Santander: bij zonsondergang ziet u in dit park op het centrale plein van Leticia miljoenen groene parkieten. Zie blz. 273.

Puerto Nariño: in dit kleine jungle-dorp, waar ecologie een halszaak is, rijden geen auto's. Zie blz. 278.

Colombia's ongerepte natuurparadijzen

Los Llanos (de Vlakten) en Amazonas (het Amazonegebied) beslaan samen bijna de helft van het totale oppervlak van Colombia, en toch krijgen deze ecologische regio's in deze gids maar een paar pagina's. Dat heeft twee redenen. De eerste is dat Los Llanos lange tijd in de greep werd gehouden door de FARC, drugscriminelen en paramilitaire groeperingen en dat het pas sinds kort toegankelijk is voor toeristen – het toerisme is er dus nog in opkomst.

De tweede reden is dat er in deze twee uitgestrekte gebieden maar weinig mensen wonen en dat de infrastructuur er zeer beperkt is; er zijn maar weinig wegen. Dat geldt met name voor het Amazonegebied. De enige manier om daar van de ene naar de andere plek te reizen, is per boot over de rivieren. Het deel van het Colombiaanse Amazonegebied dat het makkelijkst bereikbaar is, is het Amazonebekken rondom Leticia, op de grens met Peru en Brazilië.

Er valt in Los Llanos en het Amazonegebied echter genoeg te zien en ontdekken, vooral op het gebied van flora en fauna. Op de tropische laaglandvlaktes leven maar liefst honderd soorten zoogdieren en zevenhonderd vogelsoorten. En een verblijf in het Amazoneregenwoud is een wat klamme maar onvergetelijke ervaring. De biodiversiteit in het gebied, waar de mens nog maar weinig invloed heeft gehad, is uniek op de wereld.

INFO

Reizen naar Los Llanos

Auto of bus: het plaatsje Villavicencio vormt de 'toegangspoort' tot Los Llanos. Er loopt een (streng beveiligde) snelweg van Bogotá naar Villavicencio, een rit van zo'n drie uur. Er gaan meerdere bussen per dag op en neer tussen Bogotá (Terminal de Transporte Salitre) en Villavicencio.
Vliegtuig: Avianca (avianca.com) en EasyFly (easyfly.com) vliegen van Bogotá naar Villavicencio, een vlucht van iets minder dan een uur. Wilt u de Caño Cristales bezoeken, dan kunt u vanaf Villavicencio naar La Macarena vliegen met een chartervlucht van Satena (satena.com). In het hoogseizoen zijn er meer vluchten dan in het laagseizoen. De vliegtuigen (en vliegtuigjes) van Satena zullen het hart van liefhebbers van (historische) kisten harder doen kloppen (en ook het hart van wie liever in grote moderne vliegtuigen reist).

Reizen naar Leticia

Vliegtuig: Avianca (avianca.com) en LATAM (latam.com) vliegen meerdere keren per dag van Bogotá naar Leticia. Bij aankomst in Leticia moet u toeristenbelasting betalen (30.000 peso's). Vanaf het vliegveld kunt u een colectivo nemen naar het centrum van Leticia (Parque Orellana). Er zijn ook taxi's die het korte ritje van en naar het vliegveld verzorgen, voor een taxi betaalt u rond de 8000 peso's.
Boot: het is mogelijk om Leticia per boot te bereiken vanuit Peru of Brazilië. Wilt u vanuit Leticia doorreizen naar een van deze landen, zorg er dan voor dat u uw visum voor die landen regelt voordat u naar het Amazonebekken reist.

Los Llanos

Ten zuidoosten van Bogotá, aan de voet van het Andesgebergte, bevindt zich een enorme graslandvlakte die doorloopt tot diep in Venezuela. Het is cowboyterrein. Op deze uitgestrekte savannes (ze beslaan zo'n 570.000 km²) lieten de *llaneros* ('mannen van het vlakke land') in de koloniale tijd miljoenen runderen grazen. Nog altijd zijn hier enorme finca's te vinden.

De Llanos worden in het noorden en westen begrensd door het Andesgebergte, in het zuiden door de Guaviare en de Amazone en in het oosten door de Orinoco en het Hoogland van Guyana. Het deel aan de voet van de Andes wordt Llanos Altos genoemd (Hoge Vlakten, het hoogste punt ligt rond de 300 m), het deel ten westen van de Orinoco Llanos Bajos (Lage Vlakten).

De grootste rivier in het gebied, de Orinoco, treedt tijdens het regenseizoen van april tot november regelmatig buiten zijn oevers en verandert grasland in moeras. Dat maakt het gebied ongeschikt voor landbouw; het water kan tot een meter hoog komen te staan. Maar de Orinoco brengt de vlaktes wel tot leven. Zeventig soorten watervogels hebben hier hun habitat, inclusief de rode ibis, die met zijn oranjerode verenkleed rechtstreeks uit een sprookje lijkt te zijn ontsnapt.

La Macarena en de Caño Cristales ▶ K 19

De grootste attractie van Los Llanos is de magische Caño Cristales (de naam betekent 'kristallen riviertje'), die door het wonderschone Parque Nacional Natural Sierra de La Macarena stroomt. De uitvalsbasis voor een bezoek aan het nationale park en de Caño Cristales is het kleine plaatsje La Macarena.

De ligging van de Caño Cristales

Caño Cristales

De Caño Cristales wordt ook wel de Regenboogrivier of de Vijfkleurige Rivier genoemd. Gedurende enkele maanden per jaar (tijdens het regenseizoen, tussen juli en november) vindt hier een uniek biologisch fenomeen plaats. Waterplantjes lijken de rivier roze en rood te kleuren en door gesteenten en mineralen lijkt het water op andere plekken geel. De spectaculaire rivier stroomt ook nog eens door een natuurgebied vol watervallen, tropische vogels, wilde dieren (waaronder verschillende apensoorten), prachtige wandelroutes en mooie zwemplekjes.

Om het bijzondere nationale park waarin de Caño Cristales ligt te beschermen, is het gebied alleen toegankelijk met een lokale gids. Ook is er een limiet op het aantal bezoekers per dag en worden de groepen over verschillende delen van het park verspreid.

Tourorganisaties

De meeste hotels en een aantal onafhankelijke tourorganisaties in La Macarena bieden reizen aan inclusief de vlucht van Bogotá, Medellín of Villavicencio naar La Macerena, overnachtingen, maaltijden, lokaal vervoer en een lokale gids. U kunt ook zelf naar La Macarena reizen en daar een tour boeken.

De Una Colombia Tours: Carrera 26A #40-18, suite 202, Bogotá, tel. 1 368 1915, deunacolombia.com.

Cristales Aventura Tours: Calle 5 #7-35, La Macarena, tel. 313 294 9452, cristalesaventuratours.com.

PNN Sierra de La Macarena

Parkregels: Een bezoek aan het nationale park waarin de Caño Cristales ligt, is aan strenge regels gebonden. De belangrijkste: draag geen zonnebrandcrème of muggenwerende sprays en middeltjes, want die kunnen het kwetsbare ecosysteem beschadigen (en de bijzondere waterplantjes). Ook verboden: plastic flesjes, sandalen of slippers en korte broeken of rokjes. U moet in dit gebied kunnen aantonen dat u bent gevaccineerd tegen gele koorts.

Kleding: bescherm uzelf tegen zon en muggen middels uw kleding. Draag een pet of zonnehoed, dun T-shirt met lange mouwen en lange broek van dunne stof. Wandelschoenen zijn aan te raden. Neem ook een grote hervulbare drinkfles mee (niet van plastic).

Belastingen: op het vliegveld betaalt u toeristenbelasting (37.000 peso's), luchthavenbelasting (6000 peso's) en de toegang tot het park (87.000 peso's).

Cristales Macarena: Carrera 3 #8-50, La Macarena, tel. 313 499 6038, viajescristalesmacarena.com.

Ecoturismo Sierra de La Macarena: tel. 8 664 8400, ecoturismomacarena.com.

Macarena Travels: tel. 312 884 9153, macarenatravels.com.

Overnachten, eten en drinken

All-inclusive – **La Manigua Lodge:** Finca La Manigua Vereda el Billar, tel. 311 286 0922, lamanigualodge.com. Familiebungalows midden in de jungle, inclusief maaltijden. Dit ecohotel organiseert onder meer uitstapjes naar de Caño Cristales, nachtwandelingen en kanotochten.

Het beste – **Hotel Punto Verde:** Carrera 9 #4-12, tel. 310 341 8899. Als u een tour boekt via Ecoturismo Sierra de La Macarena (zie blz. 270) verblijft u in dit hotel – het beste van La Macarena.

Vriendelijke eigenaars – **Hotel San Nicolas:** Calle 9 #5-54, tel. 321 300 0802, sannicolas-hotel.com. Ruime en schone kamers met airconditioning en bijzonder vriendelijke eigenaars die ook tours organiseren.

Eenvoudig – **Hotel Antony's:** Calle 8A #3-71, tel. 321 846 4402. Goedkoop en simpel hotel aan het centrale plein.

Grill – **El Caporal:** Carrera 9 #4-66,. Groot grillrestaurant (ook vegetarische opties) met westernthema, een bar en soms livemuziek.

Informatie

Website: PNN Sierra de La Macarena: parquesnacionales.gov.co

De Caño Cristales

Het Amazone-gebied ✳

Van het immens uitgestrekte Amazone-regenwoud ligt 10% binnen de Colombiaanse landsgrenzen, in het uiterste zuidoosten van het land. Het is een gebied zo groot als Frankrijk; het beslaat ruim een derde van het totale landoppervlak van Colombia. Omdat er geen wegen door het regenwoud lopen, is de regio geografisch en cultureel afgezonderd van de rest van het land. In het grotendeels ongerepte oerwoud, ver weg van de moderne beschaving, waant u zich aan het eind van de wereld. De enige manier om er te komen (en om er weg te komen) is per vliegtuig (naar Leticia), tenzij u bereid bent wekenlang over de rivieren te reizen.

De geïsoleerde ligging – en het feit dat het toerisme er nog in de kinderschoenen staat – maakt dat niet alleen het bijzondere ecosysteem nog intact is, dat geldt ook voor de culturen van de verschillende inheemse volkeren (al zijn er inmiddels inheemsen die zich 'verkleden' om toeristen een 'authentieke ervaring' te bezorgen). Een bezoek aan het Amazonebekken rondom Leticia, de enige plek die goed toegankelijk is, is dan ook een onvergetelijke ervaring.

Leticia ▶ R 30

Tropisch heet Leticia, gelegen aan de Amazone, is de grootste stad in de wijde omtrek. De Braziliaanse grens is vlakbij; de straten van Leticia gaan over in die van het Braziliaanse Tabatinga. Ook Peru is om de hoek, of beter gezegd: aan de overkant van de rivier. Toen Leticia in 1867 werd gesticht, lag het nog op Peruviaans grondgebied. Omdat de exacte grens tussen Peru en Colombia nooit was bepaald, vochten beide landen jarenlang om de grensgebieden. In 1922 tekenden ze uiteindelijk een verdrag en trokken beide landen hun troepen terug. Leticia kwam in Colombia te liggen. Daar brak vervolgens oor-

De Amazonerivier

log over uit, omdat niet alle Peruvianen het ermee eens waren dat Colombia de belangrijke stad (met toegang tot de Amazone) nu in handen had. Een groep Peruviaanse nationalisten viel Leticia in 1932 binnen om de stad te heroveren en eiste steun van de regering. Nadat hun leider, Luis Miguel Sánchez Cerro, was vermoord door de Colombianen, besloten de Peruvianen echter om de oorlog te stoppen. Leticia bleef Colombiaans.

In de jaren 70 was Leticia vooral een belangrijk knooppunt in de internationale drugshandel. Tot het Colombiaanse leger een inval deed en daar een einde aan maakte. Desondanks wordt er nog altijd gesmokkeld op het drielandenpunt. De cocaïne wordt nu via Brazilië uitgevoerd, de casino's nemen het witwassen voor hun rekening.

Alleen voor een bezoek aan Leticia – een stad vol mannen in regenlaarzen met machetes aan hun broekriem – is het niet de moeite om af te zakken naar het Amazonebekken. Wél voor de tours die vanuit Leticia vertrekken.

Parque Santander 1

Het centrale plein van Leticia is een park met vijvers, bomen en intrigerende kunstwerken. Overdag zijn hier eetstalletjes te vinden; 's avonds komt de lokale en niet-lokale bevolking er bij elkaar. Wanneer het begint te schemeren gebeurt hier iets bijzonders: een schijnbaar eindeloze stroom parkieten (*péricos*) komt op de bomen in het park afgevlogen om er te overnachten. Dit is een oorverdovende, wat onaangenaam ruikende en verbijsterende ervaring.

Museo Etnográfico 2

Carrera 11 #9-43, ma-vrij 8.30-12, 14-17, za 9-13, tel. 8 592 7783, banrepcultural.org/leticia/museo, toegang gratis
De Banco de la República heeft in een ruimte van deze felroze bibliotheek

een expositie ingericht over het dagelijks leven van de lokale inheemse volken. De kleine, overzichtelijke tentoonstelling vormt een goede introductie op enkele tradities en gebruiken van de Uitoto, Yukuna en Ticuna. De getoonde voorwerpen zijn voorzien van heldere uitleg in het Spaans en Engels.

Op de binnenplaats en in de tuin van het gebouw zijn nog meer informatieborden te vinden.

Parque Ecológico Mundo Amazónico

KM7 (Via Tarapacá), ma-zo 8-17 (entree tot 14.30), mundoamazonico. com, toegang vanaf 40.000 peso's
Mundo Amazónico is een educatief park op 15 minuten rijden van Leticia. Het park biedt vijf verschillende activiteiten rondom thema's: medicinale

Sprookjesdolfijnen

De Orinocodolfijn of *boto* is een rivierdolfijn die uitsluitend voorkomt in de Amazone en een deel van de Orinoco. Hij dankt zijn faam aan zijn kleur: bij de geboorte zijn de dolfijnen grijs, maar hoe ouder ze worden, hoe rozer hun huid. Ze hebben een opvallende lange bek (met tanden) en kunnen wel 2,5 meter lang worden. Lange tijd werd gedacht dat de Orinocodolfijn met uitsterven werd bedreigd (de lokale bevolking gebruikte het vlees als aas voor het vangen van de lucratieve meerval). Tot 2008 stond de soort dan ook op de lijst met bedreigde diersoorten, maar de populatie lijkt stabiel te zijn, al is niemand daar zeker van. Door zijn magische roze uiterlijk komt de boto veelvuldig voor in inheemse mythes en legendes. De dolfijn zou zich kunnen transformeren tot een knappe jongeman om in die gedaante meisjes naar de rivier te lokken.

Leticia

Bezienswaardigheden
1. Parque Santander
2. Museo Etnográfico

Overnachten
1. Amazon B&B
2. Zuruma Hotel

3. Cabañas La Manigua
4. La Jangada

Eten en drinken
1. Tierras Amazónicas
2. Mi Ranchito

3. Donde La Profe
4. Nai Chi

Uitgaan
1. Mossh Bar
2. Primitivo

planten, natuurlijke producten uit het Amazoneregenwoud, vissen (er is een aquarium), inheemse culturen en er is een jungle track. Voor een halve dag (vier activiteiten) betaalt u 40.000 peso's, lunch in het restaurant kost 20.000 peso's. Een hele dag (alle routes, lunch en transfers) kost 110.000 peso's. De routes zijn interactief – u kunt bijvoorbeeld thee proeven van de planten of een pijltje afschieten met een blaaspijp.

Mundo Amazónico is bereikbaar met de bus die de Via Tarapacá afrijdt (naar 'KM11'), halte KM7 (2000 peso's). Het park bevindt zich op KM7.7, dus na het uitstappen is het nog 700 meter lopen. U kunt ook een motortaxi nemen (5000 peso's) of een taxi (20.000 peso's).

Tourorganisaties

Om het regenwoud te zien, kunt u in Leticia een tour boeken. Er zijn veel tourorganisaties die pakketten bieden, maar als u iets anders wilt, kunnen zij precies de trip organiseren die u voor ogen heeft. Er is van alles mogelijk: zwemmen, op piranha's vissen, (nacht)wandelingen door de jungle, slapen in een hangmat, op bezoek bij een inheemse stam, kaaimannen spotten ... Veel tours bieden een 'culturele ervaring', bijvoorbeeld *mambe* maken (een poeder van geroosterde cocabladeren en de as van *yarumo*-blad) met een Uitoto-grootvader.

Touroganisaties die naar Puerto Alegría gaan voor de wilde dieren kunt u beter mijden. Die dieren zijn geroofd uit het wild en worden daar gevangen gehouden voor toeristen. Ook Monkey Island is niet bepaald een authentieke ervaring; de apen zijn ooit op dit eiland gezet ter vermaak van toeristen. Veel tours nemen een bezoek aan Puerto Nariño (zie blz. 278) op in het pakket, maar het is de moeite waard om hier op eigen gelegenheid heen te gaan en te overnachten, en in Puerto Nariño een lokale gids te zoeken.

Wat betreft de wilde dieren is het overigens goed om uw verwachtingen te temperen. De lokale bevolking leeft deels van de jacht en met de komst van het toerisme (en de drukte) hebben veel dieren zich verder in het oerwoud teruggetrokken. De kans dat u rivierdolfijnen (zie blz. 273) en apen ziet, is redelijk groot, maar het blijven wilde dieren, dus garanties zijn er niet.

De prijs is uiteraard afhankelijk van het pakket dat u kiest. De meeste hostels en hotels bieden dagtours en meerdaagse tochten. Voor een driedaagse tour betaalt u tussen de 750.000 en 2 miljoen peso's per persoon. Alle hieronder genoemde tourorganisaties bieden privétours.

Bent u fit en wilt u gedurende meerdere dagen onder leiding van een inheemse gids dieper het oerwoud in om echt te ervaren hoe het is om langer in de jungle te zijn, dan kunt u terecht bij

de vriendelijke, Engelssprekende Spanjaard Enrique 'Kike' Arés van **Omshanty Lodge** (KM11, Via Tarapacá, tel. 311 489 8985, omshanty.com). De tours die hij organiseert vanuit zijn lodge buiten Leticia zijn een onvergetelijke ervaring. Spreekt u Spaans, vraag dan naar Walter 'Panerito' Panero als gids. Hij zal u alles leren over (over)leven in het regenwoud, inheemse gebruiken, de dieren en medicinale planten.

Een andere aanbevolen tourorganisatie die tours aanbiedt vanuit Leticia is **Colombia Remote Adventures** (geen kantoor, colombiaremoteadventures.com).

Eigenaar Eliceo Matapi Yucuna groeide op in het Amazoneregenwoud en werkte jarenlang als gids voordat hij zelf dit bedrijf oprichtte. Zijn overzichtelijke website geeft een goede indruk van de tours, die naar wens kunnen worden aangepast. Alle gidsen spreken ook Engels.

De (dag)tours van Hostel **La Jangada** (zie 4, Carrera 10 #6-37, tel. 311 498 5447, lajangadamazonas.com) zijn een goede optie voor wie met een beperkt(er) budget reist. La Jangada organiseert ook boottochten en junglewandelingen vanuit Leticia die maar een halve dag in beslag nemen.

Overnachten

Charmant – **Amazon B&B** **1**: Calle 12 #9-30, tel. 8 592 4981, amazonbb.com. Hotel met een prachtige tropische tuin met daaromheen vier kamers en zes cabaña's met elk een eigen terras en een hangmat.

Met zwembad – **Zuruma Hotel** **2**: Calle 10 #7-62, tel. 8 592 6760, zuruma hotel.com. Ruime schone kamers en een zwembad.

Binnentuin – **Cabañas La Manigua** **3**: Calle 5A #10-80, tel. 313 418 2852, cabanaslamanigua.com. Ruime cabaña's rond een binnentuin met daarnaast een groot overdakt terras.

Budget – **La Jangada** **4**: Carrrera 9 #8-106, tel. 311 582 7158, lajangadama zonas.com. Dit gezellige hostel heeft naast een slaapzaal ook enkele tweepersoonskamers.

Budget buiten Leticia – **Omshanty Lodge**: KM11 (Via Tarapacá), tel. 311 489 8985, omshanty.com. Vierpersoons cabaña's (die in sommige gevallen wel wat onderhoud kunnen gebruiken) in een weelderige jungletuin. De huisjes zijn ooit gebouwd voor vogelaars en dus ideaal voor wie de vele vogels in de tuin wil bewonderen. Er is ook een restaurant op het terrein, Salama Tuku, dat een heerlijke ceviche serveert, maar ook vegetariërs en veganisten kunnen hier hun hart ophalen.

Eten en drinken

Dé specialiteit van Leticia: riviervis. Op Calle 7 (Avenida Internacional) staan elke avond straattentjes die de vis voor u grillen en serveren met rijst en cassave. Simpel, goedkoop én lekker. Bestel liever geen pirarucú, deze reuzenvis is zwaar overbevist. Naast vis biedt het Amazoneregenwoud een grote variëteit aan tropische vruchten, dus de *jugos naturales* zijn in Leticia spectaculair. Op zondagochtend eet men hier traditioneel rijst met speenvarken.

Lokale specialiteiten – **Tierras Amazónicas** **1**: Calle 8 #7-50, tel. 8 592 4748. Wellicht iets te prijzig voor wat het te bieden heeft, maar dit restaurant is een goede plek om de riviervis en *jugos* te proeven. U kunt hier vaak ook *mojojoy* bestellen: de dikke witte larven van palmkevers.

Grill – **Mi Ranchito** **2**: Calle 9 #8-18, tel. 317 536 2689. Dit restaurant is aangekleed als een ranch, inclusief koeienhoofden en hooibalen aan de muur. Aan de houten tafeltjes eet u de lekkerste vleesgerechten van de grill (de porties zijn niet kinderachtig).

Ontbijt en brunch – **Cafeteria Donde La Profe** **3**: op de hoek van Carrera 6 (Avenida Internacional) en Calle 8, tel. 8 592 5457. Lekker en goedkoop Colombiaans ontbijt (brood, eieren, koffie, sap), maar ook empanada's, crêpes, fruitsalades en broodjes. Een favoriet bij de locals.

IJsjes – **Nai Chi** **4**: Carrera 6 #5-48 (links van het Terpel-benzinestation), geopend 14-21, tel. 321 222 2434. Het beste ijs van Leticia, en misschien wel van het hele Amazonegebied, gemaakt van verse tropische vruchten.

Actief

Wie ondanks de hitte graag in beweging blijft, kan in Leticia terecht bij een aantal natuurreservaten (in privéeigendom) in de 'KM-dorpjes'. U komt hier met de bus die vanaf Parque Orellana de Via Tarapacá afrijdt (richting KM11, 2500 peso's), of met een taxi of motortaxi.

Reserva Natural Omagua

KM10 (Via Tarapacá), dagelijks 8-12, 14-16, tel. 310 337 9233, wandeling

Uitoto-grootvader op weg naar zijn moestuin

50.000 peso's, boomtoppentour en tokkelen 70.000 peso's
Een gids leidt u over dit kleine natuurreservaat rond tijdens een korte wandeling. U kunt ervoor kiezen om daarna naar 37 meter hoogte te klimmen en via een tokkelbaan en bruggen de boomtoppen (en vogels) van dichtbij te bekijken. Het reservaat vangt ook gewonde wilde dieren op.

Reserva Tanimboca

KM11 (Via Tarapacá), dagelijks 8-16, tel. 310 791 9909, tanimboca.com, dagpas 130.000 peso's, rondleiding 40.000 peso's, tokkelbaan 65.000 peso's, kajakken 40,000 peso's
Natuurreservaat waar u verschillende activiteiten kunt ondernemen, waaronder tokkelen tussen de boomtoppen en kajakken op de lokale rivier (niet de Amazone). U kunt hier ook overnachten en een nachtwandeling maken om

zo dieren te spotten die in het donker actief zijn.

Uitgaan

Leticia komt tot leven wanneer de zon ondergaat en de temperatuur wat daalt. Mensen verzamelen zich op straat of in het Parque de Santander. U kunt in de avonduren het beste in het centrum blijven. Daarbuiten, en zeker aan de grens met Brazilië, laat de veiligheid te wensen over.

Bar/discotheek – **Mossh Bar** 1: Carrera 10 #10-10 (aan Parque Santander), tel. 314 394 2182. Populaire bar, goede cocktails en een dansvloer.

Rock – **Primitivo** 2: vlak bij de Braziliaanse grens. *Pub food* (goede hamburgers!), lekkere verse sappen, rockmuziek, bier en cocktails in een relaxte setting.

Puerto Nariño ▶ Q 30

Ongeveer 75 kilometer van Leticia – een boottocht van twee uur over de Amazone – ligt het dorpje Puerto Nariño. Het is er heet, groen en de sfeer is ontspannen. Het dorp werd in 1961 gesticht en er wonen vooral inheemsen (Ticuna, Yagua en Cocama).

Het mooiste aan Puerto Nariño is dat de inwoners zich bewust zijn van hun impact op het milieu. Ze trachten dan ook om zo min mogelijk schade aan te brengen aan hun prachtige leefomgeving. Er zijn slechts twee gemotoriseerde voertuigen in het dorp: de vuilniswagen (een tractor met een kar erachter, hij wordt soms ook gebruikt voor het vervoer van bijvoorbeeld bouwmaterialen) en de ambulance. Vuilnis wordt meticuleus gescheiden om het te kunnen recyclen (of composteren) en op veel plaatsen wordt regenwater opgevangen om daarmee te was te doen en de planten water te geven. Naast het gemeentehuis bevindt zich een waterzuiveringspunt waar inwoners en bezoekers hun waterflessen kunnen vullen.

Omdat Puerto Nariño een voorbeeld is als het gaat om een ecologische leefstijl, is ecotoerisme een belangrijke inkomstenbron geworden. Er is weinig te doen, maar omdat er geen auto's rijden, is het de ideale plek om helemaal tot rust te komen. U kunt een dagtochtje maken vanuit Leticia of ervoor kiezen één of meerdere nachten in Puerto Nariño te blijven.

Mirador Nai Pata

Calle 4, ma-vrij 7-18, za, zo 8-17, toegang 5000 peso's

Vanaf deze houten toren – het hoogste punt van Puerto Nariño – hebt u een prachtig uitzicht over het dorp, de omliggende jungle en de Río Loretoyacu, die uitmondt in de Amazonerivier.

Centro de Interpretación Natütama

Vanaf de pier 1e straat rechts, volg de loopbrug 200 m, het centrum bevindt zich aan de rechterkant, wo-ma 9-17, fundacionnatutama.org, toegang 6000 peso's

Dit centrum van de sympathieke stichting Fundación Natütama is ingericht als educatief centrum voor kinderen uit de omgeving, maar voor volwassenen is een bezoekje net zo leerzaam. U krijgt eerst een korte Engels- of Spaanstalige documentaire te zien over de roze Orinocodolfijn (zie blz. 273). Vervolgens geeft een van de medewerkers (één van hen spreekt ook Engels) een korte rondleiding in het museum, waarin zich tientallen beschilderde houtsnijwerken bevinden van de dieren in de omgeving van Puerto Nariño, en enkele houten beelden die de intrigerende mythes van de lokale bevolking verbeelden. Ten slotte kunt u in het filmzaaltje nog een korte documentaire bekijken over de *airuwe*, de bedreigde lokale zeekoe.

Lago Tarapoto

Het Lago Tarapoto ligt 10 kilometer ten westen van Puerto Nariño. Het is een prachtige plek om vogels te observeren, bijvoorbeeld *aguilas* (zwarte arendbuizerds), zilverreigers en biguaaalscholvers. Bij hoogwater zwemmen hier Orinocodolfijnen en de kleinere grijze tucuxi. Bij laagwater blijft u dichter bij Puerto Nariño.

Vanaf Puerto Nariño is het ongeveer 20 minuten varen naar het meer met een traditionele houten boot, de *peque-peque*. Voor een vaartocht van zo'n drie à vier uur (voor maximaal vier of vijf personen) betaalt u 90.000 peso's. Willinton Carvajal (tel. 313 337 5788, het eerste huis rechts na de loopbrug vanaf de haven) is een uitstekende gids. Als hij zelf niet beschikbaar is, kan hij een goede vervanger regelen.

Overnachten

In de straat die rechtdoor loopt vanaf de loopbrug naar de haven vindt u een aantal leuke plekken om te overnachten, waaronder **Paraíso Ayahuasca** (tel. 313 332 5484) en **Maloca Napü** (tel. 311 523 3409, malocanapu.com). Een andere goede optie, in de buurt van de Mirador Nai Pata, is **Hotel Lomas del Paiyü** (tel. 313 268 4400).

Sommige kamers hebben een ventilator, andere horgaas in plaats van ramen zodat er een briesje door de kamer kan waaien. Zoals in veel warmere delen van Colombia kunt u alleen koud douchen.

Eten en drinken

Op de malecón, de straat die parallel loopt aan de waterlijn, zitten restaurants die allemaal ongeveer hetzelfde op het menu hebben staan. Overdag bieden ze een *menú ejecutivo* (soep, rijst met kip, rund of vis en jugo of limonade) voor 10.000 peso's.

Winkelen

Inheems handwerk – **Tachiwa:** dit winkeltje met houtsnijwerk bevindt zich aan de loopbrug in de haven, tel. 312 309 3576.

Informatie en vervoer

Toeristische informatie: bij het gemeentehuis op de hoek van Carrera 1 en Calle 5, ma-za 9-12 en 14-17.
Aankomst en vertrek: u kunt kaartjes kopen voor de boot bij Transportes Fluviales in winkelcentrum Malecón Plaza in Leticia (31.000 peso's enkele reis). Vertrektijden Leticia-Puerto Nariño: 7, 9, 12 en 14 uur. Vertrektijden Puerto Nariño-Leticia: 7, 10, 13 en 15.30 uur.
Toeristenbelasting: bij aankomst in Leticia betaalt u 10.000 peso's toeristenbelasting (het geld wordt geïnd vanachter een bureautje op de loopbrug).
Drinkwater: u kunt gratis uw waterfles vullen bij het waterzuiveringspunt dat zich bevindt in het blauwe huis tegenover het gemeentehuis.

De haven van Puerto Nariño

Toeristische woordenlijst

Uitspraak

Eindigt een woord op een klinker, een n of een s, dan ligt de klemtoon op de voorlaatste lettergreep. Eindigt het woord op een andere medeklinker dan n of s, dan ligt de klemtoon op de laatste lettergreep. Bij uitzonderingen geeft het accent aan op welke lettergreep de klemtoon ligt.

c	voor a, o en u als k, voor e en i als s
ch	als tsj
g	voor a, o en u als de Engelse g in good, voor e en i als de Nederlandse g
h	wordt niet uitgesproken
j	als de Nederlandse g, of als iets tussen de Nederlandse g en een h in
ll	als de Nederlandse j
ñ	als nj
qu	als k
r	rollend, rr dubbel rollend
u	als oe, ü als w
v	als b
y	als de Nederlandse j
z	als s, zz als x

Algemeen

goedemorgen	buenos días
goedenavond	buenas tardes
goedenacht	buenas noches
tot ziens	hasta luego
aangenaam	mucho gusto
pardon	perdón/con permiso
hallo/dag	hola/chao
alstublieft	por favor
dank je/u	gracias
graag gedaan	con gusto
ja/nee/oké	sí/no/vale
cool, tof, leuk	chévere

Op reis

bushalte	parada
bus	bus/autobús
busje	buseta
busstation	terminal de transporte
loket	taquilla
auto	carro

aankomst	llegada
vertrek/uitgang	salida
ingang	entrada
tankstation	bomba
rechts/links	derecha/izquierda
rechtdoor	derecho
stop/ga	pare/siga
inlichtingen	informaciones
telefoon	teléfono
mobiele telefoon	celular
post/brief	correo/letra
postzegel	sello
vliegveld	aeropuerto
plattegrond	mapa
geopend	abierto/-a
gesloten	cerrado/-a
vertraagd	retrasado/-a
kerk	iglesia
museum	museo
strand	playa
brug	puente
pier/kade	malecón

Tijd

uur/dag	hora/día
week	semana
maand	mes
jaar	año
vandaag/gisteren	hoy/ayer
morgen	mañana
's morgens	en la mañana
's middags	en la tarde
's avonds	en la noche
vroeg/laat	temprano/tarde
maandag	lunes
dinsdag	martes
woensdag	miércoles
donderdag	jueves
vrijdag	viernes
zaterdag	sábado
zondag	domingo

In nood

help!	¡ayuda!
politie	policia
dokter	médico/-a

tandarts	dentista	geldautomaat	cajero
apotheek	farmacia/droguería	boodschappen	compras
ziekenhuis	hospital	duur	caro/-a
ongeluk	accidente	goedkoop	barato/-a
pijn	dolor	betalen	pagar

Overnachten

hotel	hotel/hostal
pension	posada/pensión
eenpersoonskamer	habitación individual
tweepersoonskamer	habitación doble
met/zonder badkamer	con/sin baño
toilet/douche	baño/ducha
met ontbijt	con desayuno
bed	cama
airconditioning	aire acondicionado
bagage/koffer	equipaje/maleta
rekening/factuur	cuenta/factura

Winkelen

winkel/markt	tienda/mercado
creditcard	tarjeta de crédito
geld	dinero

Getallen

1	uno	17	diecisiete
2	dos	18	dieciocho
3	tres	19	diecinueve
4	cuatro	20	veinte
5	cinco	21	veintiuno
6	seis	30	treinta
7	siete	40	cuarenta
8	ocho	50	cincuenta
9	nueve	60	sesenta
10	diez	70	setenta
11	once	80	ochenta
12	doce	90	noventa
13	trece	100	cien(to)
14	catorce	200	doscientos
15	quince	500	quinientos
16	dieciseis	1000	mil

De belangrijkste zinnen

Algemeen

Spreekt u Engels?	¿Usted habla inglés?
Ik begrijp u niet.	No entiendo.
Ik spreek geen Spaans.	No hablo español.
Mijn naam is ...	Me llamo ...
Hoe heet je/ heet u?	¿Como te llamas/ se llama?
Hoe gaat het?	¿Qué tál? / ¿Cómo va? / (inf.) ¿Qué más?
Goed, bedankt.	Bien, gracias.
Hoe laat is het?	¿Qué hora es?

Onderweg

Hoe kom ik in ...?	¿Como llego a ...?
Waarvandaan?	¿De dónde?
Pardon, waar is ...?	¿Perdón, dónde está ...?
Hoe laat vertrekt ...?	¿A qué hora sale ...?
Hoe laat komt ... aan?	¿A qué hora llega ...?

In nood

Kunt u mij helpen alstublieft?	¿Me podría ayudar, por favor?
Ik heb een dokter nodig.	Necesito un médico.
Ik heb hier pijn.	Me duele aquí.

Overnachten

Hebt u een kamer voor ... personen?	¿Hay una habitación para ... personas?
Hoeveel kost de kamer per nacht?	¿Cuánto vale la habitación por una noche?
Ik heb een reservering.	Tengo una reserva.

Winkelen

Hoeveel kost ...?	¿Cuánto vale ...?
Hoe laat opent/ sluit ...?	¿A qué hora abre/ cierra ...?

Culinaire woordenlijst

Algemeen

aceite	olie
ají	pittige saus
almuerzo	lunch
arepa	brood van maismeel
arroz	rijst
azúcar	suiker
bandeja paisa	gerecht uit Antioquia met o.a. bonen, rijst, worst en chicharrón
cena	diner
con/sin	met/zonder
corrientazo (of comida corriente)	vast lunchmenu
desayuno	ontbijt
hogao	salsa van tomaat en ui
huevo	ei
heuvos pericos	roerei met ui en tomaat
mantequilla	boter
miel	honing
pan	brood
pimienta	peper
sal	zout
queso	kaas
vinagre	azijn

Dranken (bebidas)

agua (mineral)	(mineraal)water
aguapanela	warm of koud water met oersuiker
aguardiente	sterke anijsdrank
café	koffie
cerveza	bier
chicha	alcoholische drank van gefermenteerde mais
guarapo	suikerrietsap
jugo (de lulo)	(lulo)sap
leche	melk
limonada de coco	smoothie van limoen en kokosmelk
ron	rum
té	thee
tinto	zwarte filterkoffie
vino blanco	witte wijn
vino tinto	rode wijn

Bereidingswijzen

al carbón	gegrild op barbecue
a la parilla	gegrild op barbecue
a la plancha	gegrild op plaat/in pan
al horno	uit de oven
asado	geroosterd
crudo	rauw
en salsa	in saus
frito	gefrituurd
guisado	gestoofd
relleno	gevuld

Vis (pescados)

atún	tonijn
bagre	meerval
calamar	inktvis
camarón/langostino	garnaal
ceviche	rauwe vis in limoensap
corvina	zeebaars
langosta	langoest
mojarra	tilapia
pargo	rode snapper
pulpo	octopus
salmón	zalm
trucha	forel

Vlees (carnes) en gevogelte (aves)

cabro/cabrito	geit/lam
carne de vaca	rund
cerdo	varken
chicharrón	knabbelspek
chunchullo	dunne darm
churrasco	gegrilde steak
cordero	lam
hamburguesa	hamburger
higado	lever
jamón	ham
lechona	speenvarken
lomo	lende (meestal rund)
milanesa	gepaneerd vlees
pato	eend
pavo	kalkoen
pechuga	borst
pollo	kip
res	rund
ternera	kalf

Desserts (postres)

arequipe	karamelsaus
bocadillo	guavegelei
cocada	kokoskoekje
helado	ijs
matrimonio	bocadillo met kaas
oblea	dunne wafel

Groenten (verduras)

arvejas	erwten
cebolla	ui
champiñon	champignon
espárragos	asperges
espinacas	spinazie
frijoles	bonen
garbanzos	kikkererwten
lechuga	sla
lentejas	linzen
maiz	mais
mazorca	maiskolf
papa	aardappel
papas francesas	frietjes
patacón	platte gefrituurde bakbanaan
pepino	komkommer
pimentón	paprika
plátano	bakbanaan
remolacha	biet
repollo	kool

tomate	tomaat
zanahoria	wortel
zapallo	pompoen

Fruit (fruta) (zie ook **blz. 51**)

banano	banaan
breva	vijg
ciruela	pruim
coco	kokos
durazno	perzik
fresa	aardbei
guanábana	zuurzak
guayaba	guave
gulupa	soort passievrucht
higo	cactusvijg
limón	limoen
lima	citroen
manzana	appel
maracuyá	soort passievrucht
melocotón	perzik
mora (de castilla)	andesframboos
naranja	sinaasappel
níspero	loquat
piña	ananas
pitaya/pitahaya	drakenfruit
sandía	watermeloen
tomate de arbol	tamarillo
toronja	grapefruit
uva	druif

In het restaurant

Ik wil graag een tafel reserveren.	Quisiera reservar una mesa.	vork	tenedor
De menukaart a.u.b.	El menú, por favor.	lepel	cuchara
Wat kunt u ons aanbevelen?	¿Qué recomienda?	glas	vaso
		kop	taza
De rekening a.u.b.	La cuenta, por favor.	fles	botella
soep	sopa	zout/peper	sal/pimienta
(dag)gerecht	plato (del día)	suiker	azúcar
voorgerecht	entrada	ober/serveerster	mesero/a
hoofdgerecht	plato principal	Ik ben allergisch (voor noten)	Soy alérgico/a (a nueces)
dessert	postre	vegetarisch eten	comida vegetariana
dagmenu	menú del día	Ik ben vegetariër	Soy vegetariano/a
mes	cuchillo	Het was heerlijk!	¡Estaba muy rico!

Fotoverantwoording en colofon

Omslag: heuvels bedekt met koffie- en bananenplantages in de buurt van Buenavista, Antioquia (Shutterstock)

David Brady: blz. 260
Diego Garavito: blz. 213, 214, 215
Getty Images: blz. 67, 129 (Juan Pablo Bayona)
Lidewey van Noord: blz. 5, 7, 8, 11, 12 lb, 12 rb, 12 lo, 12 ro, 13 lb, 13 rb, 13 lo, 13 ro, 16/17, 20, 28, 31, 34, 40/41, 48/49, 51, 54, 56, 58, 64, 70, 72, 74/75, 76 lb, 76 rb, 77, 88, 90, 92, 99, 100, 102/103, 104 lb, 104 rb, 105, 109, 116, 119, 120, 122, 124, 130 lb, 130 rb, 131, 133, 138, 140, 144/145, 151, 156, 158, 161, 162/163, 164 lb, 164 rb, 165, 168, 171, 173, 174, 177, 178, 182/183, 184 lb, 185, 191, 193, 197, 199, 200/201, 204, 206, 211, 216, 220/221, 225, 226, 229, 240 lb, 240 rb, 241, 247, 249, 252, 254, 257, 258, 263, 264/265, 266 lb, 266 rb, 267, 271, 272, 277, 279

Eveline Schavemaker: blz. 155
Shutterstock: blz. 69 (Anamaria Mejia), 96, 110 (Anamaria Mejia), 148 (Oscar Garces), 202 (Matyas Rehak), 230 lb (Sebastian Delgado), 234 (Perla Sofia), 237, 239 (Sebastian Delgado), 271 (Jorge Ivan Vasquez)
Henrieke Wijnsma: blz. 184 rb, 218
Wikimedia: blz. 42, 60, 62, 112, 114, 126, 230 rb (Andy Morffew), 231 (Dwayne Reilander)

Hulp gevraagd!

De informatie in deze reisgids is aan verandering onderhevig. Het kan dus wel eens gebeuren dat u ter plaatse een andere situatie aantreft dan de auteur.
Is de tekst niet meer helemaal correct, laat ons dat dan even weten. Ons adres is:

ANWB Media
Uitgeverij reisboeken
Postbus 93200
2509 BA Den Haag
anwbmedia@anwb.nl

Productie: Uitgeverij ANWB
Coördinatie: Els Andriesse
Tekst en opmaak: Lidewey van Noord, Amersfoort
Eindredactie: Amir Andriesse, Diemen
Ontwerp binnenwerk: Jan Brand, Diemen
Ontwerp omslag: DPS, Amsterdam
Concept: DuMont Reiseverlag, Ostfildern
Grafisch concept: Groschwitz/Blachnierek, Hamburg
Cartografie: DuMont Reisekartografie, Fürstenfeldbruck

© 2020 ANWB bv, Den Haag
Eerste druk
ISBN: 978-90-18-04627-9